版权声明

On the Duty of Man and Citizen According to Natural Law
By Samuel Pufendorf, edited by James Tully, translated by Michael Silverthorne.
© Cambridge University Press 1991.
This translation is published with the permission of the Press of the Cambridge University.

On the Duty of Man and Citizen According to Natural Law

政治与法律哲学经典译丛
Classic Works of Political and Legal Philosophy

论人与公民在自然法上的责任

〔德〕萨缪尔·普芬道夫（Samuel Pufendorf）著
〔英〕詹姆斯·图利（James Tully）编
〔英〕迈克尔·西尔弗索恩（Michael Silverthorne）英译
支振锋 译

北京大学出版社
PEKING UNIVERSITY PRESS

北京市版权局著作权合同登记号　图字:01-2006-1861

图书在版编目(CIP)数据

论人与公民在自然法上的责任/(德)普芬道夫(Pufendorf, S.)著;支振锋译.—北京:北京大学出版社,2010.7
(政治与法律哲学经典译丛)
ISBN 978-7-301-17291-9

Ⅰ.①论… Ⅱ.①普… ②支… Ⅲ.①自然法学派-研究 Ⅳ.①D909.1

中国版本图书馆 CIP 数据核字(2010)第 101632 号

书　　名:	论人与公民在自然法上的责任
著作责任者:	〔德〕萨缪尔·普芬道夫　著　〔英〕詹姆斯·图利　编　〔英〕迈克尔·西尔弗索恩　英译　支振锋　译
策划编辑:	白丽丽
责任编辑:	白丽丽
标准书号:	ISBN 978-7-301-17291-9/D·2614
出版发行:	北京大学出版社
地　　址:	北京市海淀区成府路 205 号　100871
网　　址:	http://www.pup.cn　电子信箱:law@pup.pku.edu.cn
电　　话:	邮购部 62752015　发行部 62750672　编辑部 62752027　出版部 62754962
印 刷 者:	北京山润国际印务有限公司
经 销 者:	新华书店
	965 毫米×1300 毫米　16 开本　17.5 印张　215 千字
	2010 年 7 月第 1 版　2010 年 7 月第 1 次印刷
定　　价:	31.00 元

未经许可,不得以任何方式复制或抄袭本书之部分或全部内容。
版权所有,侵权必究
举报电话:010-62752024　电子邮箱:fd@pup.pku.edu.cn

目　录

普芬道夫主要作品及简称　　　　　　　　　*001*
普芬道夫生平与著述的大事年表　　　　　　*004*
编者引言　　　　　　　　　　　　　　　　*007*
参考文献　　　　　　　　　　　　　　　　*039*
文献注释　　　　　　　　　　　　　　　　*042*
英译者附注　　　　　　　　　　　　　　　*047*

论人与公民在自然法上的责任

作者献词　　　　　　　　　　　　　　　　*003*
作者前言　　　　　　　　　　　　　　　　*006*

第 一 卷

第一章　论人类行为　　　　　　　　　　　*019*
第二章　论人类行为规则或一般法　　　　　*031*

第三章　论自然法　　　　　　　　　　　　　　　　038
第四章　论人对上帝的责任,或论自然信仰　　　　　045
第五章　论对自我的责任　　　　　　　　　　　　053
第六章　论每个人对每个人的责任,首先是不损害他人　065
第七章　论承认人的自然平等　　　　　　　　　　071
第八章　论人类的普遍责任　　　　　　　　　　　075
第九章　协议各方的责任概论　　　　　　　　　　080
第十章　语言运用中的人类责任　　　　　　　　　091
第十一章　起誓中的责任　　　　　　　　　　　　095
第十二章　论在获得对物的所有权时的责任　　　　100
第十三章　论从所有权本身所产生的责任　　　　　108
第十四章　论价值　　　　　　　　　　　　　　　111
第十五章　论以物的价值为前提的契约及它们所涉及的责任　116
第十六章　论解除协议义务的方法　　　　　　　　126
第十七章　论解释　　　　　　　　　　　　　　　129

第 二 卷

第一章　论人的自然状态　　　　　　　　　　　　137
第二章　论婚姻责任　　　　　　　　　　　　　　143
第三章　论父母和子女的责任　　　　　　　　　　147
第四章　论主人与奴仆的责任　　　　　　　　　　152
第五章　论建立国家的动因　　　　　　　　　　　155
第六章　论国家的内在结构　　　　　　　　　　　159
第七章　论主权的职能　　　　　　　　　　　　　164
第八章　论政体的形式　　　　　　　　　　　　　168
第九章　论政治权威(civil authority)的特征　　　173

第十章	论获取权威,尤其是君主权威的方式	**176**
第十一章	论主权者的责任	**180**
第十二章	国家法(civil laws)专论	**185**
第十三章	论生与死的权利	**188**
第十四章	论声誉	**194**
第十五章	论统治者对国家之内的财产所具有的权力	**198**
第十六章	论战争与和平	**200**
第十七章	论条约	**206**
第十八章	论公民的责任	**209**

索引	**213**
译后记	**225**

普芬道夫主要作品及简称

EJU　　*Elementorum jurisprudentiae universalis libri duo. Elements of universal jurisprudence in two books.* 1660.《普遍法学的要素两卷》。

DRGP　*De rebus gestis Philippi Amyntai filio. On the history of Philip of Macedon.* 1663.（In DAS).《马其顿的腓力本纪》。

DSI　　*De statu imperii Germanici. On the constitution of the German Empire* by Severinus de Monzambano（Pufendorf). 1667.《德意志帝国宪制》。普芬道夫化名 Severinus de Monzambano。

DJN　　*De jure naturae et gentium libri octo. On the law of nature and nations in eights books.* 1672.《自然法与万国法八卷》。

DOH　　*De officio hominis et civis juxta legem naturalem libri duo. On the duty of man and citizen according to natural law in two books.* 1675.《论人与公民在自然法上的责任两卷》。

DAS　　*Dissertationes academicae selectiores. Select scholarly essays.* 1675.《学术文选》。

SC　　 *Specimen controversiarum. A Simple of controversies.* 1677.

	Con-tains *De origine et progressu disciplinae juris naturalis. On the origin and progress of the discipline of natural law.* (In *ES*.)《论自然法学科的起源与发展》(收录在《斯堪的那维亚论辩：对〈自然法与国家法〉的反对意见的破产》之中)。
HUP	*Historische und politische Beschreibung der geistlichen Monarchie des Stuhls zu Rom. A historical and political description of the spiritual monarchy of Rome.* By Bassilius Hyperta (Pufendorf). 1679.《对罗马神圣君主制的历史与政治描述》(包含在《对欧洲当前主要国家与地区的历史导论》之中)。
EZDH	*Einleitung zu Historie der vornehmsten Reiche und Staaten so itziger Zeit in Europa sich befinden. Introduction to the history of the principal realms and states as they currently exist in Europe.* 1682—1686.《对欧洲当前主要国家与地区的历史导论》。
ES	*Eris Scandica, qua adversus libros de jure naturali et gentium objecta diluuntur. Scandinavian polemics, in which the objections against the book On the law of nature and nations are dissolved.* 1686. (Contains *SC*.)《斯堪的那维亚论辩：对〈自然法与国家法〉的反对意见的破产》(包含《论自然法学科的起源与发展》)。
CRS	*Commentariorum de rebus Suecicis libri XXVI ab expeditione Gustavi Adolphi Germaniam ad abdicationem usque Christinae.* 1686. Tr. with *DRC* as *The compleat history of Sweden*, two volumes. 1702. 与 *DRC* 一起被译为《瑞典精史》，两卷。
DHR	*De habitu religionis christianae ad vitam civilem. On the nature of religion in relation to civil life.* 1687.《论与政治生活相关的信仰的性质》。

DRF	*De rebus Friderici Wihelmi Magni Electoris Brandenburgici commen-tariorum labri XIX.* On the history of the Great Elector, Frederick William of Brandenburg, in 19 books. 1692.《论勃兰登堡大选帝侯威廉·腓特烈史十九卷》。
JFD	*Jus feciale divinum sive de consensu et dissensu protestantium exrercitatio posthuma.* The law of covenants, or on the consensus and dissensus among Protestants 1695.《立约之法,或曰论新教徒之间的共识与异议》。
DRC	*De rebus a Carolo Gustavo sueciae rege gestis commentariorum libri VII.* 1696. Tr. with *CRS* as The compleat history of sweden, two Volumes. 1702. 与 *CRS* 一起被译为《瑞典精史》,两卷。
DRGF	*De rebus gestis Friderici III Electoris Brandenburgici.* On the history of Frederick III, Elector of Brandenburg. 1784.《论勃兰登堡选帝侯威廉·腓特烈三世史》。

普芬道夫生平与著述的大事年表

1632 年　1 月 8 日,生于萨克森邦埃尔格堡区(Erzgebire region of Saxony)菲奥(Fiohe)教区塔尔海姆的道茨尼兹(Dorchemnitz bei Thalheim)村。

1650 年　进入莱比锡大学学习路德神学,在六年的寄宿生活中,开始对人文、自然科学与法学感兴趣。当时的作品主要是关于古代宪法与国家的起源的。(Döring,1988)。

1656 年　进入耶拿(Jena)大学并被授予硕士学位。1657 年,师从埃尔哈德·威格尔(Erhard Weigel)学习自然法与道德哲学。他很可能早在莱比锡时就结识后者了。

1658 年　在哥本哈根作瑞典公使皮特·朱里斯·科耶特(Peter Julius Coyet)的家庭教师。创作了他的第一本阐释自然法的著作《普遍法学的要素》,其间,也因为丹麦与瑞典的战争而入狱。

1659 年　与科耶特一家移居荷兰,被胡果·格劳秀斯的儿子皮特·德·格鲁特(Peter de Groot)推荐给帕拉丁(Palatinate)选帝侯卡尔·路德维希(Karl Ludwig),并将其《普

	遍法学的要素》一书献给卡尔·路德维希。
1661 年	在海德堡大学法学系拒绝了他对宪法学教授席位的申请之后,接受了卡尔·路德维希授予他的哲学系国际法与哲学(后被重新命名为自然法与国际法)副教授职位。
1663 年	完成了他对马其顿的腓力的研究,并写作了《马其顿的腓力本纪》(在 DAS 中出版)。
1664 年	写作了一本饱受争议的关于德意志帝国宪法的分析的著作——《德意志帝国宪制》。这本书备受批评,被禁止在德国出版并受到了教皇的谴责。
1670 年	接受了由瑞典国王查理十一世(1660—1697 年在位)于 1667 年授予他的隆德大学法学系自然法与国际法的教授席位。
1672 年	出版了他在自然法哲学上的主要著作,《自然法与万国法》,并将之题献给查理十一世。
1673 年	出版了 DJN(《自然法与万国法》)的简本,《论人与公民在自然法上的责任》,并将之题献给隆德大学的校长。
1675 年	出版了《学术文选》以对批评者进行回应并澄清其理论。
1677 年	出版了《争鸣个案》(A Sample of Controversies)并写作了《斯堪的纳维亚论辩》,但后者直到 1686 年才出版,以进一步澄清其理论和回应批评者。
1677 年	在丹麦军队占领隆德(1676 年)之后,移居斯德哥尔摩,并开始了作为查理十一世的私人政治顾问、国家秘书和皇室历史学家的生涯。
1679 年	以笔名 Basilius Hyperta 出版了《对罗马神圣君主制的历史与政治描述》一书,抨击教会历史及其对主权的要求(包含在 EZDH 之中。)
1682 年	从 1682 年到 1686 年,出版了他在比较政治学与国际关

系上的百科全书般的著作，对欧洲国家的利益与实力进行了比较分析，该书题为《对欧洲当前主要国家与地区的历史导论》。在斯德哥尔摩期间，写作了两本关于瑞典历史的著作。

1687年 回应南特赦令（Edict of Nantes）在1685年的废止，出版了其论述教会与国家关系的著作，《论与政治生活相关的信仰的性质》，并题献给新教欧洲的领袖，勃兰登堡—普鲁士的大选帝侯威廉·腓特烈一世（1640—1688年在位）。

1688年 移居柏林，开始了其作为宫廷历史学家以及私人与司法顾问的职业生涯。先是服务于威廉·腓特烈一世，在其1688年崩逝之后，又继续服务于普鲁士的腓特烈三世（1688—1713年在位）。

1689年 开始为两位新统治者的王朝撰史，包括其论述腓特烈三世的史书中对英国光荣革命的评论，以及在《立约之法，或曰论新教徒之间的共识与异议》一书中就新教欧洲表明的观点。

1694年 是年春天，游历瑞典，出版其关于查理十世的历史著作，并且接受了查理十一世所颁授的男爵封号。卒于同年10月26日返回德国的航海旅途之中。

编者引言[*]

概　　要

正如前述生平著述年表所表明的,普芬道夫的著述可归为三类。① 第一类是他企图构建一个宏大而全面的政治与道德哲学的努力,这种哲学适合近代欧洲的情况,并且是建立在一套普世的原则或者自然法则(natural laws)之上的。他是在耶拿大学启动这项计划的。从1658年到1677年,他以三本论自然法的著作(EJU,DJN,DOH)、对德意志帝国的宪制的分析(DSI)及由对批评者的澄清与回应所构成的三本文集(DAS,SC,ES)完成了这个工程。在本引言的以下四个部分,他的这项工程将会得到全面的考察。

当普芬道夫于1677年从隆德大学赶到斯德哥尔摩去做瑞典国王查理十一世(Charles XI)的政治顾问时,他放弃了以普遍法

---

* 引言作者为詹姆斯·图利(James Tully),他是本书英译本的编者。——中译者注

① 用非男性至上主义者的语言去介绍普芬道夫的理论将会掩饰他的性别偏见,而毋宁说,这一点却是需要被揭示出来的。因此,"人"(man,该词一般指的是男人,尤其是成年男人——中译者注)或者男性等代词就被用以坦承女人被排斥出了政治之外及其在理论中的附属地位。这样也便于批判。

(universal law)和普遍义务而对政治进行的法学分析,转而运用17世纪最具竞争力的方法来理解政治。这种方法主要体现为,通过对当时欧洲国家的利益与相对实力的比较与历史分析,来探究它们之间以及内部的关系,从而为这些国家的创立者们提供预测与建议。从乔凡尼·波特罗(Giovanni Botero, 1540—1617)之《国家理性》(*Reason of State*,1598年)与早期西班牙和法国的研究国家理性(raison d'état)的著作家们始,这种分析的方法很快就发展成了泛欧洲比较政治与国际关系学(pan-European sciences of comparative politics and international relations)。这些学科的目标领域是被困入军事与商业竞争之中的独立国家的近代体系。这种近代体系是在三十年战争(1618—1648)与威斯特伐利亚和约(1648)之后出现的。普芬道夫的贡献有,马其顿的腓力的早期史(DRGP),罗马天主教政治史(HUP),他为查理十一世所撰写的当代政治史(CRS, DRC)和1688年之后为普鲁士的威廉·腓特烈一世与腓特烈三世所撰写的当代政治史,以及,尤其是他为欧洲主要国家的历史所撰写的重要的光辉导言(*EZDH*)。*EZDH*,以其关于国家利益及相对实力的严格概念,风靡欧洲,在整个18世纪被不断重印。法文版的编辑增加了更多的章节,使其成为文艺复兴时期比较政治百科全书的原型。

第三个方面的作品认识到了基督教内部的宗教多样性,它们包含了普芬道夫在1555年《奥格斯堡和约》(Peace of Augsburg)*之后试图去清晰地界定新教国家里宗教从属于政治的正确关系的

---

* 1555年在日耳曼民族神圣罗马帝国会议上签订的和约。因会议地址在奥格斯堡,故名。和约结束了天主教和新教各邦诸侯之间的战争,制定了"教随国定"的原则,承认各邦诸侯有权自由选定自身及其臣民信仰天主教或路德宗新教。和约还规定,1552年前新教诸侯占有的天主教会土地和没收的天主教会财产不再归还;但凡领有教职教产的诸侯和高级教士,如皈依新教,应立即放弃其职位、土地和俸禄。和约进一步扩大了德意志帝国诸侯的势力,并使路德宗新教在德意志境内取得了合法地位。——中译者注

努力。这些作品的写作是为了回应南特赦令(Edict of Nantes)*于1685年的废除及其所带来的欧洲一分为二的分裂后果:由法国主导的罗马天主教阵营和由新兴起的新教霸主普鲁士的威廉·腓特烈所主导的新教联盟。这些作品包括 DHR,JFD 以及他在 DRGF 中对1688年光荣革命所做的评论。新教领袖们意识到法国的目的在于,而且也正在于成功地进行对新教改革的颠覆与建立一个欧洲君主帝国。就是在这种情况下,奥伦治的威廉(William of Orange)**入主英格兰,以使英格兰达到新教的平衡。这种状况导致了"九年战争"(Nine Year's War, 1689—1698),这是欧洲长达74年的军事与商业争霸赛中的第一场战争。因此,普芬道夫关于新教宗教的组织及辩护的著述,被广泛地认为是对新教理想(Protestant cause)的主要表述。

在其生命的最后18年里,普芬道夫是三位统治者的顾问,他们都被认为是成功的现代新教国家的创建者和开明专制的典范。因而,他的作品也被视为是对现代的、国家中心主义(state-centered)的政治实践的哲学表述。他的作品因在思想上的价值而很快声望卓著,而这种联系则提高了这些作品的声望,并且强化了它们在欧洲对下一个世纪所进行的政治反思中的中心地位。

终其一生,特别是在启蒙时代,普芬道夫以其博大精深的思想在欧洲文艺界所引起的关注,可以通过众多的哲学家在对其思想进行回应时所爆发的思想能量而得到衡量。这些数量众多且复杂

---

* 16世纪中叶,新旧教造成的宗教冲突,曾酿成一场长达36年的宗教战争,并使得400万人丧生。1598年8月13日,法王亨利四世为了平息这场惨烈的纷争,于南特城颁布了著名的"南特赦令"(Edict of Nantes),在宣布天主教(旧教)为国教的同时,也给予新教人士充分信仰的自由。——中译者注

** 即后来的英国国王威廉三世。原为尼德兰联省共和国执政,后应英国资产阶级和新教派的邀请,在1688年的"光荣革命"后,与其妻玛丽(詹姆斯二世之女)在英国共同执政,接受国会通过的《权利法案》,限制国王权利,确立了英国君主立宪制度。——中译者注

多样的哲学家包括：约翰·洛克（John Locke, 1632—1704），莱布尼兹（Gottfried Wilhelm Leibniz, 1646—1716），巴蒂斯塔·维科（Giambattista Vico, 1668—1744），格肖姆·卡迈克尔（Gershom Carmichael, 1672—1729），克里斯蒂安·沃尔夫（Christian Wolff, 1679—1754），弗朗西斯·哈钦森（Francis Hutcheson, 1694 年—1746 年），大卫·休谟（David Hume, 1711—1776），让—雅克·卢梭（Jean-Jacques Rousseau, 1712—1778）及亚当·斯密（Adam Smith, 1723—1790）。不仅如此，即便这些现在更为令人熟知的思想家们挑战或者否定了普芬道夫思想的某些方面，但他们在其批判中也同样接受了其他的某些方面并因而将其编织进了现代政治思想的构造之中。

普芬道夫的课题

那么，普芬道夫在其自然法理论之中所要回应的问题群（collection）是什么呢？在《论自然法学科的起源与发展》（*On the origin and progress of the discipline of natural law*）（在 ES 的 SC 中）中，普芬道夫将其理论定位在了胡果·格劳秀斯（Hugo Grotius, 1583—1645）、约翰·塞尔登（John Selden, 1585—1654）、托马斯·霍布斯（Tomas Hobbes, 1588—1679））以及理查德·坎伯兰（Richard Cumberland, 1631—1718）等著述的脉络之中。编辑、注解并将 DJN 和 DOH 翻译成法语的简·巴比拉克（Jean Barbeyrac, 1644—1720）在其 1706 年对 DJN 的译本中以《对道德科学的历史性和批判性的说明》为序，在序言中，他还将洛克加进了这个名单之中（Barbeyrac, 1729）。近来的学者们已经称之为"自然法的近代理论或学派"，并且根据它所同样关注的问题的情况来解释普芬道夫的理论。也已经有人认为，是这个学派的问题与解决方案持续地为卢梭、休谟、斯密以及康德(Immanuel Kant,1724—1804)之前的德国哲学家提供着舞台背景。其他人则指出,约翰·罗尔斯的契约论(contractarian)或正义论哲学及哈贝马斯(Jurgen Habermas)也依然未能置身于这个学派具有顽强生命力的传统习惯的藩篱之外(参见"参考文献注释")。

尽管此处不可能以三言两语来概括出如此复杂的学术脉络,但简洁地提一提这些作家们所解决的三个问题以帮助理解普芬道夫的贡献,还是可以的。首先是去清洗(cleanse)自然法的这样一种根基:它根植于亚里士多德主义与托马斯主义对自然的理解,也即将自然理解成受内在目的论倾向支配的目的王国。据信,这种状况已经被伽利略(Galileo Galilei,1564—1642)、培根(Francis Bacon,1561—1626)以及某个哲学家圈子所驳倒。这个哲学家的圈子与梅森(Marin Mersenne)*一直保持着通信联系,他们包括霍布斯、皮埃尔·伽森荻(Pierre Gassendi,1592—1655)以及笛卡尔(René Descartes,1596—1650)。因此,新托马斯主义自然法的道德与政治哲学(也同样受到了进行天主教改革的多明我会的哲学家和梅兰希顿[Philipp Melanchthon,1497—1560]的赞同;梅兰希顿是路德教的追随者,而他们也都是新教的同道者),也同样被削弱了。新自然科学的哲学家们推崇一种这样的自然概念:他们将自然视为非目的论的原子王国,上帝通过意志行为在原子王国上创造运动,以及通过动力因(efficient causes)或规则来创造一种外在秩序。从此以后,自然法哲学家的任务就变成了使自然法与这种关于自然或人性的科学概念保持一致(Trully,1988)。

普芬道夫是在 DJN 的开头和 DOH 的第 1.1—1.2 节里通过这

---

* 17世纪法国著名的数学家和修道士,也是当时欧洲科学界一位独特的中心人物。他与大科学家伽利略、笛卡尔、费马、帕斯卡、罗伯瓦、迈多治等是密友。虽然梅森致力于宗教,但他却是科学的热心拥护者,在教会中为了保卫科学事业做了很多工作。本书中,梅森的名字被拼成 Merin,显然是错误的。——中译者注

样阐释道德和政治来完成这个任务的:道德和政治是上位者(superior)在人类行动和人类主体(human agents)的无序状况(unordered realm)——人类行动缺乏任何内在的道德特性,人类主体也缺乏任何天然地去过道德和政治生活的性向(dispositions)——之上所外在强加的道德观念和法律(Laurent 1982, Schneewind 1987)。霍布斯和洛克都在不同程度上赞同这种强加说——或者说是道德上的非实在论(no-realism)。然而,倘若将它当作"自然法的近代学派"的定义性特征却也很容易产生误导,因为它既非近代自然法理论的充分条件,亦非必要条件。与奥卡姆的威廉(William of Ockham)有关的自然法的唯意志论(voluntarist)传统也具有这个特征,尽管它比这个"近代"学派早了300年。相反,17世纪时自然法的竞争对手之一接受了自然科学中新的解释形式的(有限的)有效性,尽管它也坚持认为这绝不会削弱对人类能动性(human agency)的目的论解释,也不会削弱那种认为道德特性就内在于他们的目的之中的假定(道德上的实在论)。莱布尼兹和剑桥的柏拉图主义者拉尔夫·卡德沃斯(Ralph Cudworth, 1617—1688)构建了现代的新亚里士多德主义及新柏拉图主义的自然法哲学,以回应自然科学的革命。他们坚称其重构无懈可击,能够应付梅森圈子里的人们的批评;他们批评霍布斯与普芬道夫过于简单化地根据新的自然哲学来塑造道德与政治哲学,并且将他们的理论解释为古老的唯意志论的延续(Leibniz 1689, Lee 1702, Cudworth 1731)。巴比拉克又反过来捍卫普芬道夫,反驳莱布尼兹的批评(Barbeyrac, 1820)。

不仅如此,如果强加假说乃是一个自然法学派的定义性特征的话,那么格劳秀斯将不是其中的一个成员,尽管普芬道夫、巴比拉克及他们的近代评论者们视之为鼻祖。先于梅森圈子的作品,格劳秀斯就写作了他的《论战争与和平法》(*On the Laws of War and Peace*, 1625)。此外,他还提出了对人类能动性的一种性向论的

(dispositional)说明,以及一种形式的自然法实在论。

另外两个问题的出现与政治实践的一个关键性变革有关。普芬道夫所面临的实际情况是在欧洲出现的一种独特的政治格局,这种格局乃是始于宗教改革、终于三十年战争的宗教战争的结果。《威斯特伐利亚条约》成了对此格局的最早的权威阐释,并因此为相互竞争的理论提供了框架。这个条约承认了同一个政治单元内宗教的多样性(天主教、路德教、加尔文教);确认了领土统治者在其领土范围内所拥有的最高政治权力并且削弱了地方阶层(local estates)的权力;将德意志帝国界定为一种由各相互独立的公国所组成的联邦,每个公国只具备有限的结盟权;并将欧洲表征为这样一些相互独立的政治"强权"的"均势(balance)",通过统治者之间的结盟与偶尔的战争来保持自治的均衡;如此,就将罗马教皇或者大帝这些泛欧洲的古老权威归于冗余之物了。在这种复杂的格局之中构建一种自然法理论的问题,就是宗教与政治性的。

正如格劳秀斯与霍布斯,普芬道夫将那些导致战争发生的宗教差异视为不可调和的。因此,一种能够使得所有欧洲人去认同新的政治秩序并且能够带来和平的新道德,就必须独立于这些将他们割裂的宗教性差异,尽管它仍然要在道德的框架内允许这些相互敌对的宗教的信仰与行为存在。解决这第二个问题的方法,就是从任何人都无法合理地怀疑的两个前提中推出一些普遍的正义原则(universal principles of right):一个是"自然状态(state of nature)",也即对所有人都同样的被科学地重构的条件,另一个是可经验验证的、与每个人的自保有关的自爱或自我关心(Seidler, 1990)。第一个方法将会把自然法从它对既存法典的研究以及对亚里士多德主义的出发点——公意——的依赖中解脱出来,并将因此将它从米歇尔·德·蒙田(Michael de Montaigne, 1533—1592)及皮埃尔·沙朗(Pierre Charron, 1541—1603)等相对主义者的指责中解脱出来。第二种方法提供了一种所有人都能接受的善（自保）——尽管人们在更高层级的善上争执不休；这样，就可以将自然法从它对任何宗教的从属中解脱出来（Zurbuchen, 1986）。

普芬道夫和巴比拉克从格劳秀斯的理论中识别出了这两个前提，并且称他为新的自然法学派的奠基者。塔克（Tuck）和塞德勒（Seilder）强调了格劳秀斯与普芬道夫之间的这两个相似点。尽管不相似之处也是同样不能否认的。格劳秀斯将其理论奠基于另外一种斯多葛哲学的前提之上，这种哲学认为人们有一种因其自身的缘由而爱社会的倾向；而霍布斯在其《论公民》（Of the Citizen）中，开篇就是对这个前提的驳斥（他将之译为间接的自爱），并且将之引向去创建一种新的政治科学。普芬道夫也拒绝承认政治社会中这种目的论倾向的存在，但他没有接受霍布斯的选择。普芬道夫哲学的这个特征——及他那与格劳秀斯的道德实在论形成对照的强加论（imposition theory），他之将自然法限定在自保的范围内，以及他之将自然法与宗教相区分——都导致他的那些亚里士多德主义的路德教的批评者质疑其正统性，否认他与格劳秀斯的亲缘性，并且称他为霍布斯的追随者或无神论者。

第三个问题是政治性的：在从这两个前提中推导出的自然法的框架之内，去发展一种统一的关于相互独立的政治社会或国家，统治者的权威以及臣民的权利与义务的理论。这里，再一次地，学派的成员们的解决方法是多种多样并且相互矛盾的，因为他们分别是在下述方面各不相同的情况下写作的。格劳秀斯和霍布斯是在三十年战争期间写作的。格劳秀斯的目的是通过法律来规制或者限制毁灭性的战争，那时统治欧洲的是武力并且导致以法统治仅仅是例外现象与罕见现象。霍布斯追求的是重建一个强大的统一国家并为之赢得忠诚，这个国家能够结束暴乱；而正是暴乱摧毁了脆弱的、内部分崩离析的政治团结（欧洲文明就建立于其上）并将欧洲人推进了一切人反对一切人的战争状态之中。

威斯特伐利亚和平所创立的政治秩序使得战争从属于政治,并且导致了格劳秀斯和霍布斯所设想的那种普遍和平与稳定。普芬道夫一代人是率先经历并反思这种现代的政治安排——主权国家的威斯特伐利亚体系——的人,最起码在表面上,虽然历经三百多年的经济、科技及社会的重大变革,它仍然真正地持续构建了现代世界的政治基础。

因此,就具体而言他是第一个对现存欧洲国家体系提出一种全面理论的人来说,普芬道夫堪称第一位现代政治哲学家。这种反思性立场首先出现在 DSI(Denzer, 1976)中。他断然地将威斯特伐利亚时代与之前的世界战争与毁灭区分开来,并且他认为,相对于适合新的独立国家间的政治秩序的标准与概念而言,仍然幸存的德意志帝国组织及过去用以识别它的罗马法术语都是邪恶的和过时的。他的自然法理论(这个理论将这些标准与概念强行安放到新的秩序之上),为现代政治学的奠基带来了一丝独特而又迷人的光明。有两个原因可以说明这一点。

第一,普芬道夫能够从两个方面来看待现代的政治格局:他既可以从其新近被确立的边界内部来看待之,也可以从其边界外部的世界来看待之;这个外部世界就是之前他年轻时所经历的战火纷飞与动荡不安的状态。他能够凭借这种双重经历来建构两种被用于自然法哲学中的概念(通过一系列相互对比,这两种概念可以彼此相互界定):作为战火纷飞与动荡不安的世界的自然状态,以及具有普遍的和平与安全的政治社会状态。最为扣人心弦的对比是在 DOH 的第 2 卷第 1 章第 9 节中。从另一方面而言,对后来的理论家来说,自然状态不过是他们的政治思想与经历中的遥远和虚构的异邦,只能通过理论的抽象或者历史的臆测才能得知一二。

第二,从格劳秀斯和霍布斯的时代到普芬道夫时代,形势的变化也伴随着理论视角的变化。那潜在于格劳秀斯和霍布斯思想深处并决定其思考方向的问题,就是如何从毁灭性的战争与动荡局势中构建政治社会及对它的服从。而威斯特伐利亚体系的安排从实践上解决了这个问题。相应地,那潜藏于普芬道夫理论(以及它所追随的那些理论)的深处并决定其理论方向的问题就非常不同了:一个人如何调整自己的行为以成为这样一个社会与政治组织的有用的一员(第1卷第3章第8节和第二卷第5章第5节)?沿着这个方向定位,他就可以从格劳秀斯和霍布斯中任取其需,并且将这些要素融入到一个理论框架之中;而这个理论框架就是被构建出来以解决手头的问题的。正如他在"前言"中所言,他的方向定位及框架,构成了自然法的一门新**学科**。

划　界　论

DOH 乃是普芬道夫主要作品 DJN 的纲要。在这部作品中,他要"向初学者们阐明自然法的主要论题"。(第6页)它并没有包括他关于每个结论的大量的论证,没有包括他就竞争的观点所进行的汪洋恣肆的回应,也没有包括他对古典的资源、基督教的资源、罗马法的资源以及当代资源颇具匠心的征引。如果要探其全景,人们就必须转向更大部头的作品(DJN)。虽然如此,这个篇幅较短的作品却是一个真正的纲要:关于他整个政治与道德哲学的言简意赅而又彻底全面的浓缩。不仅如此,它的清晰澄明与言简意赅使其完全成了与未删节版本相独立的陈述,并且成了对后者有益的导读;而对于未删节的全本来说,有时候过于集中的悉心阐说反而会模糊了那些核心观点。这个文本的明达精确被众多使用过它的哲学家认为胜过了 DJN,成为他们演讲、评注与激烈辩论的基础(Laurent, 1982)。

该书是献给隆德大学的校长古斯塔夫·奥托·斯廷博克（Count Gustav Otto Steenbock）的，用以回报他在普芬道夫任职期间所给予的不被其批评者迫害的保护的恩惠（第3—5页）。对于他声誉卓著的保护人所赐予的恩惠，他无以为报，只能以一颗感恩之心向这位高贵的人提供他所重视的东西——忠诚与奉献！如果更贴近地检视，就会发现，重视关心他人的社会责任的知恩图报对双方都是有好处的；如此，也例证了所有人对塞涅卡仁爱与感恩的命题的领会，而这也是他全部哲学的立足点（第1卷第3章第7节，DJN的第2卷第3章第15节）。

在"前言"中，普芬道夫解释说他的目的在于以这样一种方式阐明自然法诸要素：这种方法便于学习并且因此"用一种其对市民生活所具有的好处已经明显被广为接受的道德学说来浸润他们（学生）的心灵"（第6页）。在出版一本应用性的政治道德小册子时，普芬道夫就是在履行一种他嘱咐所有教师都必须承担的公民责任（civic duty）：去阐释"这样一种学说与正义的目的及国家习俗的一致性，并且（确保）公民从孩提时代就能浸润到这种学说之中"（第2卷第7章第8节），从而"避免（去教授）所有那些可能会给市民社会带来麻烦的信条"（第2卷第18章第9节）。

尽管18世纪时新教徒的欧洲的大学出于此保守目的最终接受了这个纲要，但最初的反应却是敌意。争议的原因可以从对自然法的学科与实践的截然划分中看出，尽管这种划分润饰了"前言"并使之完美。据推测，普芬道夫是为了回应对DJN的第一波批评而写作该书的。这个批评是由罗马法教授尼古拉斯·贝克曼（Nikolaus Beckmann）及神学教授约书亚·施瓦茨（Josua Schwartz）共同完成的；他们都是隆德大学的教授，而且施瓦茨还是普芬道夫的告解神父。批评的题目是《萨缪尔·普芬道夫先生于隆德出版的违背正统原则的一本论自然法与万国法的书中的某些新见奇解的索引》，于DJN出版之后3个月发表。

划界论限定了自然法的领域。一方面，普芬道夫将自然法的研究与实践同国家法理论（civil jurisprudence）及国际法制度划分开来；另一方面，他又将之同道德神学及神法划分开来。他这样做的实际目的是，通过表明律师与神学家们所特别关注的方面已经被从由自然法所控制的独特的知识领域和人类行为领域区分了开来，从而捍卫其理论不受律师和神学家的批评。然后，这种划界所带来的理论成就也将构成一门独特的关注司法的或者以法律为中心的道德与政治哲学。与更先的及作为竞争对手的那些自然法理论不同，在"前言"中被划出来的研究领域是独立于法学研究与神学研究的，并且拥有一套自己的特定词汇表（这套词汇表是围绕着普芬道夫原创性的社会性[socialitas]概念及其同源词而被组织起来的）。这套词汇表带来了反思意识，并且部分地构成了与供研究和治理的人类行为相对应的领域——社会领域。正如普芬道夫、巴比拉克、塔克及普芬道夫后来的批评者所都曾注意到的那样，无论是格劳秀斯还是霍布斯，都未曾如此清晰地划定出边界，也未曾如此果敢地作出对比。

通过将自然法学科的六个构成性特征表述出来并将之与民法和神法（或者说是道德神学）作出对比，普芬道夫就这样划定了自然法学科的边界。第一，自然法学科的主题是一组对所有人类都同样适用的普遍的社会责任，"那些能够使得他与其他人一起过社会生活的普遍的社会责任"，而国家法则只是探讨特定国家的法律责任，道德神学只探讨诸如基督教这样的特定宗教的责任（第7页）。第二，自然法的证成基础在于它们已经被理性证明为"对人们之间的社会性是至关重要的"，而国家法则只是从主权者的意志而来，神法也只是从上帝的意志而来（第7页）。在这里，他再一次重复了他的新颖洞见：正是"社会性……被我们规定为自然法的基础"(第12页)。第三,自然法的发现途径乃是无需任何外援的理性,而神法的发现途径则是启示(revelation)(第7页)。第四,自然法的范围和宗旨乃在于在人类的法庭中调整人的行为,"使之成为人类社会的一个有益的(commodum)成员"——自然乃是"根据人想要在社会中与他人一起生活的假定来塑造人的(第1卷第3章第8节)",而神法乃是在神的法庭中旨在为了来世中的灵魂拯救而塑造人(第8页)。第五,自然法所能够管辖的伦理材料绝大部分都仅仅是"人们的外在行为";而神法同时还管理人们的内在思想、意图与欲望(第9页)。第六,自然法认定的前提是人类堕落之后的人的本性:腐化、倾向于"自爱",而且"充满邪恶的欲望"(第10页)。而道德神学必须同时既对待人的腐化的前提,也对待人的未腐化的前提。

不难理解,为何这个方向定位与框架立刻就给其听众留下了这样的印象,认为它是一个解决无序混乱和不虔不敬的良方(正如贝克曼与施瓦茨所述);以及为何它一度使得欧洲人对它确信不疑,将之改造为现代欧洲和平计划的基础。然而,也同样明显的是,它是如何旨在解决这样一个问题的:如何通过把自然法道德从对任何宗教差异的从属中解脱出来,来寻找一种能够统一被宗教割裂了的欧洲的道德(或者,说是社会性将会更好)。它在天主教欧洲的失败——更不要说在其他那些非基督教的社会中了——掩盖了它的普遍适用性。

总而言之,划界论中的六部曲将自然法理论转化成了一种**社会理论**,这种理论仅仅关注通过社会责任(正是社会责任使得他们成了社会中有用的成员)来调整具有自爱倾向的人们的外部行为。正如莱布尼兹的典型评注所言,这从自然法哲学中清除了、也切割出去了对任何已知的或者可行的道德体系的关注,不管是古典的道德体系,还是基督教的道德体系:也即其他类型的责任,品质与美德的培养,对关于意图、欲望及动机的内在生活的管理,以及其他超越了社会性的道德或者宗教抱负的发展(Leibniz,1706)。普芬道夫的意思是,只有当这些传统的关注点被清除出被公开强制实施的道德,将它们留给各种各样的教派及道德权威,并且自然法被重新定向到社会性的领域,才能获得国民和平,社会生活也才是安全的。

对于最初被视为非正统学说的普芬道夫的理论,从洛克到康德的理论家们都纷纷接受并将之定式化,还在其上继续建构宽容、多元主义、商业进步与自由等社会理论。比之普芬道夫最初仅仅对和平与秩序的关注,这些理论又推进了不少。结果是,后代的人们往往越来越倾向于视之为理所当然,以至于忽略了普芬道夫在创建关于法哲学的现代思想形式(juridical form of modern thought)上所扮演的关键角色。对于这种思想,一位当代的哲学家这样称呼它:"道德——一种独特的制度"(Williams,1985)。

社会性与功利

纲要的目的在于表明,腐化的人类是如何在他们的外在行为中作为社会存在物而调整自身,并因此能够与其他人一起生活在社会中的。普芬道夫进行这个工作的方式,就是根据自然法理论与实践的六个界定性特征去说明这样的一些责任——正是对这些责任的履行,构成了成为人类社会中一个良好成员的要求。在第一卷中,他列出了适用于所有人类的责任;在第二卷中,他列出了适用于那些作为基本与普遍形式的人类社会(自然状态、家庭、主人与奴隶的经济结合体以及国家)之成员的人们的责任。有两个章节是根本性的。在第1卷第3章中,所有社会责任的基础得到了阐释;在第2卷第5章中,国家、统治者与公民的形成得到了说明,而且他理论的要点也得到了阐述：对责任的履行支撑着此一政治整体的存在，而除了最初级的社会存在形式之外，对责任的履行是任何社会存在形式的必要条件。

在第1卷第1章第1节中，责任（duty, *officium*）被定义为"基于义务（obligation），人类行为对法律的命令的遵守"。普芬道夫详细勾勒出了自愿的人类行为的条件，因为所有责任都是自愿性的（第1卷第2章第4节）；并且表明（与道德实在论者相反）理解、激情以及自由意志都与秩序井然无缘，而只会导致非道德行为的混乱。他在第1卷第2章中继续言道，为了避免随之可能会出现的混乱与无序，有必要从一开始就强加某种道德规则以供意志遵守（第1卷第2章第11节），而且据之其他的非道德行为也能够得到评判与确定。接着，"规则"被视为与"法律"相等同，而"法律"被视为等同于"上位者据以可使得一位从属于他的人有法律义务（oblige）去遵守上位者规定（prescript）的法令（decree）"（第1卷第2章第2节）。甚至一个人基本的是非观（sense of right and wrong），据说也是因其处于法律义务之下而具有的（第1卷第2章第4节）。这就干净利落地简要概括了DJN中所表述的强加论（imposition theory）——这个理论已经被证明为既饱受争议，又影响重大。

接着，义务这一在关于责任的定义中的第三个也是最后一个术语，也被基于两个条件而得到了解释：一个有权力实施其法令的上位者，以及一个有着良好理由去服从的臣民。理由可以是，服从是有益的，上位者意味着良法美意，能够比臣民自己更好地看顾他，以及服从是自愿的（第1卷第2章第4—5节）。义务则如霍布斯所认为的那样，表明了对惩罚的恐惧，以及如斯多葛学者所认为的那样，表明了对上位者仁爱的尊重；因此就使得仁爱—感激成了每一种社会责任的构成性要素。普芬道夫直截了当地指出，自然法责任满足这所有的条件：这些责任是自愿的、由理性发现的、上位者（也即上帝）所发布的法令，上帝以天堂与地狱作为褒奖与惩罚来推行这些责任，而且他的仁爱与关怀构成了服从的良好理由（第1卷第2章第6节，第1卷第2章第16节，第1卷第3章第10节）（反对意见与回应请参见 Leibniz 1706；Barbeyrac 1820, Palladini 1978, Schneewind 1987, Moore and Silverthorne 1989）。

在第1卷第3章第1—7节中，自然法的证成基础——社会性，导源于"人类的共同特征与状况"（第1卷第3章第1节）。特别地，这样一个结论——"为了安全，对他而言社会性的（sociabilis）生活就是必须的"（第1卷第3章第7节；比较第1卷第2章第16节，第1卷第3章第10节），也是导源于人类情况的六个不可还原的特征。正如斯多葛理论所教导的，人们的第一个关注点是他自己的保存与福利；尽管他的脆弱（imbecillitas）与悲惨使得仅凭自己的努力根本无法确保哪怕任何一个方面。因此，他需要与他人一起加入到社会生活中来相互支持，从而获得他所需要的东西。尽管他能够参加社会生活，但他若是出于自私而试图与他人联合，也会有不计其数的欲望和激情勃发出来，驱使他转向多疑、傲慢、敌视及施加损害和伤害，直到走向战争。结果就是，不仅有必要如格劳秀斯与霍布斯所教导的那样因前三个特征而联合起来，而且应该以这样一种形式的生活来进行联合——阻止在联合中的反社会的摩擦（这倒是为格劳秀斯和霍布斯所忽略了的）。唯一一种重视这六个特征并且能够解决社会问题的联合，就是人们完全深思熟虑地以第1卷第3章第7节中所定义的利他的方式来成为能与他人一起生活的社会的人，而且这种方式还在第1卷第3章第8节中被规定为：去"通力合作"并且"因此调整他的行为以去接近他们，使得他们不会被赋予哪怕似是而非的借口去伤害他，相反却更乐意于去保护他并且促进他的利益（advantages）（或者"好处"，[benefits, commoda]）"（对比，DJN 第2卷第3章第15节）。

因此,自然的根本法则(在它之下的所有其他方面都必须被包括进去)就是,每一个人都应该去"培养与维持社会性"(colendam et servandam ese socialitatem)(1.3.9)。这就涉及对上帝的责任(第1卷第4章),对自己的责任(第1卷第5章)以及对他者的责任(第1卷第6章及以下)。进而言之,那些教人如何以一种顾及其行为对他人的行为会产生何种后果的方式,来调整其行为的归属性自然法则(laws of nature)(为了"使其能够成为人类社会的一个有用的成员"(第1卷第3章第8节)),包含了责任的三种类型。第一种类型正如格劳秀斯与霍布斯所已经正确地识别出来的,乃是不伤害他人这种消极协作(negative service)的责任(第1卷第6章)。然而,这些并不足够。(第二,)为了消除偶尔发生的反社会对抗,以这样一种方式来进行与他人有关的行为也是有必要的:行为中要表明对他人作为人的平等尊严的认可与尊重,如此,他们那高度敏感且容易受刺激的自尊才不会受到伤害(第1卷第7章)。此一认为现代社会也要立足于所有人对相互之间平等尊严的认可之上的命题,与封建时期和文艺复兴时期基于不平等之上的注重荣誉的伦理规范(honor ethic)相反(第1卷第7章第3节),乃是普芬道夫最为深刻与影响最为深远的洞见之一(DJN,第3卷第2章)。第三,为了阻止忘恩负义和不敬及其所导致的社会毁灭性行为的持续增长,以及为了在他人之间促进相互补偿性的信任、感恩以及自愿的互惠,就有必要履行仁爱的责任(第1卷第8章)。无论是在分析涉及合同(contracts)、协议(agreements)、誓约(oaths)、财产关系及语言运用方面的责任(第1卷第9—17章),还是分析涉及家庭与国家方面的责任(第2卷),责任的这三种类型都能提供一个框架。而这其中的许多责任都是从罗马法中归纳出来的。

尽管责任的这三种类型,对于维持和形成一个人们在其中可以自保与追求福利的社会而言都是必要的,普芬道夫却更重视第二种和第三种类型。他之所以这样做,部分地是由于他的前辈在其极为温和的消极的自然协作责任理论与自保的自然权利理论中,未能将它们考虑进来。深层的解释是,它们是被设计来消除普芬道夫(追随塞涅卡的《论利益》(*On Benefits*,第4卷第18章))所担心的(正如莎士比亚在《李尔王》(*King Lear*,1608)中所担心的)导致社会解体并陷入疯狂与战争之中的主要原因的:比"不义(injustice)"更"令人作呕与讨厌的"激情(第1卷第8章第8节)——"邪恶的忘恩负义"(*King Lear*,第1卷第5章第37节)。

许许多多的批评者指责普芬道夫将自然法建立在功利或利益(*utilitas*)而非社会性之上(Palladini 1978,Barbeyrac 1729,*DJN*,第2卷第3章第15节注释)。这是误解。对社会责任的履行具有"明显的功利"(第1卷第3章第10节),因为这种履行所培育与维持的社会性乃是个人安全与福利之所以可能的前提条件(比较,*DJN*,第2卷第3章第16节)。然而,为社会性所要求的责任,常常会胜过这样的一些行为——它们是由一个人为其当下的功利或便利所进行的考量所控制的行为,甚至可能会使得一个人乐意为了社会性的利益而甘冒生命危险(第1卷第5章,第2卷第5章第4节,第2卷第13章第2节,第2卷第18章第4节)(职是之故,对一个人而言首要的责任是使其变成社会的一个有用成员(第1卷第5章第1节))。因此,接续西塞罗的思想,普芬道夫仔细地区分了合理的或者长期的功利与败德的或者短期的功利,并且坚称社会责任与前者是一致的——尽管它们并不是建立在前者的基础之上(*DJN*,第2卷第3章第10节)。而基于后者所作出的行为与社会性便是不一致的,并且(因为这个原因)是适得其反的。如果将它当作正当的标准,犹如霍布斯关于自我保存的主观权利那样,那么即便在一个社会中人们能够获得其最为基本的安全,这个社会也不会有所发展(*DJN*,第2卷第3章第11节,第1卷第3章第16节)。

在作于 1675 年的《论人的自然状态》(On the natural state of men)一书中,普芬道夫再次将他的理论与霍布斯的做了对比,并且最终放弃了试图区分两种功利感的努力,这样就将其理论与功利摆脱了任何必然的联系。他说合理的功利感被界定为是从通常用法(common usage)转化而来的,而不合理的功利感(spurious sense of utility)——在其中,功利被界定为既与社会性设置,也与对他人的关心相反——已经取得了绝对的统治地位(如此他就澄清了其批评者们的误解)(Seidler 1990:10, p.95L, p.122E)。

自此以后,就如他回应贝克曼时所言的那样,"我从中抽纳出自然法原则的基本前提(也即社会性),与霍布斯的理论是恰恰相反的(他的理论乃是建基于自保之上的)。因为我非常接近斯多葛学派的合理体系,而霍布斯则提供的却不过是伊壁鸠鲁主义(Epicurean)理论*的残羹冷炙"(ES)。

最后,关于社会性的理论的建构,明显与塞涅卡《论利益》第 4 章第 18 节中论社会与感恩的篇幅有关。这一段在 DJN 的第 2 卷第 3 章第 15 节中有所征引:

> 除了依靠能够良性回报的相互支持之外,我们还能根据什么方式来得到保护呢?这种关于善行的交易与交往增强了生活的力量与能力,而且在遇到突然袭击的情况下,还能使得人生进入更好的防御状态之中。如果让我们所有的人都作鸟兽散,那么我们除了成为野兽轻而易举即能捕获的美餐之外,还能成为什么呢?从本质上来说,人们在每个方面都是脆弱的:社会能够使得他由脆弱变得强大,由手无寸铁到有所武

---

* 伊壁鸠鲁学说乃是古希腊哲学家、无神论者伊壁鸠鲁(公元前 341—前 270 年)所开创的理论。该学说摒弃决定论,宣扬享乐主义,即快乐至上,但这种享乐主义是有限制的:认为精神愉悦高于身体愉悦,最高的愉悦是没有烦恼和精神痛苦,尤其是那种由于对死亡和神的不必要的恐惧而产生的烦恼和精神上的痛苦。——中译者注

装。理性与社会这两个卓越的优势,能使人成为所有生物中最具力量的,否则周围的一切都可能会伤害他。因此,有了相互联合的助力,他就能够掌控自然;而他一旦被与众人分开,就很难与周围的任何生存着的竞争对手相匹敌。而且,正是那赋予了他以自主(sovereign)的社会本身,在统治着低等的生物。社会就是那个能够控制疫病的肆虐,给老弱以依靠和赡养,并且能为悲伤者送去慰藉的事物。如果抛弃了社会,你就等于切断了人们之间联合的纽带,人类至关重要的筋络。

格劳秀斯也引用了同一段内容,但他将之解释为除了自爱之外,人们还有为其自身利益而去爱社会的倾向(*DJB*, Prel. dis. 8 n.2)。霍布斯不承认这一点:"依其本性而言,我们并不会……为了社会的利益而寻求结成社会,除非我们可能会从社会中接受某种荣誉或者收益"(《论公民》(*Of Citizen*, 第42页))。普芬道夫认同霍布斯的这个观点,但却拒绝了霍布斯对这个观点的论证。因此,对普芬道夫来说,从塞涅卡处引用的篇幅与社会倾向并无什么关系,而毋宁说它言简意赅地概括了通过共同起作用而使得社会成为必要的人类情况的六个特征。尽管这种结合给人们提供了很好的理由去成为社会性的人,但正如普芬道夫所早已指出的,狭隘的自爱动机也可能导致人类走到相反方面的相互敌视上去(第1卷第3章第5—6节)。即便如他所宣称的那样,人性之爱就是对他者的自然而然的同情,然而更重要的是,它依然如此脆弱,难以使得这阴郁的景象变得乐观些(第1卷第8章第1节,第2卷第1章第11节)。为了使人们自私的动机能与他那深思熟虑的利他的社会责任相一致,以及与他合理的功利相一致,仁慈的基督教上帝通过人们对他的惩罚的恐惧来落实这些责任(第1卷第3章第10—13节)。对仁慈而又具有惩罚能力的上帝的信仰因此就成了社会生活的必要条件(第1卷第3章第13节),因此对上帝的责任就成了头等的社会责任(第1卷第4章)。

虽然如此,普芬道夫仍然异常机敏地观察到,如果人们不能通过对因此而为他们所增加的世俗利益的考量来使其自身履行这三种类型的责任,那么通过对遥遥无期的老天惩罚及不疼不痒的良心谴责的考量,并不会使他们做得更好(第2卷第5章第9节)。因此,由于社会体系(the system of sociality)缺乏一个有效的执行方式,因此它就是不健全的。在第二卷中可以发现疏漏的弥补措施,他在那里解释说,"对于压制邪恶的欲望而言最有效的弥补措施,最适合人类本性的弥补措施,能够在国家[civitates]中找到(第2卷第5章第9节)"。

国家与公民

普芬道夫对自然状态有一个十分厚重并且无比卓越的分析,第二卷就是以对这个分析惜墨如金和言简意赅的凝练而开始的:人类的自然条件外在于或者先于国家的构建(see Denzer 1972, Seidler 1990)。他通过三个对比来界定它:对上帝的服从状态与其他动物的生存状态相比;孤独脆弱与在国家生活中的通力合作相比;以及无政治从属状态与在国家中的从属相比。在这些情况下,人们能够结成一些较小规模的父系家长制家族这样的联合,在家族里女人自然而然地从属于男人,并且因此产生了丈夫对妻子(第2卷第2章)、父母对子女(第2卷第3章)以及主人对仆人的责任(第2卷第4章)。

为什么这些联合只能维持非常初级水平的社会性,其首要的原因就是安全性的缺乏(第2卷第1章第9节)。在不存在一个共同的政治权威的情况下,家族的男性首领就处于一种"自治(self-government)"的状态之中。他们必须努力尝试去履行责任,并且能够在基于随时发生的特定情况及自愿的基础上解决争议(第2卷第1章第8—10节)。基于对人性的假定(这里是根据第1卷第3章第1—7节抽纳而来并且在第2卷第5章第4节中增加了对臣服的憎恶)及神的惩罚所带来威胁的无效性(第2卷第5章第9节),自治一旦失败,所有人都会暴露在随时被攻击的状态。随之出现的席卷一切的对家庭之外事物的怀疑、不信任状态,将会阻止相互信任的产生;而对于一个深思熟虑的愿意去履行和推动利他的社会责任的理性行动者而言,这种信任是非常必要的。"战争、恐怖、贫穷、污秽、孤独、残暴、愚昧以及野蛮"就会接踵而至(第2卷第1章第9节;比较,第2卷第5章第6节),明白情形的人就会被迫去准备应对战争(第2卷第1章第11节)。

从这种假想中可以顺理成章地推出,国家就是被构造来在战争状态中确保安全的。那些真正激发人们去建立国家的最实际的理由,"就在于想去寻求对自己的保护,以反对那人威胁人的邪恶"(第2卷第5章第7节)。也许是从其对三十年战争的经历中汲取了经验,他阐述道,并非什么亚里士多德主义的对社会的爱使得人们去建立国家(第2卷第5章第2节),野蛮的战争状态才真的推动了这些自爱的动物,并为其提供了去建立国家的无法抗拒的理由(causa impulsiva)(第2卷第5章第6—7节)。国家消除了导致不安全的因素,并且通过将相互冲突的意志统一起来,将人们分散的权力统一成一种能够有效地惩罚那些抵制公共安全利益之人的权力,从而为各个家族首领的社会性提供了基础(第2卷第5章第9节,第2卷第6章第4—6节)。

尽管正如霍布斯的理论所言,人们建立国家是为了满足他们的安全利益,然而,一旦人们成为国家的成员,他们就必须服务于国家并且将他们的利益(生命、财产和财富)从属于国家的利益,甚至如西塞罗的理论所述的那样将他们个人的利益与国家的利益视同一体。这就是成为政治动物所具有的含义:成为一个好公民,或者统治者(第 2 卷第 5 章第 4—5 节;第 2 卷第 6 章第 9 节;第 2 卷第 7 章第 3 节,第 2 卷 11 章第 3 节,第 2 卷第 17 章第 11 节,第 2 卷第 18 章第 4 节)。普芬道夫并不是说公民们的动机已经改变了。这将会与他的六个划界论的要求相矛盾。毋宁是说,在一个政治共同体中被制定与执行的法律体系调整着公民的行动,从而使得公民的行动能够服务于维持和促进公共福利的目的(第 2 卷第 11 章第 4 节)。由于这种政治秩序的维持自身就是社会性不可或缺的手段,也由于促进社会性的义务本身就意味着能够促进社会性的手段的义务(第 1 卷第 3 章第 9 节),顺理成章地就可以认为,人们有被上帝与自然法强制去履行他们的政治责任的义务(第 2 卷第 6 章第 14 节)。进而言之,由于对政治与社会责任的履行维持着秩序,在此秩序下个人安全与社会利益才能实现(第 2 卷第 5 章第 7 节)——那么一个人出于理性的功利应履行政治与社会责任(第 2 卷第 5 章第 8—9 节)。

有三种人们可以凭其成为国家的有用成员的方式。第一,他们因对来自政治权威的"惩罚的恐惧"而被迫服从国家法(11.5.5,11.12,11.13)。那执行第一卷中所述的社会责任的法律体系(第 2 卷第 12 章第 3—7 节),包含了对上帝的核心责任(第 2 卷第 11 章第 4 节)。第二,公民的精神与舆论,乃是由家庭和公共当局所持有的符合国家目的的学说及对相反学说的审查所塑造的(第 2 卷第 7 章第 8 节,第 2 卷第 18 章第 9 节)。第三种也是最为有效的方式,乃是普芬道夫原创的并且一再被引述的现代化或社会化论,而这种论题则是从第 2 卷第 5 章第 7 节的两个部分总结出来的(这两部分与第 1 卷第 3 章第 7 节中对社会性的定义是对应着的)。通过最初为保护安全的目的而创建国家,人们为政治提供了基础,并且驱动了一个自我发展的由相互增益的责任构成的社会体系,在这个体系中，不管愿意还是不愿意，参与者们都日益被文明化与社会化了(see Hont 1987)。

在第2卷的第6章中，普芬道夫具体说明了无数(*multitudo*)群众是如何能够达成一种联合或结合(*coetus*, *populus*)，如何构成某种形式的政府(*regimen*, *respublica*)、至高无上的权威或者主权(*summum imperium*)、统治者(*imperans*)或主权者(*summum imperans*)、臣民或公民(*subditi*, *cives*)以及国家(*civitas*)的。该章以及与之相对应的 DJN 的第7卷第2章包含了在早期欧洲对这七个概念最富有鉴别力的分析，并且为后世所有的契约论的基本词汇作出了详尽的解释。

组成一个国家的活动由两个协议和一个法令构成(第2卷第6章第1—9节)。首先，无数的男性家族首领(他们中每一个对不安全的自然状态都有其独立的意志与判断)，毫无异议地同意彼此之间组成一个单一的且永久的联合体，并且同意由共同的议事会(common counsel)与领导来负责他们的安全。这第一个协议就构成了一个联合体或者联盟(*coetus*)(第2卷第6章第7节)。与那些组成了它的男人的集合体不同，联合体的成员是根据多数决的原则与制度而被连接在一起的，这些对他们的安全而言十分必要。而且，这个联合体必须足够的庞大，如此才能保护其成员抵御已经存在的国家或者帝国(DJN, 第7卷第2章第7节)。由多数人发布法令决定，何种形式的政府对于需要执行的任务而言是适合的(第2卷第6章第8节，在第2卷第7章中也得到了讨论)。最后，要达成一个互惠的关于主权与臣服的协议，任命一个人或者一个会议机构，以便决定在何种情形下(第2卷6章第9节，在第2卷第9章第5—7节中也得到了讨论)将"婴儿国家"托付给他(它)，并且所有其他人都成了"臣民"或"公民"。协议涉及一个互惠的义务：公民们逐个认同一个统治者并服从于他,因此就承担了一定范围的国民责任(第2卷第18章第2—5节);而同时统治者同意去"看顾国家",根据法律并且只能在为了公共安全与安宁的情况下去行使其至高无上的权威(第2卷第6章第9节,第2卷第11章第3节;DJN,第7卷第2章第8节)。

只有当第二个协议发生效力之后,"一个健全和正常(regular)的国家才算真正产生"(第2卷第6章第9节)。人们通过其意志与权力的联合而创造出来的国家,有自己的名称、权利及财产,乃是一个活脱脱的人(第2卷第6章第10节)。在霍布斯之后,这乃是对国家的一个具体的现代概念所作出的最先也最为清晰的阐述:也即是说,它是一个权力与意志的统一结构,它整合了作为其构成者及孵化者的统治者与臣民,但又独立于他们(参见 Skinner 在1989年对这个概念的阐述)。在 *DJN* 中,通过引述霍布斯在《利维坦》导言中的叙述并表示赞同,普芬道夫强调了在男人占主导地位的世界中这个男性创造物的独特性与重要性。通过他们之间的协议,男人们创造了一个国家(*civitas*),一个具有男性的力量、统一性以及无需负责等品行的"人造的人(artificial man)",人们则成了其生活着的成员;正如上帝通过"'要有'或者'让我们造人吧'等神的命令……创造了世界一样"(第7卷第2章第13节)。(关于女权主义者的驳斥,参见 Shelley 1818 及 Mellor 1989)。

尽管普芬道夫赞同并接受了霍布斯的国家概念,但在 DJN 的第7卷第2章第2—9节中,他很快就解释说,他对两个协议与一个法令的说明恰好是对霍布斯的关于国家形成的错误理论的反驳,以及对正确理论的表述。这些论证仍然是对霍布斯理论最好的批评。

根据普芬道夫的说法,霍布斯既取消了形成联合的传统协议,也取消了形成主权与从属的互惠协议,因为他认为,这些协议很容易被"那些煽动分子——这些人在早些年就竭力限定王权,并试图将之放置在人民的控制之下,或者甚至打算从根本上取消它——所利用",使他们很容易据以找到"反叛的借口"(*DJN*,第 7 卷第 2 章第 9 节)。然而,由于无论是对于王室主权的支持者还是对于混合或者人民主权的支持者而言,这两个协议都是他们所共同接受的前提,因此霍布斯对它们的攻击(可以正确地看到,相较前者,它们更为后者所赞同)就构成了对一个共同基础的否定——先前关于主权的现代契约论争论整个儿地就是立足于这个基础之上的。

于是,霍布斯就用单一协议取代了这双重协议。这个单一协议是人民大众之间达成的,要求他们服从一个既非人民之一部分,亦不服从契约的统治者。他相信,这个前提假定可以将统治者的主权建立在不可动摇的基础之上,从而消除对叛乱进行正当化的可能性。作为社会全体的人民不能提出任何限制统治者主权的主张,因为单一协议已经排除了这种结合或者联合形成的可能性。其次,臣民不能提出主张说,"在国王与公民之间的协议是相互的,因此如果前者未能遵守协议所规定给他的承诺,后者就能够被免于服从"(*DJN*,第 7 卷第 2 章第 9 节)。因为,霍布斯的单一协议理论,已经从根本上排除了互惠协议存在的可能。

为了反驳霍布斯,普芬道夫再次重申了一个组成人民之间的最初的联合的协议的必要性,霍布斯与此恰恰相反设法对它的攻击是并不成功的(*DJN*,第 7 卷第 2 章第 12 节)。然后他指出,霍布斯的单一协议是存在致命的缺陷的。由于臣民之间彼此都同意去服从协议,而非去服从主权者,因此如果一个人"并未提供服从,那么所有其他人也将被免于履行"他们的义务(*DJN*,第 7 卷第 2 章第 11 节)。

普芬道夫论证的下一步是指出,一个恰当表述的互惠协议不会为叛乱提供借口。"当我们承认在统治者与公民之间存在这样一个协议的时候,在霍布斯看来可能会发生的那些不好的事情,也未必一定就会发生(DJN,第7卷第2章第10节)。"首先,他将两个协议与一个法令解释为是去"创建"最高的权威(DJN,第7卷第2章第1节),并且将关于臣服的契约解释为仅仅是将它的实施——"对政府的管理"——转移给统治者而已(第2卷第6章第10节)。因此,与集体人民主权学说不同的是,尽管人民具有统一性,但他们从来不拥有最高的权威,也因此不能被说成是将这个最高权威"委任"给了统治者并在统治者违反了协议的时候重新拥有它。进而言之,与个体人民主权学说不同的是,他讲明了人们在自然状态下并不拥有惩罚与立法的权力(最高权威的两个特点),也因此,即便协议被违反了,他们也不能重新拥有它(正如洛克的理论中所表述的那样)。同样,也不存在最高权威乃是以任何方式从他们的天然的自我防御权中衍生出的情况(正如在霍布斯的理论中那样;DJN,第8卷第3章第1—2节)。那种认为最高权威乃是被创建的(是仅仅通过一个人的意志对由统治者为公共安全而发布的法令的从属,以及一个人的权力在统治者为公共安全而发布的法令上的要求上的运用而创建的)命题,消除了一个大家共有的传统(这个传统是非常受平民主义者的结论赞同的):最高权威必须通过互惠的协议来以某种方式而被转移。

其次,假定统治者与臣民都处于一个相互的义务之下,那么在他们之间宪法性的统治关系是如何被界定的,以至于它无法提供一个正当的"叛乱借口"? 非常严格地遵循格劳秀斯的进路,普芬道夫主张说,在主权者与臣民之间的关系类似于主人与仆人的关系,或者父亲与养子女之间的关系。这是在这样的一种意义上去说的,就公共安全问题而论,统治者具有去界定臣民应该做什么的权威,也拥有强迫他们去行为的权威;而臣民却并不具有这样的权威(DJN,第7卷第2章第10节;DOH,第2卷第9章第4节;Grotius，DJB，第 1 卷第 3 章第 6—10 节）。尽管义务是互惠性的，但服从是单方面的：政府当局是无需负责的（第 2 卷第 9 章第 2 节）。这种主仆关系被人赋予了取代人民主权及另外一种理论（格劳秀斯曾为了这个理论而遭受过严厉的攻击）的含义：无论统治者还是被统治者，都不是主权者，而毋宁说他们处于一种"相互臣服（mutual subjection）"的关系之中（在联邦的、混合的或者均衡的政府体制中；Grotius，DJB，第 1 卷第 3 章第 9 节）。的确，在不断变换着使用"臣民"与"公民"，以及在将公民权与奴役状态同等看待时，普芬道夫的目的在于消除这样一种早先的现代传统，根据这种传统，公民从定义上来说是以某种这样或那样的方式分享了权威或者拥有政治自由的（第 2 卷第 6 章第 13 节；DJN，第 7 卷第 2 章第 20 节；Skinner 1989）。

接着，普芬道夫追问，当一个主权者违反了他要去保护其臣民、执行正义与保护国家的义务时，是否存在某些公民可以抵制这个统治者的情况（DJN，第 7 卷第 8 章第 4 节）？公民们必须要么是远走他乡以逃避其统治者所带来的伤害，要么是逆来顺受（包括被杀害），而且他们不能够去帮助那些被其统治者奸淫掳掠甚至谋杀的人们（DJN，第 7 卷第 8 章第 5 节；DOH，第 2 卷第 9 章第 4 节）。进而言之，他们不能够去反抗一个为了国家的利益或者必要而践踏正义的统治者（DJN，第 7 卷第 8 章第 6 节）。

然而，再次延续格劳秀斯的路子，在暴政的情况下他也允许一种例外的存在："一个民族可以为自保而抵抗其君主的极端且非正义的暴力"，并且如果成功，它可以确立一个新的统治者；正如仆人能够反抗这样的主人一样（DJN，第 7 卷第 8 章第 7 节；Grotius，DJB，第 1 卷第 4 章第 7 节）。但"一个民族或者个人的共同体"的这种行为，不能被与对政治权威的行使混为一谈（人民主权论及相互臣服论的理论家们，就犯了这样的错误），而不过是对自我防御的责任而已(这个看法是从第1卷第5章中得出来的)。另一方面,当王室主权的理论家们下结论说,由于人们不具有任何政治权威,导致他们无以自卫而只能束手待毙时,他们也同样是错误的;因为我们不能假定最初的订约者"会希望承担所有的负担以至于他们只能选择死亡,而在任何情况下都不能武装反抗上位者的非正义暴力"(DJN,第7卷第8章第7节)。这是一个非常明智的解决方案,然而正如英国的激进分子也能够利用格劳秀斯类似的论说一样,在为了自卫的情况下,它好像也提供了一个无限制的"反叛借口"(Barbeyrac,比如,他在对第7卷第8章第7节的评注中将普芬道夫与西德尼[Sidney]和洛克联系了起来)。也许,这就是为什么它在DOH中的任何地方都未出现的原因。

普芬道夫论述道,一个强大而又团结一致的国家必须拥有一套关于权力与权威的统一的与中央集权的安排。这才是"正常"国家(第2卷第8章第2节;DJN,第7卷第5章第13节)。那些缺乏这个方面的国家乃是"非正常的",而且也因此是脆弱的、不能团结一致以及易于导致无序混乱的(第2卷第7章第9节,第2卷第8章第12节;Denzer 1976)。这种规范性对比有助于分别去对专制主义的创立者的集权化政策赋予正当性(这种专制国家就是他为之工作和写作的统一的现代国家),并且将他的主要竞争对手——那些对政治权威以混合、均衡或者联邦政体来安排的捍卫者——的政策蔑称为"非正常的"。由于这些相互臣服论的理论家们将在君主与各种各样的代议团体(它们之间又以各种各样相互交叠的方式相互臣服)之间分配政治权威,因此他们就反对格劳秀斯与普芬道夫的主权原则——政治权威只能定位在一个地方而且是无需承担责任的(第2卷第9章第1—3节),并且他们也不承认国家乃是一个独立于政府的实体的概念。如此,在普芬道夫的政治词汇库里,它们唯一可以得到表述的地方就是残缺的、贬损的与畸形的

"非正常国家"这个类型。

  论述非正常国家的第二节(第2卷第8章第12节),是 DJN 第7卷第5章第12—15节中针对混合和均衡政体而进行的反驳的长篇大论的高度凝练。由于认识到亚里士多德被视为这个传统的鼻祖,他主张说,亚里士多德并不是一个主张混合政治权威的理论家,而恰恰相反,正如普芬道夫自身所进行的那样(第2卷第8章第3—11节),亚里士多德乃是在统一主权的背景框架下研究那些良性或者不良种类的各种政体形式,以及行政机构类型的理论家。通过将自己关于最高权威的高度争议的概念隐藏在辩论的幕后,正如自亚里士多德以来的布景的一部分那样,他让人们清楚地看到他的对手也会接受它;就如在关于绝对主义与有限政府的争论中一样,通过将同样的概念作为争论的背景,也弄得好像人们会接受它一样(第2卷第9章第5—6节)。然而事实上,恰恰就是针对这个关于最高权威的概念,他的对手正热烈地争论,并且寻求通过重叠的相互服从来进行限制与平衡(在 DJN,第7卷第5章第13节中有批评)。对于普芬道夫而言,这乃是一个解决混乱无序的秘诀,最好的例子就是过去的德意志帝国以及古老的骑士贵族阶级的阴谋,他们的独立性肯定会被君主制所打破(DJN,第7卷第5章第15节,参考 DSI 以及第8卷第4章第15—30节)。尽管如此,审慎与仁爱的主权者仍然尊重原初的缔约者所施加给他的限制,并且根据明智练达的公民的建议与劝谏而进行统治。

  正如莱布尼兹对霍布斯理论的评论,普芬道夫的国家形成理论的影响几乎完全抵消了其竞争对手们的观点以及他们为之辩护的政治形成方式。他为我们提供了一幅关于"正常"国家(这种国家是在某些偏远的地方由家长或者家族首领们所创建的)的令人迷惑的画面,从而躲避了对在 17 世纪军事反击各种形形色色、错综复杂与相互交织的"非正常的"政治权威中,为了巩固这种集权化与异常国家所发生的实际斗争的考虑。这些非正常的政治措施已经统治了欧洲数个世纪,而且,在正常化的过程中,它们也并没有被彻底清除。甚至在法国这个欧洲最为统一的国家,也没有接近霍布斯和普芬道夫所提出的对国家的不切实际的表述(Leibniz 1677)。

最后,统治者的责任就是带来"人民的安全",并且为此他还必须将国家的利益放在自己的利益之上(第 2 卷第 11 章第 13 节)。以新斯多葛哲学似的语言,普芬道夫将统治者的责任重新描述成"尊严与安宁(或者和平)"(第 2 卷第 7 章第 2 节)。国家的内部安宁包含了在自然状态中所缺乏的四个安全性维度:由司法(administration of justice)所保证的生命与财产的安全(第 2 卷第 7 章,第 2 卷第 11 章);通过对"纯洁与虔诚的基督教信条"的保护与促进所带来的心灵安全(第 2 卷第 11 章第 4 节);通过商业政策与伤残福利政策所带来的物质福利的安全(第 2 卷第 11 章第 11 节);以及通过统治者对荣誉的颁授而带来的自尊与名誉的安全(第 2 卷第 14 章)。最后一点之所以重要,乃是因为统治者如果要想避免在第 1 卷第 3 章和第 1 卷第 7 章中所分析的那种忘恩负义与敌视的话,对待公民时就必须始终如一地尊重他们并且适当地颁授荣誉(第 2 卷第 14 章第 15 节;DJN,第 8 卷)。

统治者还负有通过外交途径、建立联盟、军事备战与战争来保护人民不受外部攻击的义务(第 2 卷第 16 章,第 2 卷第 17 章)。国家彼此之间乃是处于自然状态的,基于友好国家可能会变成敌对国家、和平可能会转变成战争的预期,因此国家就必须按照战备的需要行为而非根据所谓仁爱的需要而行为,也因此,即便是在和平状态,一个国家也必须时时备战(第 2 卷第 1 章第 11 节)。因此之故,除了促进"和平的美德"之外,主权者还必须培养"战争的美德"(DJN,第 8 卷第 4 章;DOH,第 2 卷第 11 章第 13 节):通过强制的军事训练来培养勇气,以充分的财政支持来维持常备军,以及通过增强经济和福利的政策来实现国家相对于其邻国而言不断增强实力(第2卷第11章第3节,第2卷第11章第11节,第2卷第18章第4节;关于早期国家在这些方面的建设,参见 McNeill 1982)。结果,国家的统治者就被迫在国际体系的压力下,按照预期中的战争的逻辑需要来命令公民的外在行为,而同时又不会削弱维持社会性所需要的另外一种不同的秩序。

　　普芬道夫主张用这个复杂的体系去解决三十年战争与不安全问题,并且开创一个国家间的军事化和平以及国内的社会化的时代。他并没有预见到孟德斯鸠很快就观察到的缺陷:体系产生了军事、政治与经济上的竞争,而这种竞争反过来又可能会去摧毁体系被设计用来保护的生活(Montesquieu 1989:13.17)。因之而发生的各种形式的生活的不安全,现在成了当前这个时代的问题。正如引言所曾建议的,理解这种有问题的国家事务的一个途径,就是去研究普芬道夫的作品以及它们在政治思想与行为的体系(regime)的创建中所起到的作用,这个体系还在继续维持着它。

参考文献

Barbeyrac, Jean, 1729 Samuel Pufendorf, *On the law of nature and nations*, 4th edition, tr. Basil Kennet, notes and 'Historical and critical account of the science of morality' by Jean Barbeyrac (London)
  1820 Samuel Pufendorf, *Les Devoirs de l'homme et du citoyen tel qu'ils sont prescripts par la loi naturelle*, tr. Jean Barbeyrac, with 'le jugement de Leibnitz' (Paris: Janet et Cotelle)
Beckmann, Nicolaus and Josua Schwartz [*Index of certain novelties which Herr Samuel Pufendorf in his book On the law of nature and nations published at Lund against orthodox principles*, 1673], *Index quarundam novitatum quas dnus Samuel Puffendorff libro suo De iure naturali et gentium contra orthodoxa fundamenta Londini edidit* (Griessen)
Carmichael, Gershom, 1985 *On Samuel Pufendorf's De officio hominis et civis juxta legem naturalem libri duo* (1769), ed. John N. Lenhart, tr. Charles H. Reeves (Cleveland: Case Western Reserve University Printing Department)
Cudworth, Ralph, 1731 *Treatise concerning eternal and immutable morality*, 1731 (New York: Garland Press, 1976)
Denzer, Horst, 1972 *Moralphilosophie und Naturrecht bei Samuel Pufendorf* (Munich: C.H. Beck)
  1976 *Samuel Pufendorf Die Verfassung des deutschen Reiches*, tr. with notes by Horst Denzer (Stuttgart: Reclam)
Derathé, R., 1970 *Jean-Jacques Rousseau et la science politique de son temps*, 2nd edition (Paris: J. Vrin)
Döring, Detlef, 1988 'Samuel Pufendorf (1632–1694) und die Leipziger Gelehrtengesellschaften in der mitte des 17. Jahrhunderts', *Lias*, 15, 1, pp. 13–48.
Dreitzel, Horst, 1971 'Das deutsche Staatsdenken in der frühen Neuzeit', *Neue Politische Literatur*, 16, pp. 256–71
Goyard-Fabre, Simone, 1989 'Pufendorf, adversaire de Hobbes', *Hobbes Studies*, 2, pp. 65–86.
Grotius, Hugo, 1925 *De jure belli ac pacis libri tres 1646 [1625]*, Volume 1 and *On the laws of war and peace*, Volume 2, tr. F. W. Kelsey, A. E. R.

Boak, H. A. Sanders and J. S. Reeves, *Classics in international law* (Oxford: Clarendon Press)

Haakonssen, Knud, 1981 *The science of a legislator: the natural jurisprudence of David Hume and Adam Smith* (Cambridge: Cambridge University Press)

    1985 'Hugo Grotius and the history of political thought', *Political Theory*, 13, pp. 239–65

    1991 'Natural law', in *Garland encyclopedia of ethics*, ed. Lawrence C. Becker (New York: Garland)

Hobbes, Thomas, 1983 [*Of the citizen*], *De cive: the English version* (Oxford: Clarendon Press)

Hont, Istvan, 1987 'The language of sociability and commerce: Samuel Pufendorf and the theoretical foundations of the "four stages" theory', in *The languages of political theory in early-modern Europe*, ed. Anthony Pagden (Cambridge: Cambridge University Press), pp. 253–76

    1989 'Unsocial sociability and the eighteenth-century discourse of politics and society: natural law, political economy, and histories of mankind', written for The Workshop on Modern Natural Law, convened by Istvan Hont and Hans Erich Bodeker, Max Planck Institute for History, Göttingen, Germany (26–30 June 1989)

Laurent, Pierre, 1982 *Pufendorf et la loi naturelle* (Paris: J. Vrin)

Lee, Henry, 1702 *Anti-scepticism* (London)

Leibniz, Gottfried Wilhelm, 1677 'Caesarini Furstenerii de jure suprematus ac legationis principum Germaniae', in Leibniz, *Sämtliche Schriften und Briefe*, Reihe 4, Bd. 2 (Berlin: Akademie Verlag, 1963), pp. 3–270; partly tr. in Leibniz, *Political writings*, ed. Patrick Riley (Cambridge: Cambridge University Press, 1988), pp. 111–21.

    1698 'On nature itself', in *Philosophical essays*, tr. Roger Ariew and Daniel Garber (Indianapolis: Hackett Publishing Company, 1989), pp. 155–66

    1706 'Opinion on the principles of Pufendorf', in Leibniz, *Political writings*, ed. Patrick Riley, pp. 64–76

Loemker, Leroy, 1972 *Struggle for synthesis: the seventeenth century background of Leibniz's synthesis of order and freedom* (Cambridge, MA: Harvard University Press)

McNeill, William H., 1982 *The pursuit of power: technology, armed force, and society since A.D. 1000* (Chicago: The University of Chicago Press)

Medick, Hans, 1973 *Naturzustand und Naturgeschichte der burgerlichen Gesellschaft: die Ursprunge der burgerlichen Sozialtheorie als Geschichtsphilosophie und Sozialwissenschaft bei Samuel Pufendorf, John Locke und Adam Smith* (Göttingen: Vandenhoeck und Ruprecht)

Mellor, Anne K., 1989 *Mary Shelley: her life, her fiction, her monsters* (New York: Routledge)

Montesquieu, Charles-Louis de Secondat, 1989 *The spirit of the laws*, ed. Anne M. Cohler, Basia Carolyn Miller and Harold S. Stone (Cambridge: Cambridge University Press)

Moore, James, and Michael Silverthorne, 1983 'Natural sociability and natural rights in the moral philosophy of Gershom Carmichael', in *Philosophers of the Scottish Enlightenment* (Edinburgh: Edinburgh University Press), pp. 1–12

1989 'Natural law and fallen human nature: the reformed jurisprudence of Ulrich Huber and Gershom Carmichael', written for The Workshop on Modern Natural Law, convened by Istvan Hont and Hans Erich Bodeker, Max Planck Institute for History, Göttingen, Germany (26–30 June 1989)

Palladini, Fiammetta, 1978 *Discussioni seicentesche su Samuel Pufendorf scritti latini: 1663–1700* (Bologna; Il Mulino, Centro di Studio per la Storia della Storiografia Filosofica)

1989 'Is the "socialitas" of Pufendorf really anti-Hobbesian?', written for The Workshop on Modern Natural Law, convened by Istvan Hont and Hans Erich Bodeker, Max Planck Institute for History, Göttingen, Germany (26–30 June 1989)

Pufendorf discepolo di Hobbes (forthcoming)

Pocock, J. G. A., 1985 'Virtues, rights, and manners: a model for historians of political thought', in *Virtue, commerce, and history* (Cambridge: Cambridge University Press), pp. 37–50

Pufendorf, Samuel, 1934 *De iure naturae et gentium libri octo, 1688*, Volume 1, and *On the law of nature and nations*, Volume 2, tr. C. H. and W. A. Oldfather, *Classics of international law* (Oxford: Clarendon Press)

1716 *De iure naturae et gentium, cum annotatis Joannis Nicolai Hertii* (Frankfurt am Main). Contains *ES*

Schneewind, J. B., 1987 'Pufendorf's place in the history of ethics', *Synthese*, 72, pp. 123–55.

Seidler, Michael, 1990 *Samuel Pufendorf's 'On the natural state of men'*, the 1678 Latin edition and English translation (Lewiston, NY: The Edwin Mellon Press)

Seneca, Lucius Annaeus, 1972 *De beneficiis. Des bienfaits*, 2 vols., text established and tr. François Perchac (Paris: Belles Lettres)

Shelley, Mary, 1818 *Frankenstein or the modern Prometheus* (London: Lackington, Hughes, Harding, Mavor and Jones)

Skinner, Quentin, 1989 'The state', in *Political innovation and conceptual change*, ed. Terence Ball, James Farr and Russell Hanson (New York: Cambridge University Press), pp. 90–131.

Taylor, Charles, 1989 *Sources of the self: the making of the modern identity* (Cambridge, MA: Harvard University Press)

Tuck, Richard, 1987 'The "modern" theory of natural law', in *The languages of political theory in early-modern Europe*, ed. Anthony Pagden (Cambridge: Cambridge University Press), pp. 99–122

Tully, James, 1988 'Governing conduct', in *Conscience and casuistry in early modern Europe*, ed. Edmund Leites (Cambridge: Cambridge University Press), pp. 12–71

Williams, Bernard, 1985 *Ethics and the limits of philosophy* (Cambridge, MA: Harvard University Press)

Zurbuchen, Simone, 1986 'Naturrecht und natürliche Religion bei Samuel Pufendorf', *Studia philosophica* (Switzerland), 45, pp. 176–86

文献注释

普芬道夫已出版作品最全的文献目录出现在1972年丹泽(Denzer)的著作中。1686年以拉丁语出版的DJN的影印本及其英语译本(由C. W.及W. A. Oldfather翻译)可见于卡耐基国际和平基金会詹姆斯·布朗·斯科特(James Brown Scott)所主编的《古典国际法》(*Classics of international law*)系列之中(1934年在牛津和纽约出版,第17卷)。拉丁语及英语译本的EJU与DOH也可见于这个系列(第15卷和第10卷)。1729和1749年由巴泽尔·肯尼特(Basil Kennet)翻译的DJN的英语译本,包含了由简·巴比拉克所撰写的非常有益的注释,以及由加露(Carew)翻译的巴比拉克的《对道德科学的历史性和批判性的说明》(译自巴比拉克1706年所翻译的DJN的法语译本)。ES可见于1716年由赫提斯(J. Hertius)所编辑的DJN,以及1744年和1759年由莫斯科维斯(Moscovius)所编辑的DJN版本中。普芬道夫的许多作品都可见于一些缩微制品系列,不管是其原初语言的版本还是英语译本,比如《英国早期著作:1641—1700》(*Early English books 1641—1700*)。

就概括性的导言来说,最好从塞德勒(Seilder)开始讲起,他为其编辑的普芬道夫《论人类的自然状态》(*On the natural state of men*)一书的译本写了个"导论(introductory essay)"(Seilder 1990)。该文对普芬道夫的自然状态的概念有着极为精彩的分析,它还包含了对 17 世纪自然法哲学的一个介绍,普芬道夫作品的一个简单文献目录,对 20 世纪里对普芬道夫哲学的阐释所做的一个概览性考察,以及一个全面的关于二手研究资料的参考文献目录。而伦纳德(Leonard Krieger)的《审慎的政治:普芬道夫及对自然法的接受》(*The politics of discretion:Pufendorf and the acceptance of natural law*, Chicago: University of Chicago Press, 1969)一书,是对普芬道夫生平与政治思想的全面而可靠的介绍,也是英文研究作品中的唯一的长篇大论。丹泽 1972 年的作品,是对普芬道夫道德与政治哲学的经典研究。还有一个对针对普芬道夫的批评的总结,非常有用,这个总结截止到 1700 年对普芬道夫的批评,是由帕拉蒂尼(Palladini)于 1978 年作出的。

哈肯森(Haakonssen)1991 年的一个作品,是对自然法哲学所作的一个非常精当的导言。而至于对普芬道夫自然法理论所进行的广泛研究,可以参见劳伦特(Laurent)1982 年的作品。西尼温德(Schneewind)在 1987 年分析了普芬道夫的自然法理论,并将之放到了更为广阔的欧洲伦理史之中进行理解。娄梅克(Loemker)在 1972 年,波考克(Pocock)在 1985 年,洪特(Hont)在 1989 年,以及泰勒(Taylor)在 1989 年的研究,都主张要在现代道德与政治思想的形成的背景之中去看待 17 世纪各种自然法理论所扮演的角色。

就普芬道夫的权利概念与其前辈——特别是格劳秀斯与霍布斯——之间的关系而言,可以参考理查德·塔克(Richard Tuck)的《自然权利诸理论》(*Natural rights theories*, Cambridge: Cambridge University Press, 1979)。普芬道夫与格劳秀斯及霍布斯之间的关系,一直充满疑问。根据塔克 1987 年间的研究,普芬道夫乃是由格劳秀斯所创立的现代自然法学派的一个成员。帕拉蒂尼(1989,1990)认为,普芬道夫乃是霍布斯的信徒,只不过他通过对格劳秀斯的引用把这一点遮蔽了而已;而高崖·法布尔(Goyard-Fabre)在1989年的研究中将他看做是霍布斯的批判者,另外德里泽尔(Drietzel)在1971年的研究中则将注意力集中到普芬道夫作品中非正统的、路德—亚里士多德主义(Lutheran-Aristotelian)的命题。

普芬道夫对启蒙运动的影响也是讨论的一个主要话题。莫尔(Moore)与西尔弗索恩(Silverthorne)在1983年和1989年讨论了苏格兰启蒙运动中对他的接受,特别是格肖姆·卡迈克尔(Gershom Carmichael)的接受。亦可参见在1985年出版的卡迈克尔的作品。普芬道夫的社会性概念与商业社会诸理论之间的联系,洪特在1987年的研究中也做了阐释。至于普芬道夫与卢梭的关系,则参见德拉斯(Derathé)1970年的研究。许多研究试图将普芬道夫在18世纪启蒙运动中的角色追索至亚当·斯密(Adam Smith)身上:参见麦迪克(Medick, 1973),哈肯森(Haakonssen 1981)的作品,以及理查德·F. 泰克格雷伯(Richard F. Teichgraeber)《自由贸易与道德哲学:亚当·斯密〈国富论〉思想资源再思考》(*Free trade and moral philosophy: rethinking the sources of Adam Smith's wealth of nations*, Chapel Hill, NC: Duke University Press, 1986),以及斯蒂芬·巴克尔(Stephen Buckle)《财产的自然史》(*The natural history property*, Oxford: Oxford University Press, 1991)一书。

普芬道夫关于国家、臣服、服从以及国际关系的概念,并未像他的道德理论那样得到过全面彻底的研究。对其主权观念的经典研究作品是奥托·冯·基尔克(Otto von Gierke)的两卷本《自然法与社会理论:1500—1800》(*Natural law and the theory of society 1500—1800*, Cambridge: Cambridge University Press, 1934)一书,该书的英译者为E. 巴克尔(E. Barker)。而其思想史背景,则参见斯金纳(Skinner,1989)的研究。萨缪尔·诺基维茨(Samuel Nutkiewicz)发表于《哲学史研究》1983年第21卷(*Journal of the History of Philosophy*, 21, pp. 15—29)的文章《萨缪尔·普芬道夫:作为国家基础的义务》(*Samuel Pufendorf: obligation as the basis of the state*)研究的则是服从。普芬道夫关于正常与非正常国家的概念及其对德国宪法的分析,在丹泽1976年的作品中有所讨论。马克·拉斐尔(Marc Raeff)的《组织良好的警察国家》(*The well-ordered police state*, Yale: Yale University Press, 1981)是对18世纪的国家建设所做的非常有益的导论。霍斯特·拉贝(Horst Rabe)的《萨缪尔·冯·普芬道夫论自然法与教会》(*Naturrecht und Kirche bei Samuel von Pufendorf*, Cologne: Böhlau, 1958)一书及泽巴琛(Zurbuchen)1986年的研究,都解释了普芬道夫的教会—国家关系方案。普芬道夫对国家法的贡献,也在沃尔特·西蒙(Walter Simon)于1934年为DJN所写作的导言中得到了较为彻底的讨论。

女人对男人的从属,她们在政治中的被排斥,以及普芬道夫政治理论中的这些部分对其主要概念的影响,都还没有得到太多关注。这一点,可以参见简·伦德尔(Jane Rendall)的《美德与商业:女人在亚当·斯密政治经济学形成中的作用》(*Virtue and commerce: women in the making of Adam Smith's political economy*),该文收录于艾伦·肯尼迪(Ellen Kennedy)与苏姗·门都斯(Susan Mendus)主编的《西方政治哲学史中的女人》(*Women in western political philosophy*, New York: St Martin's Press, 1987, pp. 44—77, 46—54)。正如梅勒(Mellor)在1989年的研究中所提出的,谢利(Shelley)在1818年的作品中就挑战了潜藏于普芬道夫的理论及整个时代的政治思想之下的预设:男人自身及其特有的男性价值与源泉,足以促进国家这样的教化公民的实体的"产生"。相反,他们倒是产生了毁灭性的大奸大恶之人。普芬道夫将自然法从自然中分离出来，也在罗德里克·纳什（Roderick Nash）的著作《自然的权利：环境伦理学史》（*The rights of nature: a history of environmental ethics*, Madison: University of Wisconsin Press, 1988）中得到了简要的探讨。

英译者附注*

此次所译《论人与公民在自然法上的责任》(*De officio hominis et civis juxta legem naturalem libri duo*),依据的乃是其1673年的第1版。[1] 译者与编者在此感谢剑桥大学耶稣学院的前研究员与哲学导师(tutor)大卫·里斯(David Rees),因为是他将这个版本从耶稣学院的研究员图书馆中复印出来并提供给我们。格肖姆·卡迈克尔1724年的版本(参见下面的注释),[2]也被考虑在内了(它的复印件是由詹姆斯·莫尔教授提供的)。较早被译成英语的英译本是由安德鲁·图克(Andrew Tooke)所翻译的第4版(1776年),[3]另

---

* 本书原著为德语,中译本乃是由英译本转译而来。英译者为迈克尔·西尔弗索恩(Michael Silverthorne)。——中译者注

[1] S. Pufendorf, *De officio hominis et civis juxta legem naturalem libri duo* (Lund, 1673). 该书的第一次出版是1681年,由剑桥大学出版社出版。

[2] S. Pufendorf, *De officio hominis et civis juxta legem naturalem libri duo supplementis et observationibus in academicae juventutis usum auxit et illustravit Gershomus Carmichael* (Edingburgh, 1724).

[3] 人们在自然法上的全部责任,由那位著名的文官萨缪尔·普芬道夫所作,现在由文学硕士、格雷沙姆学院(Gresham College)几何学教授安德鲁·图克译出(伦敦1716年第4版)。

外,弗兰克·加德纳·莫尔(Frank Gardner Moore,1925)④在某些时候也提供了较好的说法或措辞。译者与编者也同样感激麦吉尔大学的雷策克·威索基(Leszek Wysocki)先生,他在拉丁习语方面惠赐译者良多;还要感谢麦吉尔大学的两位文书助手,菲娅·斯克里姆·史密斯(Faye Scrim Smith)太太和克里斯托弗·西尔弗索恩(Christopher Silverthorne)先生。我还要感谢麦吉尔大学研究院同仁在经费上的支持。

---

④ S. von Pufendorf, *The two books on the duty of man and citizen according to the natural law*, translated by Frank Gardner Moore (New York, 1925).

普芬道夫

论人与公民在自然法上的责任

作者献词

献给最卓越与高贵的英雄，伯格松德（Bogesund）伯爵、克罗尼贝克（Chrongbech）及奥松司提恩（Ohresteen）等自由男爵、瑞典王国海军上将以及哥特卡罗琳学院（Caroline Academy of Goths）院长古斯塔夫·奥托·斯廷博克（Count Gustav Otto Steenbock）勋爵。

最卓越与高贵的伯爵，最仁慈的勋爵：

值此顾虑重重与亟待反思之机，以如此一本浅薄的拙著求取如此卓越的英名的青睐，不知是否合适。因为（一方面），我非常惭愧于此一卷册的平庸，它提供不了显示智慧与才华的机会，因为它仅仅包括道德哲学最为粗浅的基本原理，而且几乎全是从我们篇幅更长的作品中摘选而来的。尽管对于那些刚刚在此主题上入门的人而言，它可能会有些许作用，然而它未必能符合阁下的要求，我也未必能尽到我应尽的义务。另一方面，本书乃是献给最为英明神武与卓尔不凡的阁下的，在您个人与公职身份的同样指引下，我充分相信，如果我忽视了任何至少去表明我对您所承担的义务的机会（哪怕是非常微不足道的机会），我也会担心被人批评为忘恩负义。

我并不是在谈过去的那些事业,正是您在国内外的那些丰功伟绩使得您的国家对您的感激达到了极致,并且也同时使得您的英名进入了万古流芳的光荣之列。重新讲述这些功绩乃是历史的任务,在它致力于您的国家的光荣事迹——她的军队曾踏遍了如此广阔的世界——时,从而发现了您很早就作出的伟大举动。在您辞去军职,先是被任命为最大省份的行政长官,然后又在整个王国的国防与政府中工作之后,历史仍然钦佩您对和平艺术的娴熟。而我的责任就是在这个新的学院中纪念英明神武而又卓尔不凡的阁下的重大举措,在国王陛下的邀请下,我在这个学院有了一席栖身之地。她不能理直气壮地宣布说它们值得您的保护中所体现的智慧与仁爱,以及您对她院长职务的接任;她每天都能发现您在公务繁忙的情况下所作出的孜孜不倦的努力,这些都使她受益并为她增光添彩。

对于英明神武而又卓尔不凡的阁下所施予我的恩惠,我如何能够回报您于万一呢?对于其他人而言,他们的希望一言以蔽之不过就是在上流阶级中扬名并且受到他们的欣赏。然而,您赐予我的恩惠却是如此的慷慨大方,如此的祥和仁慈,给予了我从未拥有的东西;您的仁爱不仅带给了我利益,而且还帮我抵御了那些希望致我于绝境之人的攻击。尽管倾我所有都无论如何也不能报答您于万一,但是,至少我得表明一颗对您的谦卑的心,以及坦承我所从您那里所获得的如此丰厚的恩赐。伟大人物的善良也具有这样的品质,这种善良使得它允许自己对一颗感恩的心觉得满意。而且,这也是高贵与宽宏大量的人,通过对以哪怕微不足道的敬意所恪尽职守的接受,来提升其价值的一种方式。也因此,最为英明卓越而又卓尔不凡的阁下,您的善良,使得我希望,如果我以如此微不足道的一本书作为公开表达我对您的敬意的方式的话,希望不会被认为折损了您的崇高与显赫。期待我能够写出任何更有分量、更为光辉并且能够流传后世的著作只能是徒劳的。然而,如果我知道英明卓越而又卓尔不凡的阁下屈尊接受了我表达敬意的行为,以及如果同时您能在您接受后让我安心并且在未来继续给我保护的话,我将会重新振奋,我的精神也将会再次舒展,并将抛弃我日渐增长的暮气。

希望伟大而善良的上帝保佑英明卓越而又卓尔不凡的阁下能够永葆青春,更富睿智,希望他保佑您的国家、您最为高贵的家族及我们新的政权的光荣与福祉!

致英明神武而又卓尔不凡的阁下,
您忠诚的,
萨缪尔·普芬道夫

隆德

X Kal. Feb. A.

1673 年

作者前言

好心的读者,恭请您的品鉴:

如果不是这么多博学的人的强烈要求,为本书写一个前言以说明它的宗旨将完全是画蛇添足。很快您就会发现,我所做的不过是以一个简明扼要但我希望叙述清晰的纲要,向初学者们阐明自然法的主要论题而已。我可不想学生们一开始就因碰到一堆难题而畏缩不前,正如他们已经打算进入这个主题的广阔领域,但却还不具备相关的基本知识时所可能发生的情况那样。我相信,用一种其对市民生活所具有的好处已经明显被广为接受的道德学说来浸润他们的心灵,是符合公共利益的。在任何其他情况下,我都会自然而然地认为将一部大部头的作品缩写成纲要的形式是不具有太大价值的工作,特别是这个大部头的作品又是我自己的著作;然而与此同时,我相信没有任何一个通情达理的人会责备我将如此大量的劳动花费在一个对年轻人具有独特价值的任务上——尤其是,我是奉上司之命来承担这个任务的。对年轻人负有的义务是这样一种义务,即任何为了他们的利益而应当去做的工作都不会被认为是折损了一个人的高贵,哪怕这个工作不会为卓越而又深刻的思想的产生提供机会。而且,任何一个哪怕具有一丝通情达理的人都不会否认,相较于成为任何特定国家法体系的基本要素而言,这些基本原则更适合于成为普遍的法律学科。

说这么多也许已经可以了,但也有人建议我,如果直接就对一般自然法的特征的理解以及对其边界的详细描述说上两句,将会是非常合适的。而我更乐意去这样做,因为我将以此方式去打消一些人批评自然法学科的借口——他们将自己的精细敏锐错误地用在了狂热地批判自然法学科上。它们的范围相当不同,在它们之间是有一条分界线的。

Ⅰ 已经有证据表明,人们对其自身责任(duty)——他应该做什么,因为它是对的(right, *honestum*);他应该不去做什么,因为它是错的(wrong, *turpe*)——的了解,有三种来源:理性(reason)之光、国家法(civil laws)以及神的特别启示(revelation of Divinity)。从第一个来源,衍生出了一个人的那些最普通的责任,特别是那些使得他能够与他人一起组成社会(society, *Sociabilis*)的责任;从第二个来源,衍生出了一个人生活在特定的与确定的国家(state, *civitas*)中所具有的责任;而从第三个来源,产生了基督教的责任。

因此,就相应地有三种不同的律令(disciplines)的存在。第一种是自然法的律令,对所有的国家(nations)都适用;第二个是在某些具体政治国家(state)存在的国家法,人类种族被分成多少个国家,就有或者就可能有多少种形式的国家法;第三种是被称为道德神学(moral theology)的律令,它不同于仅仅说明我们信仰的神学部分。

Ⅱ 这三种律令都有自己的显示其信条的方式,分别与其律令相对应。在自然法中,一件事之所以被确证为应该完成,乃是因为根据正确理性的推断,它对于人们之间的社会性(sociality, *socialitas*)而言是至关重要的。国家法的训诫的终极基础就是立法者所施加给它们的。道德神学家最终的参考基础就是,上帝在《圣经》(Holy Scripture)中作出了这样的命令。

  Ⅲ 国家法的律令是以将自然法预设为更为一般性的律令为先决条件的。然而,如果国家法中有什么规定在自然法中找不到依据,这不应该被认为是由于后者与前者相冲突。类似地,如果在道德神学中基于神圣启示而被教导给我们的东西超出了我们理性的范围,并且因此在自然法中也无法解释的话,那么将这些律令视为彼此冲突的或者想象为它们之间是相互矛盾的,将会是一种无知的做法。而且,反之亦然,任何自然法律令作为基于理性的考察的结果而接受的立场,都不能在同一个主题上因为那个缘故而与《圣经》更为清晰的训导相冲突;这仅仅是因为,它们是通过抽象提炼(abstraction, *abstrahendo*)的过程而被表达的。举例言之,在自然法学科中,我们对那来自《圣经》的知识进行抽象,并且形成了关于人类始祖的情况的观念——只要推理自身能够获得这个观念,而不管人类始祖是如何被带到这个世界上的。将推理所得与《圣经》关于那种情况的教导相对立起来,本质上是极度的恶毒,也是绝对充满恶意的。①

  事实上,要表现国家法与自然法之间的和谐关系很容易,然而,要去精确地界定自然法与道德神学之间的关系并确定它们在哪些部分上最为不同,就是一件十分艰巨的任务了。我将在这个问题上稍费笔墨以表明我的观点。我当然不会具有像教皇一样的权威,就好像我被授予了不犯错误的特权一样去说话,我也不是受到了上帝托梦般的启发,或者受到了某种非理性直觉的启发(这种直觉来自于某种超凡脱俗的睿智)。我只不过是作为一个普通人去发表看法,这个人的理想不过是去装扮分配给他的斯巴达(Spar-

---

 ① *Cf.* Horace, *Satires*, 1.4.100—101.

ta)——这是他的中人之智所能做到的。我已经做好了从那些聪明智慧而且博学多才的人那里接受建议的准备,我也做好了去审查我自己所采取的立场的准备,但是也出于同样的原因,我也根本没有时间去回应这样的一些批评者,他们模仿迈达斯(Midas)*,并且急不可耐地去在那些他们并不熟悉的方面得出结论;同样也根本没有时间理会那些像阿德里纳斯(Ardeliones)部落人一样的人,《斐多篇》(Phaedrus)中曾对这种人的特征做过诙谐有趣的描述:"原地打转",正如他所言,"虚掷光阴,无所事事,劳而无功,对自己是折磨,对他人是麻烦"②。

Ⅳ　1. 于是,那些能将这些律令彼此相区分的第一个不同点,源于它们从中获得其信条的来源的不同。我们已经触及到了这一点。这就意味着,如果基于《圣经》我们被命令做什么事或者不做什么事,而理性本身看不到这样做的必要性的话,那么它就超出了自然法的范围而应当是属于道德神学了。

Ⅴ　2. 除此之外,在神学中,法律被视为附着有神的承诺,是神与人之间某种特定的协定。自然法就是从这个观念中抽象出来的,因为它源于来自上帝的某种特殊的启示,而理性自身是无法单独发现这种启示的。

Ⅵ　3. 然而,非常明显的是,最重要的不同在于自然法律令的范围乃是在尘世(this life)的范围里被界定的,因此它是基于这样的假定来塑造人的:他希望能够与他人一起生活在社会中(hanc vitam cum aliis sociabilem exigere debeat)。然而道德神学塑造的却是一个基督教的人,这个人除了具有应该在尘世中过善良的生活的责任外,还有一种对回报的期待:希望因为在尘世生活中的虔诚而

---

* 迈达斯,希腊神话中的弗里吉亚国王,传说狄俄尼索斯曾赋予他点石成金的法力。——中译者注

② Phaedrus, *Fables*, 2.5.1ff.

将来成为天国的子民(citizenship, *politeuma*),因而他在此岸的生活不过是一个朝圣者或者匆匆过客。③

人类的内心的确燃烧着想要万古流芳的激情,也竭力避免其自身的毁灭,因此在许多异教的民族中也都看到了那种认为灵魂可以脱离肉体永生的信仰的产生,相信善有善报,恶有恶报;然而,那种认为人类的心灵能够完全而又坚定地认同这些方面的信仰,却只能在信仰上帝的世界中才能出现。也因此,自然法的法令只能适用于人类的法庭,因为人类的司法权不能超越尘世的范围。的确,它们有时候可能也被适用于上帝的法庭,但那是不对的,因为那完完全全是神学的领域。

Ⅶ 4. 从这一点也可以推出,由于人类的司法权只关注人类的外在行为,并不能渗透到隐藏在心灵深处并且没有外在效果或标志的事物上,因此它就不考虑人类的内心想法,自然法所关注的也主要是塑造人类的外在行为。然而,对于道德神学来说,仅仅关注对人类行为的塑造并使之妥当得体并不足够。它的主要任务乃是使得心灵及其内在运行能够符合上帝的意志;而且它谴责这样的行为,虽然从外在的表象看好像是正确的,但这种行为的出发点却并非出于纯净的心灵。《圣经》中对那些在人类法庭受到审判与惩罚的行为的讨论,要少于对塞涅卡(Seneca)所说的那些"超过了制定法的范围"④的行为的讨论;之所以如此,可能也是这个原因吧。对于那些已经十分认真地研究过《圣经》经典所教导过的诫律

---

③ *Cf.* the Epistle of Paul to the Philippians, 3:20.
④ Seneca, *De ira*, 2.28.2. 塞涅卡(Seneca, BC3 年—AD65 年),权威的《简明不列颠百科全书》称他为"古罗马雄辩家、悲剧作家、哲学家、政治家",他是早期斯多葛主义的主要代表。塞涅卡一生著作颇丰,触及到了可以作为研究对象的一切实际领域。他的思想对于后世产生了不可磨灭的影响。他的伦理学对于基督教思想的形成起到了极大的推动作用,他的言论被圣经作者大量吸收,他因此有了基督教教父之称。文艺复兴以来,他的妙言佳句在欧洲一直为人们广泛采用。"塞涅卡说"之类的话犹若中国的"子曰诗云"一般为西方人所耳熟能详。尤其是他的《道德书简》,历来都是为大家所公认的必读书。——中译者注

与美德的人来说,这是非常清晰的。然而,道德神学在促进高质量的公民生活上,效果并不是非常好,因为真正的基督教美德,在使得人们的心灵愿意接受社会性上并不比任何其他方面做得好。而且,反之亦然。如果你看到有任何人在从事煽动和分裂市民生活的事情,你可以毫无问题地得出判断:也许他会将基督教信仰挂在嘴边,但这些信仰却绝没有进入他的内心。

Ⅷ 正是基于这个原因,依我之见,在我们所教授的自然法与道德神学之间的真正的区分界线就变得极为清晰了。而且,也同时变得清晰的是,自然法也根本不会与真正的神学教义相冲突;它仅仅是从某些特定的神学教义中抽纳出来的,而这些神学教义是不可能单凭理性探究的。

因此也非常明显的是,根据自然法的律令,人类现在也必须被看做其本质是已经被腐化了的人,并且也因此被视为一个因邪恶的欲望而愤怒咆哮的动物。因为,尽管没有人会愚钝到对他自己内心所具有的桀骜不驯与离经叛道的激情毫无察觉,也没有受到《圣经》的启示,但他并不会确切无疑地知道这种反叛的激情乃是由于人类始祖的原罪。因此之故,既然自然法并没有扩及到理性所不及的地方,那么试图从未腐化的人性中推出自然法就是不适宜的。事实的确如此。因为《摩西十诫》自身的许多诫条⑤就是以消极性的术语来表达的,非常明显,这些诫条的预设就是人的本性是腐化了的。因此,举例而言,第一诫很明显是假设了人本来就是易于偶像崇拜与多神论的。假定有这么一个人,他被赋予了一种尚未被腐化的人性,他对上帝的了解也是非常清晰明白的,他因此也享受到了上帝那亲切平常(姑且这么说吧)的启示。于是乎,我就不会看到这种思想能够进入他的心灵之中——这种思想能够给

---

⑤ *Praecepta*,还有另外一个词语表示自然法的"诫律。"以下篇幅参见 Exodus, 20:1—17。

他提供他想崇拜或者去取代真正上帝的东西,或者他会相信他自己所创造的东西会具有神性。因此,这个人就不需要消极性的禁令去要求他不得崇拜异教的神。简单与肯定性的诫律对他而言就已经是足够的了:"你应该去热爱、尊敬与崇拜上帝,你知道,他是你的创作者,也是你周围一切的造物主。"第二个诫条也是同样。因为,如果一个人已经非常清晰地认识到了崇高(His majesty)以及爱的善意,不被邪恶的欲望颠来倒去并且愿意接受上帝所赋予给他的立场,那么为什么他要受到一个"不得亵渎上帝"的消极性诫律的禁止呢?他怎么会如此神经错乱?也许,他所需要的不过是肯定性的诫律的提醒罢了:要去颂扬和赞美上帝。然而,第三和第四条诫律却并不相同,它们都是积极肯定性的,而且并不必然假定了腐化的人性,并且因此在两种状态下都是可以适用的。然而,其他关于人们的邻居的诫条,情况又复如此了。既然人是由上帝在创世之初所创造的,那么所有你需要告诉他的就是去爱他的邻人——以其本性而言,在任何情况下他都是倾向于这么做。但是,当因原罪而降临到世间的死亡还未降临到人的身上时,又如何告诉他不得杀人的禁令呢?⑥ 然而现在,我们非常强烈地需要消极禁止性的禁令;因为不是爱,而是如此多的仇恨潜伏在世界之中,甚至有不计其数的人,因为十足的嫉妒与强烈地想去夺得他人财产的欲望而毫不迟疑地毁灭他人,哪怕这些人是无辜的,甚至是他们的朋友或者曾施予他们恩惠的人;这些人甚至会毫不羞耻地利用"如果上帝愿意"这样表示虔诚的是非之心的措辞,来鼓动他们暴躁的精神中那野蛮而又未经思考的冲动。以及,如果夫妻之间因强烈而真挚的爱而投入彼此怀抱,那么明令禁止有配偶者之间的通奸行为又有什么必要呢?或者,如果既不存在贪婪,又

---

⑥ *Cf.* the Epistle of Paul to the Romans, 5:12.

不存在贫穷,而且没有人会将那些可能对他人有帮助的东西视为己有时,禁止盗窃又有什么意义呢?或者,当人们根本就没有打算通过以粗鲁和令人恶心的诽谤去玷污他人而获取名声与光荣时,又有什么禁止伪证的必要呢?在这里引用塔西陀(Tacitus)的话并非不合适:"当世界上还没有邪恶的淫欲时,最早的人们生活得无忧无虑,没有丑事儿,也没有犯罪,并且也因此没有惩罚和制裁;而且,因为他们不想做任何与良好的道德相抵触的东西,也因此根本无需以恐惧来制止他们。"⑦

对这一点的恰当理解将会打开解决如下问题的通道:在未腐化的自然的本性的状态下,法律和现在会有不同吗,或者它们一直是一样的吗?简单的回答是,在两种状态下,法律的主要原则都是一样的,然而由于人类状态的差异,它们在许多特定的诫律上是不一致的。或者更确切地说,基于不同的状态(那些必须服从法律的人所生活的状态),同样的法律也许会在不同(并不是相互冲突)的诫律中被规定出来。

我们的救世主(Saviour)将所有的法律归结为两个原则:爱上帝,爱你的邻人。⑧ 无论是在人腐化了的状态还是在他们未腐化的状态中(必须注意的是,在人的未腐化的状态中,如果在自然法与道德神学之间有所区别的话,区别也是非常微小的),全部的自然法都是从这两个原则推衍出来的。对于社会性而言,也是同样。社会性被我们规定为自然法的基础,它也可以很容易地被解析为对邻人的爱。但是,一旦涉及具体的诫律,在消极禁止性的与积极肯定性的诫律之间的重大差别就会自然而然地出现。

在我们当下的这种状态中,有数量极其众多的积极肯定性的

---

⑦ Tacitus, *Annals*, 3.26.(塔西陀(约公元56—120)),罗马历史学家,全名帕布利乌斯或加伊乌斯·科尼利厄斯·塔西陀。他著的《编年史》和《历史》是关于罗马帝国史的主要著作,分别记述了公元14—68年和69—96年间的史实。——中译者注)

⑧ *Cf.* Matthew, 22:37—39.

诫律,但看起来它们在原始的状态中好像并没有什么地位。这部分地是由于它以之为前提预设的那些制度(就我们所知而言)在人类幸福的黄金时代里是不存在的;还部分地是由于离开了贫穷与死亡,它们就是难以理解的,但贫穷与死亡在人类幸福的黄金时代也显然是不存在的。举例言之,从现在的自然法中我们可以发现这些诫律:在买卖中不要欺骗;不要短斤少两或在计量上玩弄心计;及时按照约定还钱。但我们依然未能清晰地分析和解决这个问题,如果人类种族能继续保持没有原罪的存在状态的话,我们是否还应该进行我们现在所从事的这种商业活动,以及那时是否还有对货币的使用?同样,如果它们现在所存在的状态在纯洁的状态下没有一席之地的话,那么,对于这样一些诫律而言,也同样没有存在的空间:这些诫律假定了那些状态的存在以及包含于其中的政府权力的存在。现在,我们也受自然法之命去帮助穷人,赈济灾民以及帮助寡妇和孤儿。但对于不可能遭受贫穷、困乏和死亡的人而言,向他们宣扬这些诫律也是没有意义的。自然法现在也要求我们原谅过失,准备创造和平,但对于那些并不违反保护社会性的法律的人而言,也同样没有意义。

　　同样的情况也可以在消极禁止性的诫律中发现,这些诫律都依赖于自然法(并非实在法)。因为,尽管每一条积极肯定性的诫律明显包含了对其反面的禁止,比如说,他告诉你要爱邻人同时也就在事实上意味着禁止你对他施加任何与爱不一致的痛苦,而尽管如此,当没有什么邪恶的欲望去促使人们伤害他人时,那么以明确的诫律去禁止这些事情就是画蛇添足。为了例证这一点,人们可能会举出所罗门(Solon)拒绝在公共法律中规定对杀父弑母之人的惩罚的例子,因为他不认为真的会有犯下这样罪行的儿子。这非常类似格莫拉的弗朗西斯科·洛佩斯(Francisco Lopez de Gomara, Hist. Gen. Ind. Occident, ch. 207）⑨所讲的尼加拉瓜人的故事，也即他们中并没有规定对一个杀害酋长（他们称酋长为 *cacique*）之人的惩罚，因为没有臣民会希望去计划或者打算实施如此严重的罪行。

如此强调这些对人们而言明显已成常识的方面，我担心会有人说我掉书袋。但我会再讲一个哪怕是一年级的学生也会理解的例子。两个具有完全不同品性的孩子被托付给了某个人，到他那里接受教育。其中一个孩子谦虚谨慎，一丝不苟，并且挚爱文学；而另外一个却是粗鲁放荡极为不雅的下流胚，他对声色犬马的爱好超过了书本。两人的任务总体来说都是一样的，就是学习文化；但对每个具体的孩子来说应该有不同的诫律。对前者而言，给他一个学习时间表和计划让他遵循就够了。而对另外一个，除了这些之外，还必须以极为可怕的威胁来劝诫他，比如不能乱跑玩耍，不能去赌博，不能把书给卖了，不能抄袭别的同学作业，不得纵酒行乐，不得嫖娼。如果什么人毅然画蛇添足地去向具有第一种品性的孩子提什么道德忠告，也许这个孩子会告诉这人不要向他提这些下流猥亵的东西，并且如果这人要给忠告的话，也只能去给别人，而不能对他提这种忠告，因为他根本就没有一丝去做这些事情的倾向。

我想，这一点已经非常清楚了：如果自然法乃是立足于对人的未腐化状态的假定之上的话，那么它会有相当不同的面孔。而且与此同时，由于那将自然法与道德神学区分开来的边界已经如此清晰，那么这个学科的地位就不会比国家法理论（civil jurisprudence）、医学、自然科学或者数学的地位低。如果一个人敢于在毫无根基的情况下闯入那些学科，并且认为在无需专家认可的情况

---

⑨ Francisco Lopez de Gomara, *La istoria de las Indias, y conquista de Mexico* (Saragossa, 1552).

下作出结论是正当的话,那么人们就会毫不犹豫地将阿佩莱斯(Apelles)对米加比祖斯(Megabyzus)的讽刺用到对他的评论上:当米加比祖斯在准备一个关于绘画艺术的演讲时,阿佩莱斯说,"我求你打住吧","在研碎颜料的孩子们嘲笑你之前赶快打住吧,你正在试图谈论你从未学习过的东西"。⑩ 我们常常会与诚实的人心有灵犀并且相处快乐。但对于恶毒而又愚蠢的诋毁者,最好的办法就是让他们对自己的嫉妒自作自受去,因为确定无疑并为永恒法所规定的事实是,埃塞俄比亚人(Ethiopian)不会改变他们的皮肤。⑪

---

⑩ *Cf.* Plutarch, *Moralia* 58D("*Quomodo adulator ab internoscatur*"). (阿佩莱斯是公元前4世纪后半期希腊著名画家。——中译者注)

⑪ *Cf.* Jeremiah, 13:23.

第一卷

第一章 论人类行为

1. "责任"(duty, *officium*),此处我用它所指的是,基于义务(obligation),人类行为对法律的命令的遵守。为了解释这一点,我们首先必须在一般意义上讨论人类行为的性质以及法律的性质。

2. "人类行为(human action)",我所意指的不仅仅是这样一些源于人的天然的能力(faculties, *facultas*)的动作,而只是指由人类的才能(faculties)所推动并受其指导的这样的一些人类行为:这些能力是由伟大而善良的造物主赋予人类的超越或者凌驾于动物之上的才能。依我所见,行动乃是在理解力的烛耀下产生,并受到意志的掌控的。

3. 人类已经被赋予了这样的能力,逐渐去熟悉他所遇到的世间万象,比较它们,并形成关于它们的新观念。不过,人也有能力设想他未来的行为,调整自己以完成这些行为,使它们符合特定的标准与目的,并推测各种后果;而且,他能够辨别出过去的行为是否符合规则。另外,人类的才能也并非一成不变或千篇一律;有些才能乃是为某种内在冲动所激发出来的,而后则又处于控制和指引之下。最后,一个人并不是毫无差别地受到所有事物的吸引;对其中的一些,他孜孜以求,而对另外一些,他则避而远之。时常,即便行为的目标已经明确,他也会按兵不动;而且,他常常选择出现在他面前的多种事物中的一种,而舍弃其他。

4. 理解和判断的才能,叫做理智(understanding, *intellectus*)。必须肯定的是,任何心智健全的成年人都具备天赋的理解力,辅以指导和恰当的反思,就足以使他至少能够获得对那些有益于人世良好而宁静生活之普遍诫律与原则的理解;并且认识到,这些普遍诫律与原则是符合人类本性的。如果这一点得不到认可,那么至少在人类的法庭中,人们就可以以不可抗拒的无知为抗辩理由,来遮掩其所干的所有坏事。因为,在人类的法庭上,没有人会因为违反了一个超出其理解能力的规则而被判处有罪。

5. 一个人凭其理智完全能够非常准确地明白什么应当做、什么不应当做,以至于他知道怎样赋予他的观点以确定无疑和无可辩驳的理由,我们称这样一个人具有正确的良知。然而,在什么应当做、什么不应当做上,一个人也许持有正确的看法,但是,他不能在论争中进行论证并为其提供根据。他也许是从他所生活于其中的社会的一般生活方式中获得这个看法的,也可能是从习惯中、从上级权威中获得的,并且他没有理由采取一种相反的理由。这样一种人可以说是具有潜在的良知。大多数人都受到潜在良知的指引;而只有少数人才被赋予了知其所以然的天分。①

6. 有些人发现,在某些特殊的情形中,论争的两边往往都让人觉得有理,而且这些人也缺乏清楚地辨明孰轻孰重的判断能力。通常,用于表示这种情况的术语是疑虑(doubtful conscience)。这

---

① "知其所以然"(*rerum cognoscere causas*),维吉尔(Vergil),《农事诗》(*Georgics*),2.490.(普布留斯·维吉留斯·马罗(Publius Vergilius Maro,常据英文 Virgil 译为维吉尔,前70年10月15日—前19年9月21日),被誉为古罗马最伟大诗人,留下了《牧歌集》(Eclogues)、《农事诗》(Georgics)、史诗《埃涅阿斯纪》(Aeneid)三部杰作,其中的《埃涅阿斯纪》长达十二册。——中译者注)

里的规则是:在关于好坏的判断上举棋不定时,一个人应该暂且打住,三思而行。因为,在怀疑被消除之前作出的要去行为的决定,要么会导致对法律蓄意的违犯,要么会导致疏忽情况下的违犯。

7. 时常,人类的理智也会将虚假当成了真实;此时此刻,就说是犯了一个错误。当一个人能够通过适当的注意或者留心避免错误时,这个错误就被称为可以克服的错误;而当一个人甚至在运用了社会生活行动所要求的最大勤勉仍然不能避免错误时,这个错误就可被称为是不可克服的。不可克服的错误通常发生在特殊的事情上,而很少超过生活的一般规律,至少,对于那些真诚地想爱护理性之光,并按适当方式生活的人来说是这样的。因为,自然法的一般诫律是简单明了的,而且,实在法的制定者也应该特别留意让他们的法律为臣民所周知,而且他们也经常是这样做的。因此,如果不是懒散疏忽,此类错误是不会出现的。但是,在某些特殊的情形中,在关于行为的目标与其他环境中,错误也往往易于在不知不觉与无过错的情况下潜滋暗长。

8. 无知就是知识的缺乏。按照无知是否有助于行为,以及它的起因是非故意的(involuntary)还是在一定程度上是可谴责的,可以把无知区分为两种形式。

就第一个方面而言,无知经常被划分为起作用的(efficacious)无知和附随的(concomitant)无知。要是缺乏它,相关行为就不会发生,那么,它就是起作用的;即使缺乏它,该行为无论如何也会发生,那么,它就是附随的。

就第二个方面而言,无知要么是故意的(voluntary),要么是非故意的。要是一个人无视获知真相的方法而任由它发生,或者,没有付出适当的努力而任由它发生,那么,它就是故意的无知。要是一个人不知道原本不能知道以及没有义务知道的事情,那么,它就是非故意的无知。后者本身又是双重的。因为,有可能,一个人此刻不能摆脱他的无知,但在当时情况下他让它发生却是应当受到谴责的;或者,一个人可能没有能力克服现在的无知,但却不应因为最初陷入了这样一种情形而受到谴责。

9. 另外一种被认为是人所独有的、有别于动物的能力叫做意志。就像凭借一种内在冲动(velut intrinseco impulsu)一样,通过意志,人促使自己作出行为,选择最令他愉悦的东西,舍弃看上去不适合他的东西。人的两种行为应该归功于意志:首先,他自愿行动,亦即,他不是受到某种内在的必要性的决定而去行为的,他自己才是其行为的创造者;其次,他自由行动,亦即,当他面临设定给他的目标时,他既可以行为,也可以不行为;他既能选择,也能舍弃;他还能选择他所面临的多个目标中的某些,而舍弃其他。

有些人类行为的作出乃是为了它们自身,另外一些行为则是因为要帮助对别的事物的实现才发生的。也就是说,一些行为具有目的的特性,另外一些行为则具有手段的特性。就目的而言,意志是以如下方式而起到作用的:首先,目的为意志所认识并得到意志的赞同;然后,意志有效地促使自己付诸行动来实现它。可以这么说,意志要么气势磅礴地,要么以更温和的方式来为之奋斗。达到目的之后,它就会休息一下并静静地享用它。而另一方面,作为手段的行为得首先接受审视;然后,那些被判断为最合适的手段被选中;最后,被选中的手段被付诸行动。

10. 正因为一个人是故意地去从事行为的,他因此被认为是那些行为的创造者;同样地,关于意志,首先特别值得注意的一点就是,意志确定无疑地具有自发性(spontaneity, spontaneitas),至少在人类的法庭中,作出那些行为的人通常需要为之负责。但是,要是一个人毫无自发性,那么,行为的创造者就不是他自己,而是对他施以强制的那个人,因为,在该行为中,他不情愿地被他人借走了臂膀和力量。

第一章 论人类行为

11. 尽管一般而言意志总是趋利避害的,但我们仍然可以在个体们身上发现各种各样的偏好和行为。这种状况是由于一个事实:所有的利害并非都以一种所谓的纯粹状态显露于人,它们是混合在一起的,利中有害,害中有利。而且,不同的对象对我们所说的人的不同部分有着独特影响。举例而言,有些影响一个人加诸自身的价值,有些影响则影响他的外在感觉,还有些影响人用以自我保护的自爱。有鉴于此,人把第一类视为适当的(fitting, *decora*),把第二类视为愉悦的(pleasant, *jucunda*),把第三类视为有用的(useful, *utilia*)。其中的每一类都影响着人们的行动,并且随这种影响力把人吸引向它自身。此外,大多数人对某些事物有某种特殊的偏好,而对另外一些事物则有某种厌恶。所以,就几乎所有的行为而言,利与害的表象、真实与似是而非的表象,在同一时间呈现出来,人们分辨它们的聪明才智与能力和才干也各不相同。由此,有人着迷于他人厌恶之极的东西,也就不足为怪了。

12. 可是,人的意志看上去并不总是以这样一种方式在每一种行为的边缘的平衡处保持着:在对所有方面深思熟虑后,基于一种自身内在的冲动,意志偏向于这一方向或另一方向。情况常常是,一个人之所以倾向于这一方向,而不倾向于另一方向,乃是受到我们所说的外部影响(influences, *momenta*)的结果。我们将暂且忽略人类为恶的共同倾向;现在也不是细述其起源与特点的场合。但是,首先,心灵的性向(disposition)与意志的某种偏好是相通的,因此,某些人才会易于作出某些特定种类的行为。这不仅从个人那里可以看到,从所有国家那里也可以看到。它似乎是由气候和土壤的特性引起的,是由身体中体液的混合引起的,而这种体液的混合则源于种子自身,源于年龄、食物、健康状况、生活方式以及类似原因;正如它也是由心灵用以发挥作用的器官构造等引起的。在此,我们必须指出,如果一个人有了烦恼,他可以通过适当的注意,努力缓和他的脾性,改变它。而且,无论解决这一问题需要多大的力量,在人类法庭上,我们都不应该接受这样的说法:它太强大了,迫使他不得不违反自然法。因为,人间审判不关心那些尚未成为外在行为的邪恶欲念。同时,无论本性如何顽固倔强地重申自己(尽管是"为刀叉所驱使"),②它都能被阻止不去导致邪恶的外在行为。克服那种偏好的困难,总是不能胜过那等待看这场角逐的胜利者的称赞所带来的荣耀。但是,如果那种压力如此动摇心灵,以致没有什么能够压制和阻止它们爆发,那么,仍然存在一种释放压力的方式,也就是说无需作恶的方式。

13. 对某种同类行为的频繁不断的欲求,将会使得意志倾向于这些行为;并且发展出一种被称为习惯(habit, *consuetudo*)的倾向。习惯的效果是,某种行为做起来轻松愉快,以致当行为对象出现时,心灵表现得好像这个目标是从自身中衍生出来的似的;而在没有它时,心灵则会怅惘若失。不过,我们必须指出,只要人用点心,好像还没有不能被人摆脱的习惯;同样,也没有习惯能够把人的心灵扭曲到这种地步,以至于一个人不能,至少在此时此地,控制那些受到习惯驱使的外部行为。而且,由于是否养成那样一种习惯,处在人的掌控之中,因此,无论习惯为行为提供了怎样的便利,善行的价值一点都不会流失,恶行的恶性也一点都不会减少。事实上,一个人的一种好习惯会增进荣耀,一种坏习惯则会让他有失体面。

14. 宁静安息的心灵,与受到我们称为激情(passion, *affectus*)的特殊情感激荡的心灵,相去甚远。有关激情的规则是:无论激情何等强烈,人都能通过理性的正当运用来战胜它们,至少,能在它们引发行为之前的过程中克制它们。

---

② Horace, *Epistles*, 1.10.24.

第一章　论人类行为

有些激情是为好的事物的表象(appearance, *species*)所激发的，另外一些激情则为坏的事物的表象所激发；它们促使我们要么获取令人愉悦的事物，要么躲避令人厌烦的事物。更多的亲善或者宽容应该给后一种激情而不是前者，这正是人性的要求；而唯其如此，更多危险的与不可容忍的邪恶才会发生。就我们的本性而言，在不具备某种对人类的生存并非绝对至关重要的某种好的情况下生活，比之顺从某种能够摧毁生存的邪恶而言，要更容易。

15. 最后，根据某些病态能够永久地或者暂时使理性彻底失去作用来类推，在某些民族之中也有着某种通常的做法，这些做法会使得他们承受某种暂时的病态的痛苦，这种疾病能够严重地影响对理性的运用。在此，我们指的是，由人们饮用或者吸取某类物质而引起的迷醉。这些物质在血液和精神中掀起暴动，使血液和精神混乱不堪，从而造成人们情欲强烈（这是首要的）、怒不可遏、鲁莽行事、纵情欢笑。因此，一些人看上去迷醉得几乎发狂，表现出跟他们清醒时完全不同的品性。迷醉并非总是使理性完全失去作用，但是，只要它是自找的，在其影响下，它就容易带来遭人反感而不是讨人喜欢的行为。

16. 正如在这个程度上说源于意志并受意志指引的人类行为被称为故意的一样，某些在明显违背意志的情况下而进行的行为被称为非故意的。这是就这一语词的狭义而言的，因为在广义上，它也包括出于无知而作出的行为。因而，"非故意的"在此与"被迫的"同义，也即是说，当一个人被某种更强有力的外在原则迫使去移动他的肢体时，只要他通过他能够作出的任何姿势（要特别指出的是，尤其是身体上的抗争），来证明他的不愿意和不同意，他的行为就是"非故意的"。"非故意的"也被应用于这样一些情形，尽管不那么贴切：亦即，在某种非做不可的严格限定条件下，某种东西被选择（或者被做了）——因为这是更少邪恶的；而在没有强迫限制的其他情形中，我们可能认为这些东西或行为是令人震惊的，因此就坚决拒绝了。这些行为通常被称为混合的行为。就意志在现实条件下毫无疑问地选择更小的恶而言，混合行为与自发行为存在共同点；而就相关后果而言，混合行为又与非故意的行为在有些方面存在共同点。因为，通常，要么认为行为人根本不用对那些行为负责，要么认为他负有比在自发行为的场合更小的责任。

17. 为理智和意志所发起与指引的人类行为的独特特征，就是它们可能会被归结到一个人的身上，或者，这个人恰好可以被看做这些行为的创造者，并且被认为应该对其负责；而且，这些行为也是有助于他的。因为，就为什么要把某一行为归咎于某人而言，再没有比这个更好的理由了：行为直接或间接地由他发起，他知晓它并且愿意它发生，或者，是做还是不做此种行为，处在他的能力范围之内。因而，从人类法庭的观点来审视此一问题的道德诫律的首要公理是：对于那些处在一个人的能力控制之内，可以由他决定做或者不做的行为，应该由这个人来为其负责。也可以这样表述：任何处在人的控制之下、做或者不做都在他的掌握之中的行为，都可以归咎于他。与此相反的是，对于这样一种行为，无论是从其本质上还是从其发生的原因来看都不在某个人的控制之内，那么这个人就不能被认为是这个行为的作出者。

18. 从这些前提，我们将得出一些特殊的命题，这些命题将界定，何种行为可以归咎于每一个人，或者说，什么行为和事件的创造者可以被认为是某个人。

第一，除非某人能够控制它们，并有义务这么做，否则，由他人所做的行为、任何其他事情的运行以及任何事件，都不能归咎于他。因为，在人们中间，没有比这更常见的了：一个人负有指引另外一个人行为的责任，在此情况下，如果后者做了某种行为，而前者没有在其能力范围之内进行指导，那么，那种行为将不仅归咎于

第一章　论人类行为

直接行为者,而且也将归咎于没有尽可能地施以适当指引的那个人。然而,这种要求有其限制和边界,所以,"可能"是道德意义上的可能性,并且有某种保留。因为,服从者的自由并不因一个人对另外一个人的从属而被取消;他仍然可以抵制他人的控制而自行其是;而且,人类生活的条件并不允许一个人监控另外一个人的所有活动,就好像对方永远从属于他一样。因此,如果负责人已经做了其所承担的那种职责所准许的每一件事,而另外一个人还是做了错事,那么,它就只归咎于行为者。

同样,既然人们对动物拥有所有权,一个动物的行为无论在什么时候给他人造成了损失,只要所有者没有达到适当的注意和监护标准,所有者都将是有责任的。

同样,如果一个人没有做他能够做并且应该做的事情,以消除导致他人不幸的肇因和机会,那么,他要对他人的不幸负责。例如,既然人们有能力促进或者减缓自然界中许多事物的运行,那么,只要他们的努力或者疏忽对结果的产生具有重要意义,他们就要对一切损益负责。

有时,一个人也要对人通常不能控制的事件负责,例如,当神为某人做了一种特殊的安排的时候。这往往是发生在非同寻常的情况下。

除了这些以及相似的情形之外,某人只要能够对自己的行为负责就足够了。

19. 第二,存在着某些个人缺陷,有还是没有这些缺陷,这不是一个人所能掌控的。对于这些缺陷,我们不能认为他负有责任,除非他没有努力去弥补某种自然缺陷,或者,没有努力去增补他生而具有的力量。例如,没有人能够赋予自己以敏锐的心智或强壮的身体,因而,没有人能被认为对此负有责任,除非他忽略了或者没有忽略去发展这些力量。也因此,因为不讲礼仪而遭受责难的人不是乡下人,而是城镇居民和宫廷中人。所以,因为人们不能自我决定的那些特征,诸如个头不高、其貌不扬等,而批评他们,这是绝对荒谬的。

20. 第三,一个人不能对因不可克服的无知而作出的行为负有责任。因为,在理智之光没有照明道路的情况下,如果人不能够自己获得这种光亮,而且,人不能够获得光亮也不是他的过错,那么,我们就不能要求某种行为。此外,在社会生活中,"能够"在某种道德意义上被理解为能力、聪明和谨慎的程度,人们通常认为该程度是充分的,并且它们是立足于或然性(probable)的理由之上的。

21. 第四,对于设定在我们身上的法律和责任,无知和误解都不能使我们免除责任。因为,立法者和为我们设定责任的人应该确保法律和义务被国民注意到,这通常是做到了的。而且,法律和责任规则应该便于国民理解,这通常也是做到了的;每个人都应该努力地知道并记住它们。所以,导致无知发生的那个人将有义务对由无知所致的行为负责。

22. 第五,如果一个人没有机会去作为并非出于自己的过错,那么,他就不应该对不作为负有责任。机会似乎包括四个要素:(1)行为的目标是唾手可得的;(2)有一个可以利用的便利地点,在那里,我们不会受到他人妨碍或者受到某种伤害;(3)有一个可以利用的合适时间,在那时,我们没有更为紧要的事情要处理,同样,该时间对于行为所涉及的其他人也是合适的;最后,(4)我们有充分的力量去行为。没有这些条件,行为就是不可能的,既然如此,认为一个人有责任去做他毫无机会去做的某件事情,就确实荒谬可笑了。例如,要是没有人生病,一名医生就不能因为见病不救而遭指责;一个贫穷的人是没有机会表现慷慨的;一个人已经对某个他所适合的职位提出了申请但却未被批准,他就不能因为藏才

第一章 论人类行为

不用而遭指责;一个人只有已经得到了很多,才可以要求他很多;③我们不能在同一时间既吸入又吹出。④

23. 第六,对于超越了一个人能力的行为,对于一个人凭其能力无法进行的行为,如果这个人没做,他也不应对之承担责任。因此,俗谚说:没有义务去做不可能之事。不过,我们必须增加这样一条限制性条款:他没有因为自己的过错而削弱或者丧失自己的力量。因为,要是他还有力量,这种情况就不能以同样的方式被对待;否则,一个人就会通过故意损毁他行动的力量来轻而易举地规避哪怕是最轻微的义务。

24. 第七,如果避免或者逃脱都是他力所不能及的,那么,我们不能认为,一个人要对他在被迫的情况下作出或者遭受的事情负责。我们可以从两个方面谈论被迫:(1)更强的一方运用暴力使得我们的肢体做或者遭受某事;(2)如果我们不做某事或者放弃做某事,一个更强的人会即刻威胁给我们严厉的伤害(而且,他能够将威胁马上付诸实施)。在此情况下,除非我们明确地有义务通过我们的痛苦去偿付将给另外一个人造成的伤害,否则把那种必要性强加给我们的那个人才可以被认定为犯罪的肇事者;我们与用以杀人的刀剑和斧子一样,都不能被认为应该对那种行为负责。

25. 第八,我们认为,不具备理性运用能力的人对他们的行为不负有责任。因为,他们不能清楚地辨明所做的事情,也不能将行为与规则相对照。理性运用开始清晰呈现之前的婴儿行为,就属于这种情形。因为孩子们做了某事而叱责或掌掴他们,并不意味着,孩子们受到了人类司法中严格意义上的惩罚;叱责或掌掴只是一种矫正和训诫的手段,以免他们再以此类行为惹他人厌烦或者发展成为不良习惯。同样,疯子、神志错乱之人、年老昏聩之人的

---

③ Cf. Luke, 12:48.
④ Cf. Plautus, *Mostellaria*, 791.

行为不被认为是人类行为,因为,他们的疾病并不是由他们自己的过错产生的。

26. 第九,也是最后,我们不能认为,一个人对他在梦中想象做的事情负有责任,除非他在白天快乐地细想那些事情,以致让有关它们的那些想象深深地印在了脑海里。即便如此,在人类的判断中通常很少考虑它们。就别的方面而言,睡梦中的想象(phantasia)也像一艘无人掌舵、随波逐流的船,因此,要控制它将产生的幻觉,这不是人力所能做到的。

27. 在讨论另外一个人的行为的责任时,我们必须十分清楚,有时候,某一行为根本不能归咎于实际的行为者,而是要归咎于仅仅把行为者作为工具使用的另外一个人。不过,更为经常的是,行为者和另外一个人共同承担责任,这另外一个人通过行为或者疏忽促成了该行为。对此,有三类主要情形:要么,我们认为,这另外一个人是行为的主因,而行为者是行为的辅因;要么,两者负有同等责任;要么,这另外一个人是行为的辅因,而行为者是行为的主因。

属于第一类情形的人包括:借助他们自己的权威鼓动他人行为的那些人;作出了必不可少的同意的那些人——这种同意要是不作出,他人原本不会作出行为;本来能够也应该阻止行为发生,但没有这么做的那些人。

属于第二类情形的人包括:指令或雇用某人去犯罪的那些人;帮助和教唆的那些人;提供庇护和保护的那些人;本来能够也应该给受害人以帮助,但没有这么做的那些人。

我们可以把这样一些人归入第三类情形:给以特别建议的那些人;在犯罪实施前表示同意和赞成的那些人;通过提供范例怂恿行恶的那些人,以及类似的人。

第二章　论人类行为规则或一般法

1. 人的行为源于意志。但是，一个人的诸多意志行为并不总是一致的；而且，不同的人有不同的意志趋向。因此，对于人类来说，要获得秩序和礼仪，必须有人类意志可以遵循的规则。不然，人们有如此大的意志自由和如此多的倾向和偏好，要是每个人都不考虑确定的规则，而是随心所欲地做任何事，将不可避免地会在人们中间造成很大的混乱。

2. 这种规则就叫做法（lex）。法是上位者迫使（oblige）服从于他的人按照他的规定（prescript）行事的法令（decree）。

3. 要更好地理解这一定义，我们必须回答这样一些问题：什么是义务（obligation）？它源自哪里？是谁招致义务产生的，谁又能强加义务给另外一个人？

通常，义务被界定为一种与权利纽结在一起的事物，受其约束，我们必须作出某种行为。也就是说，义务对我们的自由设置了缰绳，由此，尽管意志实际上能够在不同的方向上行为，但它仍然发现义务以某种内在感受影响着它，以至于它不得不承认，如果随后的行为没有遵守已经规定的规则，那么，它就没有正确地行事。

所以，要是某人因此遭遇到不良的后果，他会认为那是他应得的，因为他本来可以通过遵守规则来避免它发生，而遵循规则行事才是他本来应该做的。

4. 至于为什么人适合承担责任，这有两个原因：其一，他有能够随不同方向而移转的意志，并因此能够遵守规则；其二，他没有免于上位者权威的自由。因为，在行为人的能力生来就受制于某种同一行为模式的情况下，就不能指望有什么自由的行为；向一个既不能理解也不能遵守它的人规定规则，这是毫无意义的。由此，也就意味着，一个人如果有一位上位者，如果这个人能够识别被规定的规则，并且，如果他具备能够采取不同方向的意志，而意志（在规则已被上位者规定的情况下）受到影响认为离轨行为乃是不正当的，那么，他就可以承担义务。很明显，人被赋予了这样一种本性。

5. 义务由上位者，是由不仅有能力对反抗者造成一定伤害，而且有理由要求我们按照其意思缩减我们的意志自由的那个人，来引入到一个人的心灵之中。当处于这一位置的人表明其意志，人（*animus*）就会生出敬仰和畏惧之情（*reverentia*），畏惧源自权力，敬仰源自理性反思，这种反思促使某人即使不害怕也要接受上位者的意志。因为除了纯粹的权力以外，任何人都给不出他强加一项违背我的意志的义务事实上能够镇住我的其他理由，所以，我认为，为了避免更大的恶害，暂时服从他是更可取的（*satius*）。但是，一旦威胁不复存在，就再也没有什么可以阻止我去按照我自己的意愿而不是他的意志行事了。另一方面，如果一个人有我应该服从他的理由，但是缺乏伤害我的力量，我就可以漠视他的命令而不受惩罚，除非有比他更强有力的人来重申为我所轻视的权威。

如果一个人要求另外一个人的服从，能够证成他这种要求的理由有这些：他能够赋予那个人特殊利益；有足够的证明表明他希

第二章 论人类行为规则或一般法

望另外一个人好,并且他能够比另外一个人自己更好地照顾其利益;如果他在同时切实地提出了支配他的要求;最后,另外一方愿意臣服于他并接受他的指令。

6. 为使法律能够将其力量深入到那些它所应用之人的心灵之中,就必须知道立法者是谁,以及法律本身究竟是什么。因为,不知道应该服从谁,不知道应该遵从什么的时候,一个人就不会服从。

想知道立法者是谁非常容易。对于各种自然法来说,基于理性的光明就可以很清楚地知道,它们的创造者就是那宇宙的创造者。而就公民而言,他不能不知道究竟是谁对他具有权威。

至于自然法是如何为人所知的,我们马上将揭晓这个问题。国家法是通过明确的颁布与公开的制定而使得臣民周知的。在颁布一部法律时,人们应该使得这两个方面特别清楚:第一,这部法律的创造者乃是那在这个国家拥有至高无上的统治权威的人;以及第二,这部法律的含义是什么。就第一个方面来说,主权者通过以自己的名义或者通过在法律上签名,或者通过授权其代表来履行这些方面来颁布法律,就可以使得人们清楚法律的创造者乃是在国家中掌权的主权者。如果很明显这就是它们在国家中所占据的机构的职能并且它们经常为这个目的而被起用的话,如果那些法律在法庭中得到了适用的话,以及如果它们中没有包含什么有损统治权威的东西的话,那么,质疑它们的权威就是徒劳的。为了法律的含义能够被人正确地领会,那些颁布法律的人就有责任尽可能表述清晰。如果法律中出现了什么模糊不清的地方,就会期待立法者能够给出澄清,或者那些被公开授予审判职责的机关,就应该根据法律作出判断。

7. 每一部完善的法律都有两个部分:在一个部分中,什么应该被做或者不做被明确界定;而另一个部分则宣布,对一个人忽略了禁令或者做了被禁止去做的事情,规定的惩罚是什么。因为,由于人类本性中喜欢去做被禁止之事的劣根性,对一个人来说,在他不去做什么事时,仅仅大声地告诉他"去做这个",如果前面没有不好的后果等着他,将会是徒劳无功的;而同样地,在没有事先详细规定什么行为应被惩罚的情况下,简单地说"你会被惩罚",也将是荒谬的。

因此,法律的全部力量就在于使得我们能够清楚,上位者希望我们做什么或者不做什么,以及对违反者施以什么惩罚。创造义务,也即设定一种内在的必要性的能力,以及以惩罚的手段去强迫或者强制执行对法律的遵守的能力,严格意义上说是属于立法者以及这样一个人——法律的保护与执行是被委任给他的。

8. 为法律所施加在某个人身上的责任,不仅是在他能力范围之内的,而且对他或者其他人也是要有某种益处的。一方面,在超过或者一直超过了别人能力的情况下,试图以惩罚作为威胁来要求某人作出某种行为是荒谬的和残暴的;同样地,如果从中得不出对人有益的任何好处的话,缩减意志的自然自由也是没有必要的。

9. 尽管通常而言,一部法律覆盖了立法者的所有从属(法律就是旨在适用于他们的),以及立法者并未特别豁免的人,但是,偶尔仍然会发生某个特定的人被豁免了一部法律的义务的情况。这种情况被称为"特许"(dispensation)。颁发特许的权力,只能属于那个拥有权威去制定或者撤销法律的人。我们必须注意的是,不应该在没有重大原因的情况下,以不加区分地颁布特许去削弱法律的权威,并且在臣民之间导致嫉妒与愤慨。

10. 衡平与特许是非常不同的。它是对法律在普遍适用性中的不足的矫正;或者是对法律的一个精妙的富有技巧的解释,从而根据自然理性表明某种特定的情形不在一般法律的有效范围之内,否则,将可能导致荒谬的情况发生。由于事物纷繁复杂,并非

第二章 论人类行为规则或一般法

所有的情形都能被提前遇见或者被公开明确地规定;因此,肩负将一般性的法律规定适用到具体个案之重任的法官,就必须从法律中排除出这样一些案件的类型——如果立法者面对这些案件或者他预见到了这些案件的话,他也将会如此排除。

11. 因其与道德规则的关系及一致性,人类行为也具有了某些特性或者属性。

法律没有以任何方式对其作出规定的行为,被认为是合法的或者被准许的行为。然而,我们必须承认,在我们的社会生活中,有时候并非每一个细节都如我们期望它应该那样般地精确,有些东西之所以被认为是合法的,乃是由于它们在人类的法庭中没有受到惩罚,尽管根据自然的良善,它们本身都是令人极度反感的。

与法律相符合的行为被认为是好的行为;与法律相背离的行为被说成是不好的行为。如果一个行为要是好的,它就必须整体上是符合法律的;而如果一个行为是不好的,它只需要在某个方面是有缺陷的就够了。

12. 正义有时候是行为的一种属性,而有时候却是人的一种属性。当正义被归结为人的属性时,它常常被界定为将每个人的给予每个人这样一种始终如一与坚持不懈的意志。[①] 一个正义的人被如此界定:他乐于去做正义的事情或者努力奋斗以追求正义,或者试图在每一个所作所为中追求正义的东西。与此相反,一个不正义的人,就是一个忽略了将每个人的给予每个人的人,或者说是这样一个人:他认为评判的标准不是他的责任,而是他当下的利益。因此之故,一个正义的人的某些行为也可能是不正义的,反之亦然。因为,对正义的人而言,他从事正义之举乃是因为法律的命令,从事不正义之举,却仅仅是因为人的弱点;而对一个不正义的

---

① Cf. Justinian, *Institutes*, 1.1 pr., *Digest*, 1.1.10.

人来说，他从事正义之举完全是因为法律所具有的惩罚，从事不正义之举则是由于他内心的邪恶。

13. 作为行为之属性的正义，仅仅指的是行为对人们恰当的适宜性。一个正义的行为乃是对一个人所做的这样的行为：基于审慎的选择、认知或者打算，对他做这样的行为是合适的。因此，对于正义的行为和好的行为两种情形之间的主要差异，就在于好的行为仅仅表示与法律的一致性；而正义除此之外还涉及与行为所涉及者之间的关系。这也是为何正义被认为是涉及他人的一种美德的原因。

14. 对于正义的划分并没有统一的意见。最被广为接受的划分是在普遍的正义与具体的正义之间所作出的。普遍的正义被认为是针对他人所履行的责任，即便这些责任不能通过强力或者通过在法庭上发起一场诉讼来主张其履行。具体的正义则是为他人从事某些具体的事情（他人有权利要求这些事情），它又被进一步细分为分配的正义与交换的正义。分配的正义立足于在社会及其成员之间的协议之上，这个协议规定的乃是双方在损益上的分担比例。与此相反，交换正义则立足于一个双边契约之上，这个契约关注的主要是与商业有关的事情与行为。

15. 现在，我们知道了什么是正义，也就能够很容易地推论出不正义的本质了。我们必须注意到，非正义类型的行为——此类行为乃是基于审慎的考虑而进行的，它侵犯了另外一个人完全有权利得到的东西或者他基于完全的权利而占有的东西（不管他是如何得到的）——也可以在非常恰当的意义上说是错误的行为。有三种错误：如果一个人被拒绝了他凭其本身的权利（不是应得的，而仅仅是基于人道或者一种类似的德行的基础之上的）所应该要求的东西；或者如果他被剥夺了凭其自身的权利（一种能够对抗剥夺者的权利）所持有的东西；或者如果一种伤害被施加到另外一个人身上，而我们又没有这种施加伤害的权威。错误也要求审慎的考虑，以及行为者一方的恶意。当不存在恶意的时候，则一种施加到他人身上的伤害就被称为意外或过错（fault，*culpa*），而过错的严重与否则依赖于那导致对他方损害的放任（carelessness）或疏忽的程度。

16. 基于制定者的不同，法律可被划分为神法与人法两种；神法乃是由上帝所制定的，而人法则是由人类所制定的。然而，如果基于是否与人类有着必要的或者普遍的一致性来看待法律的话，它则被划分为自然法与实证法。自然法是这样一种法，它是如此的与人类的理性的或者社会的本性相一致，以至于如果没有它，人类种群就不可能有一个良好的与和平的社会。也同样因此，通过人类的本然理性及普遍的人类本性的反思，自然法就可被描绘与知晓。实证法则是这样一种法，它并不是从人类本性的共同状态中衍生出来的，而仅仅是从立法者的意志中产生的，尽管它应该具有其自身的合理性与有益性——这种合理性或者有益性乃是它为了特定的人或者一个特定的社会所创造出来的。

关于神法，也有两种，一种是自然法，另外一种是实在法。但所有的人法从严格意义上来说，都是实证法。

第三章 论自然法

1. 自然法的特征是什么？它的必要性是什么？在人类的实际情况中，它由哪些诫律组成？通过对人的本性与特征的一个贴近考察，这些问题能够得到最为清晰的回答。正如一个人首先通过获得对国家的情况及其公民的习惯与生计的良好理解，可以在对国家法的准确知识上有巨大的认知进步一样，如果一个人首先观察人类的共同特征与状况，那么，人们的安全所资凭借的那些法律就会变得清楚起来。

2. 和所有具有自我感觉的生物一样，人们无比地珍爱自我，他们研究一切可能的方式去保存自我，努力奋斗以获得那些看来对他们有好处的东西，同时排斥那些没有好处的东西。这种感情常常是如此的强烈，以至于其他一切感情在它面前都必须退居其后。而且，如果任何人试图去攻击一个人的安全，这个人都会奋起反击，并且他的反击是如此的剧烈，以至于在打退进攻之后好久还会有复仇的仇恨与欲望。

3. 从另一方面而言，人们现在看起来处于一种比动物还要更糟的境地，因为几乎很少有其他动物像人类这样在生下时是如此的脆弱,需要悉心的照顾。如果他能在没有别人照顾的情况下长大成人,那将是一个奇迹。因为虽然到目前为止已经发现了太多能够满足人类需要的东西,但一个人仍然需要多年的训练才能够具有通过自己的能力获取食物和衣物的能力。让我们设想一个人在没有任何他人的照顾与抚育的情况下,是如何长大成人的吧。除了从其自身的智力中自发产生的知识之外,他将不能具有任何知识。没有了所有来自他人的帮助与陪伴,他将孤苦伶仃,一无所依。显然,人们很难再发现一个比自己更为悲惨的动物了,不会说话,赤身裸体,除了撕扯草根树皮或者捡野果充饥、以路上的小溪小河或者水坑解渴、藏身洞穴以躲避风雪袭击或者靠苔藓野草蔽体外,别无衣食来源。对他而言,时光漫漫而又一无所成;当其他动物吼叫与靠近时,他总是惊恐万分;最终,他将在饥寒交迫中悲惨地死去或者成为某个野兽的口中美味。

相反,在我们今天的时代,所有参与人类生活的好处都来自于人们之间的相互帮助。除了伟大而仁慈的上帝外,对人类来说,没有任何重大的好处能够从人类自身之外获得。

4. 然而,即便如此一种能够相互帮助的动物,他也要遭受无数缺陷的痛苦,并且被赋予了一种相当大的伤害他人的能力。他的缺陷使得与他相处颇具危险,并且必须要尽可能地注意避免受到他的伤害而非接受来自他的好处。

首先,比起任何其他野兽,人类都具备更大的伤害他人的倾向。对于野兽而言,唯一让它们关注的事情就是寻找食物与交配的欲望,而这些,它们无需付出太大的努力就能够获得。并且,当这些欲望已经被满足因而不再强烈的时候,除非被激怒,它们很难对其他动物发怒或者伤害它们。而人类就有所不同,这是一种随时都准备发情和进行性行为的动物,他时常会为强烈的性欲弄得心痒难耐,其频繁程度远远超过了维持种群存在的需要。他的胃口也是,不仅需要果腹,还常常沉迷于口腹之欲,他的胃口也一般比自然的消化所需大得多。大自然决定了野兽不需要衣物,而人类不仅乐于穿衣打扮,除了遮羞避寒所必需之外,他还希望打扮和炫耀。许多在人类身上发现的激情与欲望都没有在野兽身上发现,比如,对超出必要之物的占有的贪婪,贪欲,对荣誉及压迫他人的欲望,嫉妒,竞争与勾心斗角。很明显,人类曾发动了使得自身的族群被消灭与摧毁的战争,而发动这些战争的理由在野兽身上都是看不到的。但所有这些方面都能够并且的确煽动了人类去彼此伤害。除此之外,在许多人身上还有一种特别过分的坏脾气,一种想要侮辱和伤害他人的激情;而其他人如果要维持他们自身的存在与自由,无论如何都要克制自己,去奋起抵抗以免于侵犯。有时候,由于资源匮乏或者他们所实际拥有的资源不足以满足他们的欲望或者需要,人们也会被激起去相互伤害。

5. 而且,人们之间相互伤害的能力是非常强大的。因为,尽管与野兽不同,他们并不具备令人生畏的牙齿、坚蹄或者头角,但他们双手的灵巧足以制作出最为有效的互相伤害的工具,而由于智计百出、机灵狡诈的奸猾,他们的智商也使得展开攻击更为便利。也因此,导致死亡就变得非常容易,而这是人类的自然祸害中最为糟糕的情况。

6. 最后,我们还必须认识到的是,与任何别的单个种群的动物不同,在人类种群中有无数种千差万别的思想。同一个种群的动物在实际上都具有相同的倾向,都为类似的激情与欲望所主导。然而,在人类之中,有多少个人就有多少种情绪,并且每个人都自有其所爱。人们不会毫无差别地都为同一种简单而一律的欲望所触动,而是为无数种千差万别的相互结合的欲望所推动。事实上,即便是同一个人,人们也常常发现他的不同于以往,发现他有时候也会在他曾经觊觎的东西面前畏缩不前。人们的职业、习惯以及

第三章 论自然法

他们运用其心灵力量的倾向也同样种类繁多,其数量无法计算;正如我们今天所发现的,人们几乎选择了无数种不同的生活。正是由于这些理由,为了避免他们走向相互冲突,悉心的规制与控制就是必要的了。

7. 所以,人就是这样一种动物:他们具有对维持其自身存在的强烈关切,自身一无所有,没有伙伴的帮助就不能自我保护,并且非常适合相互提供帮助和好处。然而,同样的是,他同时也是一种满怀恶意的、好斗的、易被激动的、想要尽其所能去伤害他人的动物。结论就是:为了安全,对他而言社会性的生活就是必需的;与那些和他类似的人团结起来,并且针对他们去调整自己的行为,不给他们任何哪怕似是而非的去伤害自己的借口,而是使他们乐于去维持和促进他的利益(advantages, *commoda*)。

8. 这种具有社会性的法律,这些教导人们如何调整自己的行为以变成人类社会中一个有用的成员的法律,就被称为自然法。

9. 基于这个理由,最为根本的自然法很明显就是:每个人都应尽其所能地去培养和维持社会性。因为,一个渴望达到目的的人同时也是能够达到那个目的所不可或缺的手段,从而我们可以认为,所有那些对维持社会性而言必需和通常的东西,都被理解为是为自然法所规定的。所有那些妨碍或者侵犯了社会性的东西,都被理解为是为自然法所禁止的。

所有其他的诫律不过是为这个普遍法所包括的内容而已。它们的不言自明性,已经为人类本然具有的自然理性所揭示。

10. 尽管这些诫律有着明显的功用,它们仍然是从这样的假定中获得其律则的效力的:上帝是存在的,并且以其天道统治万物,他喜欢人类将那些理性的命令遵守为法律——那些命令乃是他以固有的圣灵亮光的力量所发布的。① 因为,除此之外,即便它们因其所具有的功用而被遵守,也不过是像医生为治疗身体所开具的药方一样,并不是法律。法律必然会意味着潜在的上位者的存在,而这样的上位者的确是在统治他人的。

11. 假如我们将自身限定在人类当前的状态之中,不去管这样一个问题——我们的原初状态是否不同以及变化是如何发生的——那么我们就会认识到,上帝乃是自然法的创造者,对这一点的证明乃是立足于自然理性之上的。

人类的本性就是被如此构成的,以至于没有社会生活人类种群就不能安全生活;而且人类的心灵看起来也是能够具备那些能够服务于这个目的的理念的。也同样清楚的是,不仅人类种群就像其他造物一样,其起源都归结于上帝,而且不管它现在的状态如何,这种状态都是沐浴在上帝仁慈的天道之中的。因此,我们就能知道,上帝希望人类能够运用其所掌握的、胜过其他野兽的力量来维持自身的存在;而且他也希望人类能够过一种与其他动物那种没有法律的生活不同的生活。由于人类只有通过遵守自然法才能如此,因此就可以被理解为人类被上帝赋予了去遵守自然法的义务——这是上帝明确确立的达到这一目的的手段,而且自然法并不是人类的产物,也不是人类可以随意改变的。因为,一个使得他人负有义务去达到一个目的的人,也被认为应该赋予他人采取必要的手段以达此目的的义务。

上帝以其权威赋予人类社会生活的一个标志就是,对神的信仰或者敬畏感在任何其他生物身上都不能发现;而且看起来,这种感觉也不是其他没有法律的动物所不能理解的。这就是那些还未完全腐化之人所具有的如下一种微妙感觉的根源,这种感觉使他

---

① "*promulgatas*": *cf.* 1.2.16 论实证的立法。

们确信,当他们违法了自然法时,他们就冒犯了那作为他们的心灵权威的上帝;而且,尽管并不存在令人恐惧的事情,但上帝还是令人敬畏。

12. 看起来,"法律乃是凭借本性而被知晓的"这句俗语,并不能被认为是蕴藏了这样一种含义:从一出生,人类的心灵中就内在地具有了一种关于什么应当做、什么不应当做的切实存在的、清晰的认识。这部分地意味着法律可以通过理性之光来进行探索,也部分地意味着至少自然法的那些普通而重要的诫律是如此的明白晓畅,以至于它们立刻就能获得人们的认可,并且在我们的心灵中变得如此根深蒂固,以至于它们以后再也不可能从人们的心灵中被清除——哪怕僭越的人类是如何努力地试图彻底消除它们,消除人类良知的迹象。也正是在此基础之上,它们在《圣经》中被称为是"铭刻在人类心灵中的"。② 由于通过社会生活的训练,我们从孩提时代就被灌输了关于这些自然法的东西,也由于我们已经记不起我们是何时具有这些的,因此我们认为从出生之时起我们就具备关于它们的知识了。对它们的感受正如我们对母语的体验一样。

13. 就自然法所施加给人类的责任而言,根据这些责任被履行时所针对的目标,也许能够被最为方便地划分类别。基于这些界线,它们构成了三种主要的类型。第一类是这样的,仅仅根据正确理性的命令,它就能够教导人们如何对待上帝;第二类教导人们如何对待自己;第三类则是如何对待他人。自然法中关注他人的诫律,主要并且直接地来自于社会性;我们已经将这种社会性规定为自然法的基础。对作为造物主的上帝所承担的责任也是从社会性中间接地产生出来的;就对他人所承担的责任而言,关于这些责任

---

② Epistle of Paul to Romans, 2:15.

的最终制裁是源自信仰及对神的敬畏的;因此,如果一个人没有信仰的话,他甚至就不可能是社会性的。而且,这也是由于单单信仰中的理性本身并不能扩展到信仰之促进现世生活的宁静与社会性的能力之外,因为,只要信仰有助于灵魂拯救,它就是源自某种特定的神启之中的。然而,一个人对其自身的责任,则是同时源于结合在一起的信仰和社会性的。因为,就为什么在某些问题上人们并不能绝对地按照其自己的斟酌来安排自己,其理由部分地在于他可能有对神的崇拜,也部分地在于他乃是人类社会中的一个令人愉快的和有用的成员。

第四章　论人对上帝的责任，或论自然信仰

1. 由于人对上帝的责任能够根据自然理性而被探索，它就只具备两个方面：第一，具有正确地关于上帝的概念；以及第二，使得我们的行为与上帝的意志相符合。因此，自然信仰就是由理论上的要求和实践上的要求所共同构成的。

2. 就每一个人所必须具有的关于上帝的所有概念而言，第一个就是相信上帝是存在的这个既定的确信；亦即，的确存在一个至高无上的宇宙的第一存在者，这个宇宙就是基于他而存在的。这一点已经为哲学家最为清楚明白地证明了，而哲学家是从对原因的从属性——它必须从某种第一性的存在物中找到目标，从运动中，以及从对宇宙构造的反思中证明这一点的。而且，这一点也已为类似的论证所证明。宣称说不理解这些论证，并不是原谅无神论者的借口。因为，由于这个确信乃是整个人类种群所一贯持有的，任何人如果试图推翻它，就必须不仅要提出坚实的驳斥去反驳所有证明上帝存在的论据，而且还必须为其自身所持有的观点提供更多令人信服的理由。同时，到目前为止，人类种群的拯救一直

被认为有赖于这个确信;因此,他还必须表明,无神论比坚定的上帝崇拜更有利于人类。由于这是不可能完成的任务,我们就必须坚定地憎恨与严厉地惩罚所有人的不虔诚——这些人作出各种努力试图去动摇这种确信。

3. 第二个概念就是,上帝乃是这个宇宙的创造者。因为,由于不证自明的是,这个世界显然不可能是自发形成的,它就必须具有一个原因,而这个原因就是我们所说的上帝。

据此就可以知道,空谈自然(正如人们有时所做的那样)并将之作为所有事物与结果的最终原因是错误的。因为,如果"自然"一词意味着在事物中被观察到的因果效应与行为动力,毫无疑问它就能够证明自己的创造者就是上帝;迄今为止,一直是自然的力量为否定上帝的论证提供支持。然而,如果"自然"一词意味着为万事万物的最高原因,那么不去接受这个已被接受的、明白晓畅的术语"上帝",就是令人不能容忍的亵渎。

如果认为上帝就处于感官能够感知到的那些物体之中,特别是星体之中,也同样是错误的。因为,所有这些事物的本质都表明,它们自身并非是第一性的,而是来自其他物体。

那种认为上帝乃是世界之灵魂的人,他关于上帝的观念也同样是没有价值的。因为,世界的灵魂,不管它实际上是什么,指示的都不过是世界的一部分;但是,一个事物的一部分,如何能够成为这个事物本身的原因呢?也即是说,这个事物的一部分,如何能够是一种可以先于这种事物而存在的东西呢?如果从另一方面而言,通过世界的灵魂这个提法意指的是某种第一性的、看不见的东西,并且万事万物的力量与运动就依赖于它,这也同样不过是用一个含糊不清的比喻性的表述来代替明明白白的世界而已。

也正是从这一点可以明显地看出,世界不是永恒的。因为这与任何具有产生原因的事物的本质都是不相容的。任何坚称世界

第四章 论人对上帝的责任，或论自然信仰

乃是永恒的人，都会否认世界有其产生的原因，并且因此也就否定了上帝本身的存在。

4. 第三个概念就是指上帝指引着整个世界的方向，也指引着人类种群的方向。从宇宙中可以发现的绝妙的和永不改变的秩序中，这一点可以非常明显地看到。不管一个人是否承认上帝的存在，还是否认上帝对人类事物的关切，道德后果都是一样的；因为这两种观点都彻底地削弱了所有信仰。因为没有理由去敬畏和崇拜这样一个存在物——不管他如何卓尔不凡——他是自在自为的，他对我们的利益无动于衷，他既不愿意给予我们好处，也不愿意向我们施予不好的东西。

5. 第四个概念是，任何涉及不完美的属性，都与上帝是不相容的。因为，既然他是世界万事万物的起因和源头，那么如果有任何他的造物能够创造出不属于上帝的完美概念，都将是荒谬的。不仅如此，既然他的完美以无限种可能的方式超越了他的如此平庸的创造物，那么使用消极的而非积极的术语去表述他的完美就是不合适的。因此，人们就绝不能将任何指示有限的与确定的事物的属性归于上帝，因为总是能够发现比任何有限的事物更伟大的东西。而且，任何确定性与计算都会涉及边界与范围。事实上，人们甚至不能说上帝已经为我们的想象力或者我们灵魂的任何能力所清晰与清楚地理解或者认知了，因为我们所具有的能力，无论认知得如何清楚与清晰，都将是有限的。而且，我们的心灵也并不具有关于上帝的完美观念，仅仅因为我们是将其当作无限的存在来谈论的；而"无限的"这个词，恰当地说并不指示任何物体，而仅仅指示我们心灵的无能为力，就好像我们在说我们并没有领会他的本质的伟大一样。因此，说他是由部分所构成的或者说他是一个整体也都是不对的，因为这些都是有限的事物的属性；我们也不能说他是存在于某个特定的地域，因为这意味着他伟大的边界与有限性；也不能说他是运动的还是静止的，因为这都意味着他存在于空间之中。

因此，一个人不能恰当地将任何表示痛苦或激情——比如愤怒、悔恨或遗憾——的东西归于上帝（我说"恰当地"，是因为当这些东西在圣经中被归于上帝时，它是通过以人类感情[*anthropopathos*]来表示后果而非情绪来这样做的）。同样的情况是，也不能将任何表示对善（good）——比如愿望、希望、渴望、性爱——的缺乏或匮乏的东西归于上帝。它们意味着缺乏，所以也就意味着不完美，因为愿望、希望及渴望只能被理解为努力去谋求一个人缺乏或未拥有的东西。

类似的情况还表现在才智、意志、知识及诸如视觉或听觉这样的感官活动（activities of senses）上，当这些方面被归结于上帝时，就必须以比它们在我们人类身上的存在远为神圣的方式来进行。因为，意志乃是理性的愿望，而愿望则意味着相对应对象（relevant object）的缺乏。同样，人们的才智与知觉（sensation）包含了对象在身体的器官和灵魂的力量上所留下的印记，这种印记乃是依赖性的并且因此是不完美的力量的一个标志。

最后，如果认为存在不止一个上帝，那将与神的完美性是相互矛盾的。因为，除了世界的美妙和谐要求一个单一的统治者之外，如果还存在一些力量大致相等并且不依赖上帝而存在的神的话，那么上帝就将是有限的。说有不止一个无限的东西存在，将意味着自相矛盾。

总而言之，就上帝的属性而言，与理性最为一致的做法就是：或者用否定性词语（negative terms），比如无限的、难以理解的、巨大而无法度量的、永无止境的等一些无边无际的词；或者用一些最高级的形容词，比如最好的、最伟大的、最有力量的、最明智的等；或者用一些不确定的词语，比如善、公平、创造者、王、主等。与其说

第四章 论人对上帝的责任，或论自然信仰

是想要清楚地说清上帝是什么，还不如说是为了寻找一些表明我们对他的赞美与顺服的表述；因为这乃是一种谦卑的心灵的表示，这种谦卑的心灵将所有可能的光荣都给了他。

6. 自然信仰的实践上的要求（practical propositions）部分关注的是对上帝的内在崇拜（internal worship），部分关注的是对上帝的外在崇拜（external worship）。

对上帝的内在崇拜就是尊重（honour）他。尊重乃是一种认为权力与善都被统一在某人身上的确信。由于他的权力与善，人们应该自然而然地将最高的尊敬献给上帝。

因此，人们应该将他当作所有善的创造者与赋予者来爱；应该将未来的全部幸福都寄希望于他；也应该顺从于他的意志——由于他的善，他做了所有最好的事情，并且给予了对我们而言最好的东西；应该在他面前恐惧战栗，因为他是最强大的，对他的任何冒犯都将招致最大的恶果；而且，也应该向作为至高至善者、创造者、主和统治者的他敬献最为谦卑的顺从。

7. 对上帝的外在崇拜具体存在于以下方面：

（1）因为人们所获得的所有好东西都来自于上帝，因此就要向他敬献感激。

（2）尽可能地通过人们的行为来体现上帝的意志，或者顺从于他。

（3）赞美并颂扬他的伟大。

（4）向他祈祷以趋利避害，因为祈祷乃是希望的标志，而希望乃是对他的善良与力量的承认。

（5）（当情况必要时）仅向神起誓，并且谨守誓言。这正是神的无所不能与力量所要求的。

（6）言谈中要敬神，因为这乃是恐惧的标志，而恐惧乃是对权力的承认。因此，我们就不应该轻率地、随意地提及上帝，因为这

两者都表明了缺乏尊重。一个人不能在不必要的时候立誓,因为这是徒劳无益的起誓。人们不应该卷入关于上帝的本质与统治的古怪的和无礼的争论之中,因为这纯粹是将上帝贬低到我们自己的微不足道的理性的程度的企图。

(7) 同样地,仅将在其同类中优异的与适合表示上帝的荣耀的东西归于上帝。

(8) 同样地,不仅应该私下礼拜(worship)上帝,还应该在人们的视野中公开地或者以公众的名义礼拜他。因为遮遮掩掩就意味着人们羞于为之。相反,公开的礼拜不仅证明了我们的忠诚,而且也能作为榜样激励他人。

(9) 最后,尽一切努力去遵守自然的律法。因为藐视上帝的权威,是对上帝的所有轻慢中最严重的;而顺从则是所有奉献中最能令人接受的。

8. 因为确定无疑的是,如果以准确的判断并根据人类当前的状况来理解的话,这种自然信仰的后果被限定在此生的范围之内了,对于赢得永恒的救赎而言,它毫无用处。因为人类理性自身对于这一点是非常无知的:存在于人类天赋与倾向之中的堕落,乃是人类的缺陷的结果,并且应受上帝的惩罚和招致永恒的死亡。也因此,对拯救者的需要,对上帝的努力与美德的需要,以及对上帝和人类族群立的约及因之而来东西的需要,都是人类理性所不能认知的,尽管在《圣经》中非常清楚的是,此乃永恒的救赎据以降临人类所采用的仅有的方式。

9. 进一步去更清楚地衡量出信仰在人类生活中的作用,从而确认它的确是人类社会最终的与最强大的纽带,将是值得的。

因为在自然自由中,如果消除了对神圣的恐惧,那么不管任何人,一旦他对自己的力量有信心,他就会将其意志强加于任何比他更脆弱的人,并且将善、羞耻与诚信当作空话,而且除了基于对自

第四章 论人对上帝的责任，或论自然信仰

己脆弱性的认识，他没有任何其他的动机去行善。

如果信仰被消除了的话，国家间的内在团结也将一直是难以保证的；对偶然的惩罚的恐惧很明显并不足以保证公民去尽其职责，不足以保证对其上位者的忠诚，不足以保证他们的忠诚的光荣，不足以保证他们对其统治权威保护其免于自然状态之灾祸的感恩之情。因为，没有了信仰，这句谚语就会成立："认清了死亡的人就会威武不能屈。"①因为，对那些连上帝都不惧怕的人而言，没有什么比死亡更可怕的了；那些有勇气蔑视死亡的人，能够采取任何他所乐意采取的手段去反抗政府。而且，仍然会有一些他想要去如此作为的理由。比如，他可能希望避免他所能够认识到的处于他人的统治之下所导致的不利，或者他也许旨在赢得他所亲见的为权势者所占有的利益，特别是在他能够很容易地自我说服，认为自己这样做正确的时候：或者是由于当前的统治者统治得很糟糕，或者他希望自己能够统治得更好。能够导致这种企图的机会很容易产生：如果国王未能尽足够的注意来保护自己的生命的话（在这种情况下，谁将"去保护保护者自身"？②），或者，如果存在一个大阴谋的话，或者如果在一场对外战争中，国王与敌人勾结狼狈为奸的话。还有另外一点就是，市民们也很容易对彼此施加伤害。由于法庭上的裁决都是基于行为与已被证明的事实所作出的，而那些在本质上具有牟利性的犯罪或不法行为却可能是在秘密状态下被犯下的或者找不到证人，所以就有可能成为一个人在洋洋得意自我吹嘘时证明自己聪明的资本。除非能够收获荣誉或者奖励，不会有人去做什么宽容与友好之事。而且，由于如果没有神的惩罚的话，没有人能够确定他人是否诚信，这样人们就会生活在焦虑之中，也即始终生活在一种担心会被他人欺骗或误导的恐惧与

---

① Cf. Seneca, *Hercules furens*, 426.
② 比较，Juvenal, *Satires*, 6.347.

怀疑的折磨之中。统治者与被统治者都将不会乐意去做光荣与伟大之事。因为，没有良知的限制的话，统治者将会视他们所有的责任——包括正义本身——为可以待价而沽的东西，并且将会在所有的事情中去追逐私利，压制他们的公民。由于一直生活在对叛乱的担心之中，他们将会意识到，他们唯一的希望就在于将其臣民变得越脆弱越好。而对于市民来说，由于一直担心来自统治者的压制，也将会枕戈待旦随时寻找揭竿而起的机会，并且也会在彼此的恐惧之中互不信任。哪怕是在最为微不足道的吵架中，丈夫也会担心他的妻子会使用毒药或者其他不为人知的东西去谋害自己，而妻子也会怀疑丈夫。同样的危险也会来自受他们赡养或抚养的人。因为，如果没有信仰，就不会有良知，因此就会很难侦测到这样一种类型的犯罪：它们很容易为焦灼不安的良知，也为能够说明问题的种种焦虑的迹象所暴露。从这一点可以看出，为了人类种群的利益而阻止无神论及其生成，意义将会如何重大，以及那些欣然将不虔诚当作赢得具有政治洞察敏锐性之声誉的人，他们的做法是何等的疯狗行为。

第五章　论对自我的责任

1. 自爱深藏于人类之中,它使得人们真切地关注自身,并且用尽各种方法去获取对自己有好处的东西。有鉴于此,好像发明关于自爱的义务不过是画蛇添足。因为人并不是孤零零地被生出来的,他之所以被造物主赋予卓尔不凡的天资,其目的乃是在于让他去颂扬造物主的荣耀并成为人类社会的一个适宜的成员。他因此就必须调整自身的行为,以免因缺乏应用而导致上帝所赋予的天资被浪费掉,并且尽其所能地贡献于社会。因此,打个比方,尽管一个人的无知是他自己的羞耻与损失,然而教师仍然可以正当地去鞭策那个不努力学习这些技能(学习这些技能是他的能力所允许的)的学生。

2. 进而言之,人是由灵魂(*anima*)和身体两部分构成的。灵魂具有统治者的功能,而身体则具有仆役和工具的功能,因此我们就将心灵(*animus*)运用于统治,而将身体运用于协作和服务。我们应该同时关注两者,但尤其应该关注前者。特别是,心灵必须被构造得能够轻松地接受社会生活,它必须沉浸在对责任和善的体验与挚爱之中。每个人还都必须根据其能力与财力去接受一定的教育,从而使得没有人会是这个地球无用的负担,不会给自己带来问题,给他人带来麻烦。在适当的时候,他还应该基于自身的爱好、他心智上与生理上的能力、出身情况、财富、父母的希望、统治者的命令、机会或必要性去选择一种诚实的生活方式。

3. 由于心灵要依靠身体的支持,我们就必须用适当的食物与锻炼来增强与维持身体的力量。我们不能因饮食上的放纵,或者因不合理和不必要的劳累或者其他方式来削弱身体的力量。基于同样的理由,我们就必须避免暴饮暴食、酗酒滥饮或者色欲放纵等。另外,由于强大的或者混乱的情绪不仅会驱使一个人去扰乱社会,而且也会有损于作为个体的自身,因此就必须尽可能地去努力控制情绪。同时,如果充满勇气地去面对许多危险的话,这些危险就会被击退,因此人们不应该怯懦,而应该使心灵强大起来以抵御对危险的恐惧。

4. 没有人能赋予自己以生命,它必须被视为是上帝的礼物。因此非常清楚的是,一个人不能对自身的生命拥有如此强大的权力以至于能够随意终止它。他绝对应该一直等待着,直到那将他派遣到这个位置上的上帝命令他离开人世。

然而,如果一个人为了使其才智更易为他人广泛地接受而选择那可能会缩短他生命的方式,他也许是相当正确的。因为他能够、也应该运用自身以去满足他人的需要,并且某些特定种类或者特定强度的劳动也许会耗尽他的力量,从而会加速他的衰老与死亡——而如果他能够过一种更为优雅惬意的生活的话,也许可以延迟衰老或者活得更久。

同样,由于一个公民必定会经常冒着生命危险去挽救他人的生命,那么他也许会被其正当的统治者命令(以最为严厉的惩罚作为威胁)在危险面前不许溃逃。如果没有更为强烈的相反观点,而且有理由期待他的行为将会为他人带来安全并且值得花费如此巨

第五章 论对自我的责任

大的代价去拯救他们的话,他将会自愿地去冒这样的风险。因为,在没有很好的理由的情况下,一个人为另外一个人去死或者一个非常出色的人为没有价值的人而死将会是愚蠢的。然而,一般来说,并不存在一个要求人们将他人的生命看得重于自己的自然诫律。而且,在所有其他方面都是平等的话,每个人都会先照顾自己。

尽管如此,任何一个自行终止或者浪费自己生命的人,不管他是为人生所常见的困难所驱使,是为痛苦所折磨(这些痛苦本不应该使他们成为人类社会所蔑视的对象),是因为对疼痛的恐惧(如果他能够以勇气来忍受这些疼痛的话,其他人也许会以之为榜样并从中获益),还是处于信念俱空的状态之中,毫无疑问都必定被视为是对自然法的违反。

5. 但是,尽管自我保存是由最微妙的本能和理性所支持的,但它好像也常与社会性的诫律相冲突。举例言之,当我们的安全受到另外一个人的威胁,以至于除非通过对他的伤害来阻止他,否则我们将无法避免死亡或者严重的伤害时,这种冲突就会发生。因此,在保护自己以免于他人的伤害时,我们就必须讨论怎样才是适当的。

于是,自卫就可能会发生在对威胁我们的一方并不造成伤害的时候(当我们确信对我们的攻击对攻击者而言是一种冒险或者对他自己也是危险时),也可能会发生在会导致对方的伤害甚至死亡时。毫无疑问,前者是正当的(legitimate),是没有错误的。

6. 然而,问题可能会在后一种情况下产生,因为不管攻击者的死还是我的死对于人类种群来说损失都是一样的,因为无论如何都会损失一个我有义务与他一起进行人类生活的伙伴,而且也由于,比之我的逃避或者宽容地让身体去面对攻击,暴力的自卫可能会导致更大的混乱。

然而，这些方面并不足以使得这样一种自卫成为不正当的。如果我以和平友好的方式来对待某人，他自己也必须表明他值得接受我所尽的这些责任。现在，社会性的法律是为了人民的安全，因此它就必须被解释为不会对个体们的安全造成伤害。职是之故，当另外一个人想置我于死地时，没有什么法律能要求我去牺牲我自己的安全，以至于使得他的蓄意伤害能够不受任何遏制地进行。如果任何人因此而被伤害甚至杀死的话，那么他只能怪自己因行不义而自毙，是他的邪恶迫使我必须伤害或者杀掉他的。因为，如果相反，对任何人对我们的非正义的攻击都不做抵抗的话，那么，所有上天赋予和辛勤劳作所给我们带来的好处都会统统付之东流。而且，正如人类社会所已经揭示出来的，如果人们真的永远不会碰到暴力抵抗的话，那么再好的人也会很容易变坏。因此，如果彻底杜绝暴力自卫，那么人类种群的末日也就到了。

7. 然而，当面临伤害的威胁时，人们也不应该总是采取极端手段。首先应该采取一些更为谨慎的弥补措施：比如，对攻击者设置障碍，或者将自己隐藏在被保护得好的地方，或者警告攻击者停息他的愤怒。在可能的情况下，特别是在被攻击的目标很容易得到恢复或者得到补偿的情况下，如果伤害很轻微的话，保持冷静，对自己的权利做一点妥协而不是通过不合时宜地显示暴力将自身暴露在更大的危险之中，也是一个人具有审慎的品格的标志。然而，如果通过这种或者类似的方式不能保证我的安全的话，我将采取哪怕极端的方式来确保安全。

8. 如果要就一个人怎样才算是还在自卫的可允许的范围之内作出一个清楚的判断，人们首先就必须弄清楚他是否处于根本不从属于任何人的自然自由状态之中，或者他是否从属于一个政治政府（civil government）的统治之下。

在自然自由的状态中，当一个人作出对另外一个人施加伤害

第五章　论对自我的责任

的行为时,并且当此人对这种施加伤害的行为始终顽固不悔拒不放弃其邪恶的企图以与我和平相处时,我甚至可以采取将他杀死的方法来阻止其攻击。不仅在他企图剥夺我生命的时候我可以这样做,就连他试图打伤或者伤害,甚至是在并不伤害我身体的情况下窃我财物时,我也能够这样做。因为,我得不到这样的保障,保证他不会比这些更进一步地去对我进行更大的伤害。而且,一个宣称要成为我敌人的人,已经不具备任何能阻止我去采取任何方式反击他的权利。而且,如果一个人不能运用极端的方式去针对任何持续不断地对他进行轻微伤害的人的话,那么人类事实上就将可能是不适合社会生活的。因为,这种情况将会导致的后果是,温和的人总是处于最糟糕的牺牲品的境地。

不仅如此,在这种情况下,我不仅要反击直接的危险,并且在反击之后还要对攻击者穷追不舍,直到从他那里获得未来的保证。这就是保证规则(rule of guarantee):无论是谁,如果他在企图伤害我之后,发自内心地对他的行为表示悔恨、希望寻求原谅并且赔偿了损失的话,我将很乐意去接受他的保证并继续与他保持友好关系。因为发自内心的悔恨与寻求原谅,是翻然醒悟的非常可靠的标志。但是,如果是除非已经用尽了各种阴谋诡计,否则他将绝不悔改的话,那么相信他的三寸不烂之舌将会是难保平安的。人们必须解除这个人可能为祸的工具,或者对他施加某种限制以防未来他再变得难以对付。

9. 但是,对于那些从属于一个政治政府的人而言,只有在情况危急,时间和地点都不允许寻求治安官员的帮助以阻止侵害,从而生命及某种与生命一样脆弱的独一无二的东西都被置于一种非常紧急的危险之中时,使用暴力进行自卫才是正当的。而且,这种暴力自卫还仅限于反击危险,至于未来的复仇以及阻止攻击的保障,只能留给治安官员来进行处理。

10. 有时候，不管一种企图伤害我生命的行为是由于恶意为之还是错误的判断，我都可以进行自卫——比如，一个人在攻击我时是由于一时的神经错乱或者他将我当成了他所仇视的另一个人。因为，任何人都无权攻击我或者杀死我，这个理由就已经足够了；而且，就我而言，没有义务去毫无理由地听命于死亡。

11. 我们还必须注意的是，自卫能够正当地进行的时间范围。当双方都处于自然自由的状态中时，尽管他们可能会，也应该假定他人都会遵守自然法所为他们设定的责任，然而，由于人性的恶劣，人们绝不会感到足够的安全，以至于他们不会提前进行正当防卫，比如，竖起障碍物以阻止那些有敌对迹象的人的道路，征召人手和武装，组建联盟，密切关注他方的动向，等等。但是，这种发自人类内心的共通的恶性的怀疑，并不能证明我在自卫的外衣下先发制人地以暴力征服他人的行为是正当的，甚至，哪怕在我眼睁睁地看着他的力量在放纵无度地坐大的情况下（尤其是，他是因为命好，或者是由于正当的劳作，而在并无压制他人的情况下力量得到增长的），也是如此。

如果某人不是表现出了伤害我而是伤害第三方的能力和意愿，我也不能以自己的名义对他发起先发制人的攻击，除非我受到条约的限制，要求我必须在另一方无端遭到强权非正义的攻击时提供援助。如果情况表明，他很可能在征服他人之后贪得无厌，将下一个矛头对准我，那么我就可以为自己的利益而果断地采取措施，发起对他的攻击。

如果情况已经非常清楚地表明，他正在计划对我使用暴力，哪怕在他还未完全暴露其计划的时候，如果通过友好的警告的确已经无法劝导他改弦易辙，或者这样的警告将会有损于我自己的处境时，我立即采取暴力手段进行自卫，并且在他尚未准备充分的时候抓住机会先发制人，也是可以被证明为正当的。因此，挑衅者将

第五章　论对自我的责任

会被视为是这样的一方：他首先存心去伤害他人并且为此进行准备；而防御者的良好声誉将会落到这样一方身上：他通过迅速行动而比准备不充分的对手占了优势。因为，抢占防御者的名义，并不需要先遭到打击，或者仅仅是去躲避或者阻止针对他的打击。

12. 比较而言，在国家之内，自卫并不具备这样宽泛的范围。因为就在一个国家中而言，哪怕已经意识到旁边有别的公民正在准备对我使用暴力或者公开宣扬其肆无忌惮的威胁，也绝不允许对其进行先发制人的打击。相反，应该将他带到我们共同的统治者座前，并从统治者那里得到保障。只有当一个人已经正在遭受另外一个人的攻击，并且已经处于没有机会寻求治安官员或其邻居、伙伴帮助的困境时，他才能针对其袭击者以极端的手段使用暴力，而且不能用杀人来谋求对所遭受之伤害进行报复，除非不杀人就不能从迫在眉睫的危险中挽救自己的生命。

一个人在自卫中先发制人地杀死他人，在以下情况下才应该免责：当袭击者明显有取我性命的意图并且装备了具有足够杀伤力的武器，并且已经达到了要伤人或者造成实际伤害的范围之内，那么，在考虑了我所需要的安全距离之后，如果我打算先发制人而不是坐等袭击的话，我在自卫中先发制人地杀死他人就应该免责。而且，鉴于如此巨大的危险所给精神造成的混乱，那么适当的过激行为在人类的法庭上将不会给自卫者带来麻烦。

正当防卫的持续期间，应该是直到袭击者已经被驱开，或者他自行退出，不管是由于他在袭击中受到了悔恨的触动而放下屠刀还是因为袭击失败；这样，当前他就不能再对我造成任何伤害，而且我也有机会寻到一个安全的地方。因为，对他所造成伤害的报复或者对未来安全的保障，属于政治政府的有关部门与当局。

13. 尽管人们已经认为当危险能够被以温和的方式阻止时，仍然利用杀人来自卫并不能被证明为正当，但实际上由于迫在眉睫的危险所导致的精神混乱,人们也常常很难冷静认真地去考虑得那么细。因为,一个陷入危险之中手足无措的人,不会像一个处于清醒冷静状态的人那样去权衡到所有可能的逃脱方式。因此,尽管一个人自行离开安全之地去迎接挑战者是鲁莽的,然而,如果我的袭击者是在一个开放的场合撞到我的话,我也没有义务去主动逃避,除非附近正好有一个供我逃难的场所,从而可以使我在那里求得一席安全之地;而且,即便在这种情况下,我也并非总是有义务退避三舍。因为即便在那种情形下,我也可能会面临无路可退而被迫背水一战的局面,并且在两种情形下都是会有危险的,而一个人一旦失手,恐怕就再无翻身之日。

进而言之,人们进行自卫的要求不能被禁止,哪怕在他待在家里本可以保住平安的时候,他却选择了公开活动去从事工作。然而,如果他因参加了决斗而使自己面临挑战,并且处于不将对手打翻在地就无法逃脱被杀的命运的话,那么他就不能享有这同样的对自卫的要求。因为,鉴于法律禁止一个人将自己置于那种危险之中,那么它就不是一个可以杀人的借口。

14. 人也可以像保护自己的生命一样来保护其肢体,因此,他可以杀掉一个暴力袭击者而被视为无罪,实际上袭击者也许只不过是打算严重伤残他的肢体或者重伤他而已。因为非常自然的是,我们总是对肢体伤残与严重的伤害感到恐惧;何况,肢体伤残,特别是某个主要肢体的伤残,其严重程度也被认为不亚于生命的丧失。事实上,也很难预见肢体的伤残或重伤会不会导致死亡;因此,对这种痛苦的忍受已经超越了人类毅力的限度,而且法律也不要求人们去作出这样的忍让,特别是为了一个邪恶的人而作出忍让。

15. 人们为了保护生命可以做什么,往往也被认为可以为了保护贞操而去做什么。对于一个良家女子来说,没有什么比违背她

第五章　论对自我的责任

的意志夺走其贞洁,并且将她推到要为其敌人抚养孩子(尽管这个孩子身上流的是她自己的血)的境地之中更大的羞辱了。

16. 在自然自由状态中,如果人们的财产受到损害并且该财产非常富有价值的话,那么对财产的捍卫可以达到将侵害者置于死地的程度。因为,没有财产我们就无以维系自己的生命,而且,对财产的不正当侵袭所显露的是与袭击我们的生命同样的敌视意图。

而另一方面,在有政府的国家之中,通常这是不允许发生的行为,因为在治安官员的帮助下,被盗的财产还是会归还给我们的,除非盗窃者未能归案。从这点来看,杀死夜晚入室盗窃者和抢劫者则是合法的。

17. 人们在没有作出任何挑衅言行而受到无端攻击的情况下,总是会奋起自卫。而一个对他人造成了重大伤害的人,不能够再进行防卫或者因防卫而对他人造成进一步的伤害,除非如下特定的条件被满足:他必须已经幡然悔悟,对自己所导致的损害作出了赔偿,而且保证以后不会再犯;同时,受害的一方必须已经硬起心肠拒绝了他的赔偿并且坚持以牙还牙。

18. 最后,自保是如此重要,以至于在许多情况下,如果别无他途,为了自保一个人可以被免除普通法律上的义务。因此,可以说,"为紧急情势所迫,可以暂不守法"(Necessity knows no law)。

正因为人们将自我维护看得如此之重,人们就不能轻易去想当然地认为可以无视一个人的安危而强加给他任何义务。的确,当情形十分严重时,无论是上帝还是政府当局都可能会强加给我们如此严峻的义务,以至于我们必须面对死亡而不能敷衍塞责。但是,法律义务不能被认为总是会如此严峻。因为,那些制定了法律或者推行了习惯法的人肯定都是希望以此方式来促进人们的安全与便利的;故而,他们通常被认为能够洞悉人性,并且知道人类不仅不会自取毁灭，而且还会竭力避免这种毁灭。因此，法律，特别是实在法及所有的人类习惯法，都被认为已经为紧急情势规定了例外，以及不会强加给人们这样的义务：对此义务的履行将会导致人性的悲惨毁灭或者超过了人性通常所能承受的限度——除非法律有明确的要求或者行为的性质如此要求。所以，紧急情势并不会导致法律被直接违反，也不会导致纵容罪错，而毋宁是说，基于立法者的仁爱目的以及对人性的考虑，紧急情势并未被包括在法律的正常范围之内。我们略举一两个例子，即可清楚地表明这一点。

19. 通常，一个人没有自残或者毁坏等随意处置其自身肢体的权利；但是，对于其他被致命的疾病感染了的肢体，他应该通过外科手术切除它以保全其他尚且健康的肢体不被感染，或者使得无用的赘生物不会妨碍对肢体的正常运用。

20. 设若在一场海难中，太多的人都涌到一个救生艇中以至于超过了救生艇的载重量，并且他们中没有人有什么特别的权利去拥有这个救生艇；那么，在这种情况下人们就只能靠抽签决定谁该被扔出救生艇外了。在抽签中，任何拒绝这样碰运气的人都将毫无疑问会被扔出而无须顾及抽签的情况，因为他想要所有人死。

21. 假定有两个人都处于一种双方都即将丧命的直接危险之中，为了自救，一个人被允许可以采取任何行为去加速另一个人的死亡（因为另一个人无论如何都会死的）。举例言之，设若我和另一个人都坠入了深水之中，我会游泳，他不会游泳，他死命抓住我，而我没有能力凭借自己的力量将他救出，此时我就可以用力将他推开，免得与他一起溺死（哪怕我只举起他一会儿，就有可能与他一起被溺死）。

同样的海难情形中，假定我抓住了一块木板而这块木板只能承载一个人，如果此时有人想要游过来与我一起分享这块木板，并且因此有可能导致两人一起被淹死的话,我将会使用任何能够采用的力量以使得他无法使用我的木板。

类似的情形还有,两个正在被追捕的人都面临敌人迫在眉睫的死亡威胁,如果两个人注定不能都得救的话,那么一个人就可以将另外一个人留在危险之中:他可以通过关住大门,也可以通过破坏桥梁来这样做。

22. 在紧急情势下,间接地将另外一个人置于死亡或严重伤害之威胁的境地之中可以是正当的,只要我们的意图并不是伤害他,只是为了保证自己的安全而采取了可能会对他造成伤害的行为而已;以及,只要在可能的情况下,我们宁愿采取其他的方法来解决我们所面临的危急情况,并且我们已经尽可能地将实际损害缩减到最小了。举例言之,假如现在被一个比我强壮的人追逐,很明显他想要杀我,我逃跑的必经之路非常狭窄,而碰巧有个人和我迎面而来,如果在接到警告之后他还不给我让路,或者时间和空间非常紧迫使得他无法及时让路,那么我就只能撞倒他并且踏过他的身体逃走,尽管他非常有可能因此而被重伤(也可能会有一个例外,那就是我对他负有某种特殊的义务,以至于我应该自愿地为他而遭受威胁)。然而,如果挡住我逃跑之路的人尽管受到警告仍然不让出道路的话,比如,他是一个婴儿或者瘫痪的残疾人,那么对于被追逐的人而言,他至少有某种借口可以从此人身上跳过,以免因耽误时间而使得自己的身体暴露在敌人的攻击之下。另一方面,如果有人故意不友好地挡在我逃跑的路上并且拒绝让出道路,那么就可以直接将他击倒在地。而且,如果有人因为这些意外而受到了损害,那么他们应该将之当作宿命一般的倒霉而承受下来。 55

23. 对于那些非因自己的原因而处于极度缺衣少食状态之中的人而言,如果通过乞讨、购买或者提供服务等方式无法说服那些财富丰足之人自愿地向他提供这些东西以抵御饥饿与寒冷,那么他就可以通过暴力或者盗窃方式获取这些东西而不会犯下盗窃或抢劫罪。特别地,如果他有意在有机会时作出赔偿的话,那么他就更不会构成盗窃或抢劫罪了。因为,对于那种处于紧急情势之中的人来说,富人负有帮助他们的人道责任。尽管在平常情况下基于人道人们应得的东西绝对不应该被暴力剥夺,但仍然会存在一些极端的紧急情势,从而使得一个人可以有权利去获得这些东西;这种权利并不亚于基于他人的某种十分恰当的义务而使得他拥有的应得的权利。然而,紧急情势是这样一些情况:一个十分匮乏的人已经首先用尽了一切办法来使得原物主同意满足他的需求;原物主不会立即陷于或者可能会很快陷于同样绝望的困境之中;并且,应该作出归还或补偿,特别是当他人的财富不足以支持无偿地对他进行帮助(就像送他礼物那样)的时候。

24. 最后,一种影响到我们自己财产的紧急状态也可能会使得一个人能够去毁坏另外一个人的财产。这是如下的一些情形:危及我们财产的威胁并非由于我们自己的过错;这种威胁不能通过一种更便利的方式来予以消除;我们即将损毁的他人的财产不会比我们所欲保护的自己的财产更有价值;如果这些财产本来不会被损毁的话,我们应该赔偿这些财产的价值,或者如果不是为了挽救我们的财产他的财产就不会被损毁或受到损失的话,我们也应该赔偿他的部分损失。这就是海商法所遵循的平等原则。因此,如果火灾爆发并危及我的房屋的话,我可以推倒邻居的房屋,前提是,那些因此而挽救了自己房屋的人,应该按比例对邻居的损失进行赔偿。

第六章　论每个人对每个人的责任，首先是不损害他人

1. 现在，我们转而讨论一个人必须对他人所履行的责任。有些责任产生于共同的义务（造物主据之希望人成为人），其他的源自某些已被引入或接受的特定道德，或者源自某种具体的人为性状态（adventitious state）。前者表现为每个人对每个人的责任，而后者则仅在基于某种特定的境况或国家的情况下针对某些特定人的责任。因此，你可以将前者称为绝对的责任，称后者为有条件的（hypothetical）责任。

2. 在绝对的责任中，首要的是不伤害他人。迄今为止，这是所有责任中最为广泛的，能涉及所有作为人的人，也是最为容易履行的责任，因为它仅仅是不作为的责任（有些因与理性相冲突而某些时候应被限制的激情除外）。由于没有它，人类生活将完全是不可能的，它也是最为根本性的责任。因为，我能够与一个不主动为我提供协助的人和平相处，只要他不对我造成伤害。而事实上，这也是我们对整个人类的期望。仅只能在一个相当小的圈子里，我们才能在彼此之间给予财物。相反，我绝不可能与一个伤害我的人

和平共处。因为自然已经为每个人内在地赋予了此种自爱及爱其所拥有之物的倾向,一个人必须以一切方式来抵御一个对双方都会造成伤害的人。

3. 不伤害他人的责任不仅对我们从自然中获得的东西(比如生命、身体、肢体、贞洁、自由)提供保护,而且也能对我们基于某种特定的制度与人类传统所获得的东西提供保护。因此,这个诫律不允许任何合法正当地属于我们的东西被剥夺、糟蹋、损坏或者消灭,以至于使其在整体上或部分上不能再为我所用。根据这个诫律,所有的犯罪都是应予以禁止的,因为诸如杀人、伤人、殴打、抢劫、盗窃、欺诈及其他形式的暴力等犯罪会对他人造成伤害,不管这种伤害是直接的还是间接的,本人造成的还是通过代理人造成的。

4. 基于这个责任,我们就可以得出这样的结论:对给他人所造成的伤害或者以任何方式所造成的损失应该承担责任的人,应该予以赔偿或补偿。否则,一旦某个人事实上已经被伤害了的话,那么人们不应该受到伤害的诫律就将成为空言,被伤害者将独自承担损失而得不到任何赔偿,而同时,犯下过错的人却能够安然享受其犯罪成果而无须作出任何赔偿。我们再强调一遍,在不存在作出赔偿的必要性的情况下,具有邪恶性的人们将会肆无忌惮地彼此伤害,而遭受了损失的人在没有获得赔偿的情况下也将不会乐意与他人和平相处。

5. 尽管损失的概念通常指的是财产损害,我们在这里则是从更为宽泛的意义上使用它以表示所有伤害:糟蹋、缩减或者剥夺我们所拥有的;或者侵害我们完全有权利正当拥有的东西,不管这些东西是自然赋予的礼物还是在自然赋予之后再根据人类行为或法律所分配给我们的东西;或者最后一种情况,怠慢或者拒绝另外一方有义务对我们作出的某种给付,而这种给付是我们完全有正当

第六章 论每个人对每个人的责任，首先是不损害他人

权利去主张的。如果被侵害的东西只有根据不完全的义务才是应得的话，那么我们就不认为它是需要赔偿的损失。因为，如果我们没有从另一方收到所期望的东西并且另一方只不过是自愿的施惠而已，那么我们就不能将之当作是损失并要求赔偿；而且，在未实际接受之前，我也不能将之当作是自己的财产。

6. 损失这个术语不仅适用于对我们财产的伤害、毁损或盗窃，也适用于从这些财产中产生的孳息（fruits），不管这些孳息是已经被收获了的还是仅仅是被期待的（只要物主打算去收获之）。当然，在这种情况下，收获孳息的必要支出应该被扣除。根据孳息在其成长期中距离成熟的时间远近，其价值可能会更高或更低。

最后，因伤害行为而自然会导致的附随的损失，也被视为同一个整体损失的一部分。

7. 一个人可以使得另一个人遭受损失。而且，他既可以自己直接导致这种损失，也可以通过其他方式来导致损失。

如果一个人遭受了直接的损失，那么另外一个人就可能部分地对之承担责任；不管他是作出了积极的行为，还是他未能做到所应该做的，都不妨碍对他人的损失承担相应责任。

有时候，多人在同一个案件中密谋，其中一个人可能被认为是主犯，其他人则是从犯；而有时候则所有人都处于同等地位。

在这种情况中，人们必须知道，如果有人真的导致了损失并且对损失的全部或部分起到了明显作用，那么他们就被认为有责任作出赔偿。如果一个人在导致损失发生的行为中没有真正起到作用，也没有促成这种行为的完成，并且事后也未从中渔利，那么（哪怕他在该行为进行的过程中犯下了某种过错）他就被认为没有责任作出赔偿。比如，那些对他人的灾难幸灾乐祸的人，那些在损失发生之后表示赞同或谅解的人，那些在损失发生之前便表示希望它发生的人以及那些在损失发生时推波助澜并热情称赞的人，都

是这样的例子。

8. 当一些人在一场导致损失的事件中进行了共谋时,首要责任应该由这样一方来承担:他通过命令或者以包括强制在内的其他方式使得他人进行了这一导致损失的行为。而就罪行来说,如果切实的施行者是在不得不执行其任务的情况下作出的,那么施行者也只能是帮凶的角色。

对任何人来说,如果他是在没有受到任何强迫的情况下参与了罪行的,或者任何亲自犯下罪行的人,都被认为要承担首要责任;而对罪行提供了帮助的其他人,承担的则是次要责任。

如果几个人共谋犯下了某种罪行,则每个人都对所有人的行为承担责任,而所有人也为每个人的行为承担责任;因此,一旦被缉捕归案,则每个人必须按照适当的比例对损失作出赔偿。如果只有一个人被抓获而所有其他人得以逃脱,那么这个人必须就所有人的损害作出赔偿。如果被缉捕归案的人中,有人无力支付赔偿,那么他们中的富裕者有责任对全部数额作出赔偿。但是,如果几个卷入同一罪行的人之间并无共谋,并且能够清晰地判断每个人对损失起到了多大作用时,那么每个人只需为因其行为所导致的那部分损失承担赔偿责任。而且,一旦有人赔偿了全部损失,那么其他人就不再对损失的赔偿承担责任。

9. 不仅有意的恶行所导致的损失会产生赔偿损失的义务,而且因疏忽或本可以避免的过错所导致的损失也可以产生赔偿义务,虽然此时损害者并没有造成损失的直接意图。因为在社会生活中,行为时多留心,不要使自己的行为对他人具有危险性或者使他们觉得不可容忍是非常重要的。生活中,常常会存在一种特定的义务,它迫使一个人根据非常严格的标准去注意不要对他人造成损害,哪怕是最为轻微的过错也足以被要求赔偿。然而,如果事物本身的性质使得很难根据严格的标准去留意不造成损害的话,

第六章 论每个人对每个人的责任，首先是不损害他人

或在与其说过错归于造成损失者还不如说是归于受害者时，或者因极度的混乱或复杂的情形也使得无法按照很高的标准去留意不要造成损害时（比如，在白热化的战斗中挥舞兵器的战士无意中打伤了他身边的战友），可能就不需要赔偿。

10. 一个人如果是因为意外或者本身并无过错的情况下造成了损害，就不必作出赔偿或补偿。因为他没有作出什么需要负责的事情，没有理由由他而非受害者来承担厄运的损失。

11. 如果损失是由我的奴隶造成的，并且我本身没有过错的话，我要么就要作出赔偿，要么将奴隶交给受害者一方处置。这是符合自然公正的。因为，在任何情况下，一个奴隶都应该对他所造成的任何损失承担责任。然而，一个奴隶身无长物，不可能作出赔偿；而且，他的身体也不是属于自己而属于其主人。因此，对于奴隶的主人来说，比较公平的做法就是，要么进行赔偿，要么交出奴隶。如果因为自己身无长物（甚至连自己都不是自己的）就无需作出赔偿，也不需要由其主人作出赔偿的话，那一个奴隶岂不是可以为所欲为地去造成损失？不管他的主人通过殴打还是监禁来惩罚他的惹祸行为，都不可能让受害者感到满意。

12. 顺理成章地，对于我所饲养的动物而言，情况也是一样的。在我本身没有过错的情况下它们导致了其他人的损失时，如果它们的行为是自发的并且违反了其种群的本性，那么主人就应该赔偿损失或者将动物交出去。因为，如果我被处于无主的自由状态下的动物伤害的话，当然可以抓住或者杀死这个动物来补偿我的损失；而且，这个权利好像不能仅仅因为动物是属于某个人的就被剥夺了。而且，由于主人从动物身上得到了好处，并且损失赔偿优先于获得好处，因此，可以正当地要求主人赔偿损失，或者交出动物（当他觉得赔偿损失还不如交出动物划算时）。

13. 概括言之，如果一个人在没有故意的恶意的情况下造成了

60　他人的损失,他就有义务作出赔偿并证明他是没有恶意的,这样受害者才不会他将视作敌人并进行报复。然而,如果一个人是恶意地伤害了他人的话,他就不仅有主动作出赔偿的义务,而且还有义务表示对这种行为的悔恨以寻求原谅。任何拒绝赔偿与拒绝他人的悔悟,并且在任何情况下都坚持为自己复仇的人,都不过是仅仅使自己的心灵更加苦涩,以及无缘无故地破坏人们之间的和平而已。职是之故,报复也是为自然法所谴责的,因为它唯一的目的不过是给那些伤害了我们的人制造麻烦,并且用他们的痛苦来安慰我们自己的心灵而已。人们越是经常地违反至高无上的神法并且使自己每天都需要原谅,那么他们之间相互原谅彼此的冒犯就越是应该的。

第七章 论承认人的自然平等

1. 人是这样的一种动物,他不仅非常在意自我保存,同时对其自身的价值也具有一种本能的和微妙的感觉。对这一点的贬损所导致的不安绝不亚于对身体或者财物的损害。正是在人这个名义中,有某种被感受到的尊严存在,因此,对傲慢无礼或者他人羞辱最为有力的反驳就是,"请注意,我不是一条狗,而是和你一样的一个人"。因此,人性平等地属于所有的人,没有任何人会结交这样的一个人或者具有同样性质的伙伴:他不承认人家与他一样具有人的价值。故而,每个人对每个人的第二个责任就是:每个人都承认他人与自己一样具有价值,并且视之天然与自己是平等的,或者一视同仁地将他当作一个平等的人。

2. 人们之间的平等不仅在于成年人之间在体力上的大致平等,以至于一个气力相对比较弱的人也能够出其不意或者利用欺骗或对武器的熟练运用而杀掉一个相对强壮的人;这种平等还在于人们在与他人交往时必须实践自然法的诫律,并且他希望受到同样的对待,哪怕他在精神和肉体上被自然赋予了更好的禀赋。他的优势并没有许可他伤害他人。另一方面,无论是自然条件的稀缺还是运气不佳,都不能使得一个人比他人更少享受到普通法所带来的好处。但是,一个人可以从他人那里要求或期待什么,那么他人也可以从他那里要求或期待同样的东西;而且,一个人为他人所订立的任何法律(jus),也都特别适合他自己去遵守。因为,培养与他人一起进行社会生活的义务对每个人都是平等的,在关系到他人时,不能允许一个人比任何其他人更多地违反自然法。对这种平等而言,从来不乏俗语去说明:举例言之,我们都来自同一个祖先;我们都同样的生老病死;上帝没有保证任何一个人会好运永久。类似的,基督教的教义是,上帝的宠爱不是基于高贵的出身、巨大的权势,而是发自内心的虔诚,而这种虔诚不会讲究是生于朱门大院还是贫穷寒舍。

3. 从这种平等性还可以得出,任何人如果希望利用他人的协助来实现自己的利益,都必须时刻准备着回报,使得自己对于他人也是有用的。因为,任何要求别人协助自己但又不希望他们对自己有所要求的人,很显然是没有平等看待他人的。

职是之故,那些允许自己做什么也爽快地允许所有他人做什么的人,是最适合于社会的。相反,那些自认为比他人更优越的人,那些仅仅要求自己拥有全部的许可,以及在他们没有超越他人的特权时,要求超越他人的荣誉或者对世界的财富要求特别的份额的人,整体上是不适合社会生活的。因此,在自然法普通的责任之中还有这么一条:除非获得了某种这样去做的特权,一个人允许自己要求的不能比他允许别人要求的多;他应该允许他人和自己享有同等的权利。

4. 同样的平等也指明了,当某种权利需要在他人之间分配时,一个人应该如何去分。也即是,应该对他们一视同仁,不能允许任何一方有超过其他人的好处。因为,若非如此,被忽视的一方就会感觉自己受到了不公平的对待与侮辱,而他为自然所赋予的尊严

第七章 论承认人的自然平等

就会受损。

故而,共同财产应该在平等的人之间按照平等的份额进行分配。当某个事物不能进行分割时,如果够用,那些对它具有同等权利的人应该尽可能按照每个人的需求共同使用。如果不够用,他们应该按照规定的方式来使用它,并且按照人数按比例分配使用。人们不能再设计出其他遵守平等的方式。但是,如果物体是不可分割的或者也不能共有的话,他们可以轮流使用;或者,如果这种方法不灵,或者对他人会造成不公平时,可以通过抽签将此物分配给其中的某一个人。因为,在这些情况下,没有比碰运气更好的解决办法了;因为它避免了被轻视的感觉,而且为失败者保留了完整的尊严。

5. 骄傲会使得人们违反这个责任。一个骄傲的人将会毫无理由或者在没有很好理由的情况下偏向于自己而非其他人,轻视他们,不将他们当作与自己平等的人。我们说"毫无理由",是因为如果一个人是正当地赢得某种将自己置于他人之上的权利的话,即便没有他人的鄙视与轻蔑(这是没有意义的),他使用与保护自己的这一权利也是可以被证明为正当的。因此,从相反的角度来看,一个人将他人应当拥有的优先权或者荣誉授予他人就可以被证明为是正当的。一般而言,某种诚实的谦恭常常是真正良好教养的伴生物。它存在于我们对自己本性的弱点、对我们已经犯下的错误或者将来可能犯下的错误的反思中;这些错误不会比他人所可能犯的更少或者更小。结果就是,鉴于他人与我们一样运用其自由意志,并且与我们同等拥有这种能力,我们就不会将自己置于任何人之上。对自由意志的行使被一个人宣称为是他自己的事情,也是他据以认为自己有价值或者轻视自己的唯一依据。毫无根据地高估自己的价值是一个非常荒谬的错误,这既由于无端的高看自己本身就是愚蠢的,也由于如果你认为他人会毫无理由地高看你的话,那么只能是你将他们看做傻子了。

6. 通过做事、言语、表情、嘲笑或者做轻蔑的手势来表示对他人的蔑视,也都是更大的错误。这种冒犯被认为是更糟糕的,因为它能够强烈地激起他人心中暴烈的愤怒与报复的欲望。事实上,有许多人宁愿将自己的生命暴露于短暂的危险之中——更不用说去破坏公共和平了——也不会放过侮辱而不去报复。原因就在于,名誉与声望会被侮辱所玷污,保持其名誉与声望不被破坏与玷污在人们内心里是非常紧要的。

第八章　论人类的普遍责任

1. 每个人对每个人所承担的第三个责任,它的履行是为了维护共同的社会性:在方便的情况下,每个人都应该做到对他人是有用的。因为,自然已经在人们之间建立了某种亲缘关系。不去伤害或者侮辱别人并不足够。我们还必须给予,或者至少与他人分享那些能够促进人们之间友好亲善的东西。

我们可以不确定的方式,也可以明确的方式来对他人有益,而且,在对他人有帮助时,可能会使我们付出一点代价,也可能不会付出任何代价。

2. 当一个人完善其精神和肉体以使其成为利他行为的源泉时,或者他以其智慧的洞察力作出了有利于人类生活之提升的发明时,那么他就是一个对他人有用的人。相反,那些不去学习正当的技能,而只是荒废光阴,将心灵不过看做是防止自身衰败的盐,①只不过是一些"生来就是为了消费地球上的果实的"人,②就被认为

---

① *Cf.* Cicero, *De natura dcorum*, 2.160.
② Horace, *Epistles*, 1.2.27.

是违反了这一责任。因此,那些满足于祖上财富的人,以及认为他人的劳动产出已经足以供养他们的生活因而自己游手好闲也无可厚非的人,也是违反了这一责任的。同样,"那些将挣到的财富全部囤积起来而不留一部分给其亲属的人",也是违反③了这一责任的。类似的,那些像猪一样,除了死掉,否则不能给任何人带来快乐的人,以及其他诸如此类的人,都是地球上无用的累赘。

3. 对于那些以为人类奉献为天职的人,其他人有责任不去怨恨和嫉妒他们,有责任不给他们伟大的事业增添障碍。因此,即便人们对这些人无以为报,也至少应该赞美他们的奋斗历程、传扬他们的崇高声誉。这是对他们辛苦付出的主要回报。

4. 在不会使自己付出什么损失、劳动或者不会给自己带来麻烦的情况下,我们应该尽自己所能地提供一些对他人有好处的东西并且使之能够自由使用,否则就被认为是一种恶意的与不人道的、特别令人讨厌的行为。一般而言,我们所提供的这些东西应该被认为是有益无害的,也即,那些能够有助于领受者且对施予者并不构成负担的东西。因此,我不能拒绝免费放水,我应该任由他人从我的火堆中借火,为那些苦苦思索的人提供中肯的建议,善意地为迷路之人指点迷津。同样地,如果一个人因为已经拥有太多某物或者维持这些东西太麻烦而不再想保有某物,那么,他为什么不是将这些东西完好无缺地留给他人以对其有所帮助,而是任其损坏呢?再说,如果我们自己吃饱了就去糟蹋食物,自己喝够了水之后就去阻挡或者遮盖泉水,或者在走过之后就破坏导航或者路标,那将是不正当的。如果富人在给予有需要的人时非常吝啬,没有很好的理由就不给旅人一秉善意地指路,特别是当他们被卷入了某种意外的灾难或者诸如此类的情境之中时,那么这些做法都是

---

③ Vergil, *Aenid*, 6.610f.

第八章 论人类的普遍责任

不正当的。

5. 如果特别仁慈地给予别人，并且这种给予需要自己付出某种成本或者劳动，而且这种给予真的满足了别人的需要或者对他特别有用，那么这就在更高程度上体现了人道。在典型的意义上说，这些帮助或服务都被认为是有益的好处；而如果提供这些帮助与服务是在判断正确并且宽宏大量的正当支配下所作出的话，那么就真的是最适合赢得良好声誉的雪中送炭。

这些好处及其分配情况，取决于给予者与领受者的具体状况。这里需要注意的是，对于那些我们认为正在帮助的人或者其他人，我们的慷慨不能对他们造成了切实的损害；我们的好意也不能超过了自己能力的范围。因此，我们应该关注每个人的尊严，首先应该给予那些值得的人以帮助；我们应该在需要帮助的情况下才给予帮助，并且对个人关系的亲疏远近也要有正确的考虑。我们还必须留意到每个人最需要的是什么，以及在没有我们的帮助下，他能够获得什么，不能够获得什么。如果我们在给予时能够果断爽快、迅速及时并且有善意表达的话，那么这种给予就会事半功倍。

6. 相应地，一个得到了帮助的人，应该是心怀感激的；借此，他是在表明自己如何地对帮助表示感激，也因此，他就会对给予者友好亲善，并且尽其所能地寻求机会对给予者作出同等或者更大的回报。因为，对我们来说，完全按照我们所被给予的价值进行回报并不必要；常常，知恩图报的心意与努力，就已经有助于履行义务了。一般认为，一个人若声称自己做了好事，要以没有什么能够否定他这一主张的情况为前提。因为，如果一个人先把我推到水里，然后再从水里把我拉出来，那么我就根本不欠他什么。

7. 在一个人心中越是容易将所得到的好处归于施予者，那么领受者对帮助履行回报的义务就会越急切。至少，我们不能允许一个对我们有足够信心的人走得太过,以至于在给我们好处时反而恶化我们的处境;而且,除非我们有计划确保施予者不会后悔,否则也不应该接受什么好处。因为,如果我们有某种特别的理由不想去感激别人,我们应该委婉地拒绝他人的给予。而且毫无疑问的是,除非有必要对帮助给予回报,任何人莽撞地放弃他的财物,以及在他认为毫无回报可能的情况下给予好处,都将是不理性的。在这种情况下,人们之间所存有的所有善意与信心,以及与之相伴的仁慈都将不复存在;而且,将不会再有免费给予的帮助,也不会存在赢得尊敬的动力。

8. 尽管一颗不知道感恩的心本身并不是什么罪过,但不知感恩仍然被认为是卑鄙的,比不正义还要更为令人憎恶和嫌弃。因为它表明了一种彻头彻尾的低贱与人品卑劣,并且暴露了一个人可以被评价为不肖,而别人正是根据这点来判断他是否值得尊重。而且,这甚至被认为哪怕是能够感化禽兽的善举也不能感动他去拥有人道主义的情怀。

然而,在法庭上不会启动仅仅针对不知感恩的诉讼,也不会针对某个人在处境改善时仅仅因为忘了所得到的帮助或疏于回报而发生诉讼。在发生了一场诉讼的情况下(比如要求返还一笔金钱),恩惠的最大特征将会消失,并立即转化成了借贷。尽管回报帮助是非常值得尊敬的行为,但如果这种回报是强制性的话,那么它就不会再如此地令人尊敬了。最后,即便所有的法庭加在一起也很难充分执行此项法律,因为衡量什么情况下会提高、什么情况下会减小恩惠的价值存在巨大的困难。因为,我之所以愿意给予恩惠(也即是,为什么我在付出的时候不要求回报)的理由,恰恰就在于他人有机会表明他是出于知恩向善而回报帮助,而非是出于对惩罚或者强制的担心才回报帮助的。而就我本人而言,我之所以愿意作出那样的付出也不是因为对回报的希望,而只是将它视

第八章 论人类的普遍责任

为一种人道主义行为,因为我并没有想过去保证回报。而且,任何一个人,如果他不仅没有回报恩惠反而对施惠者恩将仇报的话,那么他将因为这个行为而受到惩罚;而惩罚的强烈程度,则取决于他忘恩负义的程度。

第九章　协议各方的责任概论

1. 协议(*pacta*)构成了在绝对(absolute)责任与有条件的(hypothetical)责任之间的某种桥梁。因为,除了上述所已经讨论过的责任之外,其他所有的责任都预设了协议的存在,不管是明示的协议还是默示的协议。所以,我们此处就要讨论协议的性质以及那些签署协议的人应该遵守什么。

2. 非常明显,人们必须要在彼此之间签订协议。因为,尽管人道的责任遍布于我们的生活之中,然而,仅仅从这个单一的来源,我们不可能得到每一种好处:人们可以为了相互的利益而正当地期待从彼此那里所接受的好处。首先,并非每个人都有完全出于人道主义的好心,以至于他乐意为他人提供任何有益的帮助而不寻求对等的回报。其次,就我们所可能从他人那里得到的好处而言,如果仅仅是要求他人给予我们这种好处的话,就难免会感到难为情。而且,情况也常常是,就我们的人格或地位而言,因为此种好意而欠他人人情也是不合适的;因此,正如他人不能给予一样,我们也不愿意接受,除非他能够从我们这里得到大致等同的东西作为回报。最后,时常发生的情况是,其他人根本就意识不到如何

第九章 协议各方的责任概论

帮助实现我们的目的。

因此,人们之间有必要签订协议,这样他们为彼此所履行的责任(并且这就是社会的好处)也许就可以更为频繁地被履行,并且能够在遵循人们所称的确定的规则(fixed rules)的情况下被履行。当仅仅根据人道主义的律则,一个人无法指望一定能够从其他人那里获得某种东西时,这种互惠的条款就更加必要了。因此必须事先确定好,一个人应该为他人做什么,以及他应该期望什么回报,他会以自己的名义要求什么。这就是通过承诺或者协议来完成的。

3. 自然法以此方式所设立的概括性责任就是,每个人都应该诚实守信,或者信守承诺、履行协议。因为,如果没有这一点,我们就将失去通过交换服务与事物所能获得的绝大部分好处。而且,如果没有信守承诺的必要性的话,人们就很难具有对他人会提供帮助的信心,也因此就不能以此来自由地制订计划。不仅如此,已经被证实了的冲突与战争的起因,大多是由于对信任的欺骗。因为当我已经履行了协议后,如果另一方背信弃义,我的财产或者努力就会付之东流。而且,哪怕是在我什么都还没有做,还说不上我的计划或者目标已经落空时,情况也是如此;因为,如果不是因为他的话,我本可以其他方式来安排事务的。何况,被愚弄的事实也伤害了我的尊严,因为我竟然认为他人是善良可信的。

4. 人们还必须注意,仅仅根据人道主义的责任什么是应得的,与根据协议或者可执行的承诺什么是应得的,两者之间是不同的。在以下方面尤其如此。对于前者而言,如果他忽略了对人道责任的自愿履行,我可以基于人道主义或者荣誉来要求他同意,而且这当然是正当的;但不能以自己的名义或者上级的名义强迫别人来履行这个责任,而只能抱怨他的不讲人道主义、粗俗与冷漠。然而,如果基于可执行的承诺或者协议而应当履行的责任没有被顺利地履行的话,那么我就可以诉诸于强制了。因此,就前者而言,我们被认为拥有的是不完全的权利(jus imperfectum);而就后者来说,我们拥有的则是完全合法有效的权利(jus perfectum)。相应地,就前者而言,我们并没有绝对的义务;但就后者来说,我们却有着绝对的义务。

5. 我们可以通过单独的或者"单边的(unilateral)"行为,或者互惠的或"双边(bilateral)的"行为来保证诚信。因为,有时候单个人自个儿就能约束其自身去做某事,而有时候则是两个或者更多的人要求他们自身去做某事。前一种行为被称为无偿的承诺,后者则是一个协议。

6. 承诺可以分为不可执行的(imperfect)的和可执行(perfect)的。就前者来说,当我们作出承诺时,是真的打算对承诺负责,但并不赋予对方当事人要求我去完成这个承诺的权利,或者说是并不打算被强迫着完成承诺。举例言之,我也许会这样表达我的承诺:"我已经下定决心,为了你我会去做这、做那,但我请求你能够相信我。"在这种情形中,我宁愿受到诚信法则(law of veracity)而非正义法则(law of justice)的约束,我履行责任的动机是因为那关系到我的忠诚坚定的品格以及尊严和荣誉,而不是为了他人的权利。权势人物或者有影响的人物就是这样,他们履行承诺不是用口头的荣誉感,而是出于内心的真诚才用心去推荐、调停、促成与表态(vote)的。这样的人根本不希望这些事情成为针对他的权利,而只是希望将之归结于他的人道主义精神与诚实守信。对他所履行责任的感激之情也许起到了更大的作用,而强制的作用则更小一些。

7. 然而,如果我不仅在事实上打算受其约束,而且授予对方一种权利使之可以仅凭权利就能要求我履行承诺,那么这就是一个可执行的承诺。

第九章　协议各方的责任概论

8. 如果承诺与协议强使我们付出我们之前并无义务付出的东西或做我们之前并无义务去做的事情，或者强使我们不得做我们之前有权去做的事情，那么我们毫无保留的同意就是最重要的了。因为，既然对任何承诺或协议的完成都必然会带来某些负担，那么，为什么我们还会无怨无悔地去做呢？自愿的同意显然是最为有力的理由，正是由于自愿的同意，我们才会去做某种我们之前会避开的事情。

9. 通常而言，同意可以用某种示意来表示：比如说口头语言、书面语言或者点头认可。但有时候无需这些示意，仅仅从交易行为或者其他情况的性质也能推导出同意来。举例言之，有时候，在特定情况下的沉默也具有表明同意的效力。默示协议也同属此类，也即，当我们的同意不是通过平常为人类交流所接受的那种示意方式表示出来，而是仅仅通过从交易行为或者其他情况的性质推导出来时，这些协议就是默示的。因此，同样的情况就是，一般来说一个主协议（principal agreement），通常就会附有一个默示的协议，而后者就正是从交易行为的性质所推论出来的。而且，非常平常的是，在一个协议中，总是有某些双方都理解的特定的例外与必要条件。

10. 为了给出一个清晰明确的同意，一个人最起码要能够运用理性来明白相关交易是否适合他，自己能否履行自己一方的责任，以及在认真思考之后能否通过足够充分适当的示意方式来表达这种同意。

顺理成章地，婴幼儿以及精神错乱和心智失常的人（神志清醒的间歇期除外）之间的承诺与协议，都是无效的。

对于那些醉酒者来说，如果喝酒之后已经达到了神志不清以及酩酊大醉的程度，情况也是一样。如果一个人是在某种暂时性或者未经深思熟虑的冲动下倾向于某事的（尽管非常强烈），以及如果他是在受到某种麻药影响后神志不清的时候作出某些表示的（在其他情况下这种表示就意味着同意），那么这种表示就不能被认为是真正的与深思熟虑的同意。特别是，如果有人试图要设法得到这样的承诺，特别是当对此种承诺的履行构成了极大的负担的情况下，那么这将是一件令人耻辱的事情。如果有人试图利用这种醉酒状态，一直等到他人醉后容易下手的时候诱使其作出了承诺，那么他将会以欺骗和诈骗的罪名受到指控。但是，如果一个人在清醒之后如果依然确认他在醉酒状态下的所作所为的话，那么他也当然要受到承诺的约束，因为这与其说是他在醉酒之下的决定，不如说是清醒状态下的决定。

11. 没有人能够精确地根据自然法来界定，究竟儿童在理性的不健全状态中要持续多久（这是签订合同以使其受义务约束的阻碍因素），因为有人在判断上的成熟比另外一些人要早。人们必须根据日常行为来对每一个具体的情形作出判断。然而，在绝大部分国家里，国内法律已经为这个问题规定了一个统一的年龄标准。在许多地方还有这么一种有益的传统：在签订合同为对方施加义务时，需要请明辨慎思的权威之士参与，直到年轻人的冲动鲁莽被认为已经平息下来。因为处于这个年龄的年轻人，即便他们能够理解手头的事务，但仍然经常会受到冲动的裹挟，他们往往缺乏远见，轻率地承诺，过于理想化，汲汲于慷慨的好名声，过于哥们义气并且冲动莽撞。因此，如果有任何一个人利用那个年龄人的轻率而自肥，试图利用年轻人的摆阔而致富，通常都难逃欺诈的嫌疑。因为，这个年龄的年轻人的判断存在着远见不足以及不善于盘算的缺点。

12. 错误也会妨碍同意的生效。如下是一些应予以注意的规则：

（1）当我基于错误的判断而作出了一个承诺且如果不是那个

第九章　协议各方的责任概论

判断我就不会作出这样的承诺时,那么这个承诺自然就没有效力。因为,承诺者的同意是建立在其判断之上的,如果这个判断并非如其所认为的那样,那么承诺就是没有效力的。

（2）如果我是在某个错误的诱使下签订某个协议或者合同的,并且在缔约条件并未变化且协议或合同并未得到任何履行之前我就发现了这个错误,那么就应该给我一个公正的、允许我改变主意的机会。特别是,如果我在缔约之前已经公开宣布了我的缔约原因,而且缔约对方并未因我的改变主意而蒙受任何损失,或者我已经准备弥补他的损失的情况下,就更应该允许我改变主意。但是,一旦缔约条件已经发生变化并且错误是在协议已经被履行之后（不管是全部履行还是部分履行）才被发现的,那么犯了错的人就不能够撤回协议,除非另一方纯粹是出于人道主义而愿意帮他这个忙。

（3）如果是在关于协议的实际标的上出了错误,那么协议就是有瑕疵的,但这个瑕疵不是因为这个错误而发生的,而是由于它不能满足缔约条件。因为在协议中,协议据以缔结的标的及其特质必须是已知的,没有对这个标的的了解,就不可能有清晰明确的同意。因此,一旦协议的缺陷被发现,那么可能会从缺陷中遭受损失的人可以撤回协议,或者要求另一方为协议的缺陷作出补偿,或者甚至要求他赔偿因其错误行为或者急于履行而导致的损失。

13. 但是,如果是在欺诈或者故意的欺骗的诱使下作出的承诺或者签订的协议,则情况将会是这样的:

（1）如果是第三方运用了欺诈手段,并且与我们协议的缔约对方并无共谋的话,那么交易行为将仍然有效。但是,对于如果不被欺骗的情况下我们将会获得的利益,我们仍然可以从实施欺诈的人那里索取。

（2）无论是谁,如果是通过刻意的欺骗使我对他作出了承诺或与他签订了协议,那么基于这种情况,我对他将不负有任何义务。

（3）无论是谁,如果是在依其本意并且是在审慎思考之后签订协议的,而欺诈发生在实际的交易行为中,比如在标的物或者在标的物的质量与价值上的欺诈,那么协议就将在此程度之内受到了损害。在这种情况下,协议的效力就取决于受到欺诈一方的决定,他可以选择彻底终结协议,也可以要求对损失赔偿。

（4）那些并非交易行为之本质及并未被明确涉及的事情,不会妨碍以其他方式正确确定的行为的效力;哪怕行为的某一方在签订协议时在内心曾经有过这样的想法,或者他的信任被巧妙地维持着直到合同的终结。

14. 在承诺或协议中,担忧会在两种意义上发生:(1)合理的怀疑,担心我们会被对方欺骗;这要么是由于那种恶习是对方性格中固有的一部分,要么是由于他的不轨意图已经昭然若揭;(2)如果我们不作出承诺或者签订协议的话,就会受到严重的损害,因此精神上有着极大的恐惧。对于前一种担忧,我们可以做如下理解:

（1）如果一个人与一个毫无诚信的人签订协议或者要求他作出承诺,将会是彻头彻尾的莽撞行事,但并不仅仅因为这个原因就使得协议归于无效;

（2）当一个协议被签订之后,并且没有什么新的欺骗意图被表示出来,那么仅仅根据在协议签订前已经知道的瑕疵来撤回协议,这样的措辞是无力的,协议也是不允许被撤销的。因为一个未能阻止某人去签订协议的原因,也不应该阻止一个人去履行这个协议。

（3）在一项协议被签订之后,如果迹象已经非常明显,另一方打算在我履行完我的义务之后欺骗我,那么我就不能被强迫履行这个协议,除非针对那个欺骗我已经得到了某种法律上的

第九章　协议各方的责任概论

保证。

15. 关于后一种担忧,如下规则需要被注意:

(1) 在因第三方所导致的恐惧下签订的协议有效。因为在这种情况下,没有什么能够对抗对方基于协议而要求我履行的权利。但毫无疑问的是,实施威胁的第三方应该作出补偿,以消除其所导致的恐惧。

(2) 出于对合法权力的恐惧或尊重,或者考虑到我们受其严密约束的权威而签订的协议是有效的。

(3) 一个人在缔约对方的强力迫使下作出的承诺或签订的协议是无效的。因为,对方通过向我施加不正当的恐惧而给我的不公正对待,使得他无权基于那个行为而向我主张什么权利。而且,既然一个人在任何情况下都应该对其导致的损失作出赔偿,那么对我的义务的取消,就可被理解为因他未作出本应给予我的赔偿而对我的弥补。

16. 不仅在协议中同意是互相的,在承诺中同意也是互相的。职是之故,不仅承诺者,即便承诺的接受者也都必须表示同意。因为,如果后者不同意的话,或者如果他拒绝接受被提供的承诺的话,那么承诺的标的就仍然保持在承诺者手中。但是,如果事先存在一个要求,那么除非它被公开表示撤回,就会一直有效;也因此这个要求就会被看做是一个事先的接受。这种情况的前提是,所提供的承诺与事先的要求是相对应的;如果两者不相对应,那么就需要公开表达的接受,情况常常是,除非真正是我所要求的,否则对任何事情的接受都未必符合我的利益。

17. 关于承诺或协议的标的问题(subject-matter),这里的要求是:我们所承诺或协议的不能超过我们的能力范围,并且任何法律都不会禁止我们这样做。否则,我们的承诺就要么是愚蠢的,要么是不道德的。

顺理成章,任何人都不能使自己受到这样的义务的约束:要自己去做不可能做到的事情。然而,如果在签订契约时某种事情被认为是可能的,但在签约方没有过错的情况下,随着后来条件的改变这种事情变得不可能了,那么只要还没有对这个协议采取任何行动,那么这个协议就将是无效的。如果协议对方已经作出了某些履行的话,那么他的预付或者类似的投入就必须得到返还。如果返还已经不可能,那么就必须进行一切可能的努力去确保对方不遭受损失。因为就一个协议而言,我们首先关注的是它公开表述的目的,当我们无法实现这个目的时,那么作出同等赔偿就足够了:我们至少必须采取一切预防措施去防止遭受损失的发生。

但是,对于那些因其欺诈或者重大疏忽而导致履行能力被削弱的人,不仅有义务采取一切努力去履行协议,而且还要受到某种惩罚以作为补充。

18. 也非常明显的是,我们不能被迫使去进行一个非法行为。因为没有人可以合法正当地约束自己履行超过其能力的义务。而且如果法律禁止某人作出某行为,那这个人毫无疑问就丧失了承担或者接受去履行这个行为的义务的权力。事实上,在一项有约束力的义务下,有去做某个行为的法律能力,但根据类似的其他法律却又是不能做的,这中间的确存在矛盾。因此,承诺去做非法之事的行为是错误的,而去完成它则更是错上加错。

从这一点也可以看出,一个人不应该履行这样的承诺:这些承诺的履行,对受诺的一方是有害的;因为,自然法不允许对另外一个人造成伤害,哪怕伤害是由于受害人因受到误导而接受了承诺。

因此,如果一个协议是关于不道德的事项,那么双方就没有义务去履行它。如果某一方为了执行协议而作出了不道德的行为,那么另外一方就没有义务去支付他们本来已经商定的价格。然而,如果为执行协议已经有所支付的话,那么它也不能被要求返回,除非也发生了欺诈或者不当得利的(unjust enrichment)情况。

19. 最后,也非常明显的是,如果承诺与协议涉及了他人的财产,而这些财产仍然处于他人意志的控制与支配之下而仍不属于我们,那么这些承诺与协议就是无效的。然而,如果我已经承诺,尽力确保另外一个人去做某事(前提是我不能通过什么权威命令他去这样做),那么我就有义务在道德规范允许的范围内采取各种步骤去劝导他这样做;所谓"在道德允许的范围内",我意指的是不管承诺能够正当地要求我做什么,我所能够做的都必须是在礼仪和规矩允许的范围内。

但是,如果某人已经对我的某些财产和行为享有权利的话,那么我也不能向任何第三方就此财产和行为作出承诺,除非能够预计他所拥有的权利即将到期。因为,对于已经早已根据承诺或协议将其权利转让给其他方的人而言,毫无疑问不会再拥有此权利并将之授予第三方。不仅如此,如果一个人被允许签订的协议包含了这样的一些条款——它们与先在的某个协议相冲突,并且该新协议的履行还存在阻碍因素——的话,那么所有的承诺与协议都能很容易被变得毫无作用。这就是古老谚语的基石所在:时间上在先,则法律上优先(prior in time is prior in law)。

20. 除了以上所有方面之外,最为重要的是还要注意到,承诺可能会以不附有条件的或者绝对的术语来表达,也可能会附有一定的条件。后者意味着一个协议的效力以某个事件的发生为条件,而该事件的发生则取决于偶然或者人的意志。

有些条件是可能实现的,而也有些条件是不可能实现的。可实现的条件又可细分为可以偶然地实现的或者幸运地实现的条件,它们的发生或者不发生都不在我们的能力控制之内;自由控制或者主观控制的人为条件,此等条件是否能够达到取决于承诺的接受者;以及混合条件,此等条件是否能够达到,部分地取决于受诺者的意志,部分地取决于偶然情况。

不可能实现的条件要么是此类物质性的条件,要么是道德性的条件;也就是说,总是有某些特定的事情,自然不允许我们去做,以及某些特定的事情,法律和道德禁止我们去做。如果我们遵循解释的天然的简单性(natural simplicity)的话,那么一种不可能实现的条件就等于取消了某个承诺。然而,如果有这么一种情形,在这种情形中的某个承诺乃是附于某个重大交易之后的话,那么就有可能在法律上认为承诺不能被这样附加,从而阻止人们为某些行为所骗(这些行为不能产生任何结果)。

21. 最后,我们不仅可以亲自作出承诺或缔约,也可以通过作为我们意志的传达人或者解释者的代理人来作出承诺或缔约。当他们一秉善意地按照我们的委托行事时,那么,对于那些将他们视为我们的代表而与之交易的人,我们就负有一个有效的义务。

22. 到目前为止,我们已经探讨了人的绝对责任,也探讨了作为其他责任之桥梁的责任。所有我们的其他责任都要么以某种人类建制(human institutions)(它源自于某个概括的协议[general agreement])的引入为前提,要么以某种特定的人类境况(*status*)为前提。我们要特别注意三种此类人类建制:语言的运用(language-use)、对物及其价值的所有权(ownership of things),以及人类的政府(human government)。我们必须对这每一种制度,及其所导致的责任进行解释。

第十章　语言运用中的人类责任

1. 每一个人都知道人类社会的语言(sermo)是一个多么有用、必要的工具。的确，时常会有人认为，单凭这个工具本身，就说明自然造就人类就是为了让他们过上社会生活的。人类社会对语言正当而又有益的运用所基于的乃是自然法所规定的这个责任：人们不应该以语言来欺骗他人；也不能用其他已经形成的用以表述人类思想(sensa animi)的符号来欺骗他人。

2. 对自然语言更为深刻的领会要求对一种双重义务的了解，这种双重义务不管是在口语还是在书面语对语言的使用中都会产生。第一个义务是，任何既定语言(lingua)[①]的使用者都必须沿袭那种语言的惯例，以同样的言词来指示同样的对象。因为无论是声音还是特定的字母组合都不会自然而然地表示任何事情（如果它们能够这样的话，那么所有的语言或者书写的形式都必定会趋向一致了），如果每个人都能够随心所欲地为对象命名的话，那么语言的使用就将变得毫无意义了。为了防止这一点，那么在使用

---

① "Language"(in general)：sermo；一种特殊的语言：lingua。

同样一种语言的使用者之间就需要一个默示的协议,规定指示每个对象只能用一个特定的词语而不能用另外一个。因为,如果与对声音的一贯运用不一致,就不可能从任何人的言说中理解他的想法。正是通过这个协议,在每个人的日常对话中,他都应该以每个词语已经为语言惯例所接受了的含意来使用之。从这一点还可以推出,尽管一个人可能会言不由衷,但在人类日常生活的事务中,每个人都已经被认定他的意思就是他的言说所表明的——哪怕有时候他的言说会偏离其内在的真实想法。因为,除了通过符号(signs)之外,我们根本不可能知道他在想什么,并且因此,如果一个人内心深处的保留意见(这种意见每个人都能够随心所欲地具有)能够削弱社会生活中的符号通常所具有的力量的话,那么所有语言的运用都将会毫无作用。

3. 在语言运用中的第二个义务是,当与某个人谈话时,一个人应该以此方式来向他表明自己的内心想法:这个想法应该是对方所能够清晰地知晓的。因为人类不仅能够说话,还能够沉默,因此他并没有义务在所有的场合对所有的听众都表明他内心真实的想法;职是之故,就有一个特别的义务,这个义务要求人们必须说话,而且以对方能够理解我们想要表达的意思的方式来进行说话。这项义务要么源于某个特别的协议,要么源于自然法的某个一般性的诫律,也可能源自人们运用言说来办事这种事务本身的性质。因为,在一个人想要向我就某个问题表明其想法时,常常就可能存在一个明确的协议,举例言之,如果我想将某个人视为我在某个知识分支的指导者的话。自然法的诫律也经常会命令我与他人分享我所掌握的知识,这要么是帮助他预防危害或者保护他避免危害,要么是避免产生任何会导致伤害他的原因或者事故的发生。最终,也常常会有这样的情况,比如在签订合同的时候,如果我不向对方表明我的意见,我与某个人所共同参与的某个事务就无法进

第十章　语言运用中的人类责任

行下去。

4. 然而,我的思想也并不总是必须因这样或者那样的原因而与他人分享。所以,非常清楚的是,在与某个人谈话时,我只不过是有义务表明他从我这里得到一项什么权利而已,不管这个权利是正当合法可执行的还是不完全的。并且因此,不管面临何种恳切地询问,我也完全可以正当地保持沉默以隐瞒别人无权从我这里得知,而且我也没有义务去披露的东西。

5. 不仅如此,既然语言被发明出来不仅是为了我们,也是为了他人,当对我有利并且不损害他人权利的时候,我就可以修饰我的语言以顾左右而言他,而非去表明我内心的真实想法。

6. 最后,我们言说的对象常常处于这样的一种情景之中:如果他们从我们这里听到了赤裸裸的真相与直率的语言,将会使他们受到伤害,而且我们也达不到自己所追求的善良的目的。在这些情况下,我们因此就可以用掩饰的语言或者特殊的语言,以免直接向听众表明我们的含义与意图。因为,如果我想去帮他人,并且我有责任去帮他人时,我就不会有义务非得按照那种可能会挫败我目的的方式去说话。

7. 善良的人们之所以被赞赏,就是因为他们爱追寻事实,而从上面的讨论我们可以看出,所谓的事实就是当我们有完全的或不完全的(perfect or imperfect)披露义务时,我们的言语应该恰当地将我们内心的意思表示出来,以传达给对之有知情权的人。这样做的目的是为了使他能够从对我们的意思的了解中,获得他应该得到的利益;或者避免因为理解偏差所可能给他带来的不应该的损失。从这一点也可以非常明显地看出,当我们说话的时候,我们并不总是在撒谎;而且,当我们所说的与事实或者我们真实的想法不能完全一致时,我们会仔细斟酌如何去说。因此,我们应该称之为"逻辑真实"(logical truth),它存在于词与物的一致性之中,并非总是与"道德真实（moral truth）"完全吻合。

8. 另一方面，所谓撒谎就是，当我们的谈话对象有知情权并且我们有义务确保他的知情权时，我们故意在说话时不表明我们的真实意思。

9. 从我们所已经讨论过的方面推出，当一个人为了便于孩子或者类似于孩子的人能够更容易理解他的意思，在他不能用明摆着的事实而只能用虚假的评论和故事来讲述时，就不会因为这是撒谎而受到责备。同样的情况还有，当人们不能用明摆着的事实来达到善良的目的的时候，他们也可以使用虚假的话语：举例言之，保护无辜者、抚慰易怒者、安慰悲伤者、激励恐惧者、鼓励脆弱者服药、劝导顽冥或破坏恶谋；比方说，编造谎言掩盖关于国家或者政策的秘密并转移他人不适当的好奇心（这些秘密不能为他人所知），或者使用诡计以花招欺骗我们可以公开损害的敌人。

10. 相反，对于一个在任何情形下都应该开诚布公地向他人表达其真实意思的人，如果他只说出一部分的事实或者以模棱两可的谈话来欺骗他人，再或者，在某些与平常用法不同的心照不宣的限制上有意做了保留的话，那么他就肯定不能逃避罪错的指责。

第十一章 起誓中的责任

1. 誓言是为了给我们的谈话及谈话所涉及的所有行为以明确的支持。因为它是一种宗教性的确认,通过起誓,我们放弃对上帝之仁慈的请求,或者在我们所言不实的情况下请求神的惩罚。通过祈求一位无所不知的全能的见证者与惩罚者(avenger),誓言就树立起了所言为实的假定,因为我们很难相信,竟然会有人如此邪恶以至于胆敢亵渎神灵为自己招惹上帝的雷霆之怒。这就是为什么那些赌咒发誓的人的责任就是去诚惶诚恐地起誓,并严格地遵守其誓言的原因。

2. 因此,发誓最为重要的作用和目的,就在于利用对无所不知的全能上帝的敬畏,来更强烈地约束人们,使他们讲真话,或者使他们遵守承诺或履行协议。否则,当他认为能够无视或者规避他人的掌控,或者能够躲避追索因而对来自别人的威胁已经不再害怕时,如果他敢于公然明知故犯去欺骗上帝,那么他的发誓就会招致上帝的报复。

3. 由于只有上帝是无所不知和全能的,因此,用任何被认为并不神圣的物体来起誓,祈求它作为假誓的见证者和惩罚者,都是荒谬的。然而,常常发生的情况是,在起誓中,人们往往会以某个特定的物体的名义来发誓;这是在这样的意义上进行的:如果发誓者违反了其誓言的话,上帝将会特意地针对那个物体来进行报复,因为这个物体对于起誓者而言是非常珍贵与宝贵的。

4. 在誓言中,祈求上帝作为见证者与惩罚者时所用以描述上帝的表达,必须与誓言的承担者(oath-taker)对上帝所具有的信念或宗教信仰相一致。因为,对一个不信任上帝并且因此不会对上帝有所敬畏的人而言,他的誓言里面不会存在上帝所带来的强制力。除非发誓时的表达或者发誓所用的名义都能在一个人自己的宗教信仰中被涵盖(他认为是真正的宗教信仰),否则没有人会相信他在发誓。这就是为什么一个人尽管是以他认为存在但实际上是虚构的神来发誓时,他仍然毫无疑问会受到誓言的约束,而当他对自己的誓言都不当真时,他就是在发假誓的原因。因为关于神的一般观念就是,不管以何种具体的形式表现,他都在神的注视之下,因此只要他是故意说谎发假誓,那么都是冒犯了上帝的尊严。

5. 誓言能够导致义务的一个必要条件,就是立誓时必须有过慎重的考虑。因此,如果一个人是因为正在阅读或者仅仅不过是将(已经被前人作出)誓言念出而将誓言表达给了另外一个人时,则他当然不会受到这个誓言的约束。但是,如果一个人在发誓时表现得非常郑重其事时,他将毫无疑问会受到誓言的约束,而不管他在发誓时心里究竟是怎么想的。因为,如果通过一个无言的保留意见就能给阻止行为产生它早已被设定好的后果的话,那么人类生活中誓言的全部作用,以及通过其他表示(signs)使人受到义务约束的任何手段都将被彻底摧毁。

6. 誓言不会创生一个新的、不同的义务,而不过是对一个本身就有效的义务进行额外约束的一种行为。因为,在我们发誓的任

第十一章 起誓中的责任

何时候,我们都假定了一种责任的存在;如果这个责任不被履行的话,将会招致神对我们的惩罚。如果不去履行这个先在的义务是合法的,并且我们也因此没有去履行它的独立的义务,那将会是非常荒谬的。

因此,我们就可以说,本质上邪恶的行为(我们不能被义务约束着去进行这些行为)不会因为附加了誓言就能变得具有义务的约束性了。同理,先前已经存在的义务,其有效性也不会因后来的誓言而丧失,另外一方从此义务中所获得的权利也同样不会因后来的誓言而丧失。因此,起誓不偿还债务也将会是无效的。

如果一个誓言是以如下方式而确立的话,那么它也同样不会产生任何义务:起誓者起誓时假定的事实并非真正存在,而实际上,如果他不是假定了此一事实的话,他就不会这样起誓;特别是,如果他是因被誓言接受一方的欺诈所误导以至于错误判断的话,那么这个誓言对他就更不产生义务了。同样,对于任何通过不正当的恐吓而使我发誓并从誓言中获得权利的人,也不能从我这里正当地得到任何东西。进而言之,一个立誓去进行非法行为的誓言也绝不能产生任何效力,同样,一个不去做由神法或者人法所规定的任何好事的誓言,也是不能产生什么效力的。

最后,对与它所伴生的承诺或契约而言,誓言也并不改变其性质或实质(substance)。因此,要去做不可能之事的起誓也是无效的。即便通过利用誓言,一个附条件的承诺也不会转化成为绝对的或纯粹的承诺。与其他的承诺或协议一样,对承诺的接受是宣誓承诺的必要条件。

7. 誓言的效果应该归功于对上帝的祈求,而上帝则是再狡诈者也不能欺骗和蒙蔽的,对上帝的欺骗和蒙蔽必然会受到惩罚。因此,人们认为,对于一个违反了为誓言所确证的保证的人来说,相较于他违反没有为誓言所确证的保证,不仅会有更严厉的惩罚

82

等着他,而且,任何涉及誓言的事务都必须排斥所有的欺诈与撒谎。

8. 誓言不能总是被宽泛地解释,有时候,如果问题(subject-matter)有需要时,比如,所起的誓言对另一方是不公正的,以及在与其说誓言是对承诺的补充毋宁说它是对威胁的补充时,誓言也应该被严格解释。无论在哪种情况下,誓言都不能排除这些默示的条件与限制——只要这些条件与限制是从事物的真正本质中推导出来的。举例言之,如果我起誓,某人可以要他想要的任何东西,而他所要求的东西却是邪恶的或者荒唐的时,那么我的这个誓言就不会导致任何义务产生。因为,如果一个人在并不清楚请求者将会作出何种要求时向他作出了一个不确定的承诺的话,那么这个人假定的就是对方所要求的将会是正当的和道德上许可的东西,而非那些荒唐的、可能会给他自己或者别人带来损害的东西。

9. 也必须注意的是,在起誓中,对于要求起誓的人(比如誓言所针对的人)而言,誓言的所有表述都应该是他所能够理解的。因为誓言主要是为了他的利益而非发誓者的利益才作出的。他应该以此方式来尽可能地表示他的理解:他应该表明他是如何理解这些誓言的,并且这种方式能够使得发誓者认识到他已经完全掌握了对方的意思。发誓者应该立即并且清晰无误地对照这些词句起誓,以便他无法再吹毛求疵和遁词逃避。①

10. 对誓言的划分最好从它们在社会生活中的运用中划出。有些是伴随着某种承诺与协议以确保对其更为严格的遵守的。有些则是用于为对含糊不清的事实进行的陈述加重分量的,而在这种情况下没有获得真相的更好渠道。这种誓言要求见证者,或者

---

① "这下就不会有什么吹毛求疵或者狡猾地逃避责任的空间留给他了。"(图克[Tooke]的翻译。)

第十一章 起誓中的责任

那些被认为对他人的行为有所了解的人。有时候,一个争议的当事各方也会通过立誓的方法来解决它,这通常是由法官或者当事人一方提出。

第十二章　论在获得对物的所有权时的责任

1. 人类躯体的情况就是,它需要从外界汲取必要的养分,并且避免自己受到任何毁灭完整性的伤害。也的确存在很多种东西可以使我们的生活变得更为舒适或者丰富。因此,我们就可以顺理成章地得出这样的结论:非常清晰的是,世界最高统治者完全同意人们为了自身的利益而利用其他生物,并且能够在许多情形下杀死它们。这不仅对于诸如蔬菜等对其自身的毁灭没有感觉的物种是正确的,对于动物也是正确的。哪怕是一些无害的动物,人们也能够杀死和享用它们,尽管它们死得会很痛苦。

2. 但是,在最开始时,所有这些东西都被认为是上帝造来为所有人无差别地拥有的,因此它们就不会属于这个人多于属于那个人。对此的限制是,人们在这样对待其他物种时,必须根据人类种群自身的条件,满足维护和平、宁静与良好秩序的需要。因此,当世界上的人还非常少时,人们的认识是,一个人为个人利用之目的而占有的任何东西都应该属于他,任何人不得剥夺;但是,当时实际产出了那些东西的母体(actual bodies [*corpora*])不能被任何个

第十二章 论在获得对物的所有权时的责任

人据为己有,而依然应该留存下来使所有人都能够利用。然而,随着岁月的流逝,人口增长,人们开始耕作以供衣食所需。在这个阶段,为了避免冲突及建构良好秩序,人们开始分配他们所持有的资源,每个人都按照合适的份额分到了一份儿;于是,一个惯例开始确立起来,在此之前本来所有人均可利用的东西,经过分配之后,就只属于那个首先要求获得它的人了。以此方式,对物的财产权(property in things,[proprietas rerum])或者所有权就通过上帝的意志及人们一开始就表示出的同意(consent)与至少是一个默示的协议(pactum),而被引入人世了。

3. 所有权是一种权利,通过它,人们就可以说某物在实体上属于某人,它整体上不能再以此方式属于任何人。这就意味着,我们可以随心所欲地支配属于我们的财产,并且除非有人通过协议从我们这里获得了某种特别的权利,否则我们可以禁止任何人去使用它。但是,在国家中,情况通常是,所有权并非永远无限制地属于某个人所有,而是要受到公权力(civil power)以及个体彼此之间的约定或协议的限制。

但是,当同一个事物以同样的方式属于某些人并且未经划分时,就可以说该物为那些人所共有。

4. 事物不是在一时之间被一劳永逸地变成财产的,而是渐次地、作为人类的需要而被获取的。同样地,并非每个或所有的事物都必须变为财产,有些东西能够——另一些东西应该——保持与人类种群和平共处的原样而不受到损害。对于某些取之不尽用之不竭的东西,尽管它们有利于人类,但试图去分配它们将是既不合适也不必要的,因此它们仍然应该一视同仁地为任何一个人所用,举例言之,比如光、太阳的热、空气以及流水,等等。对于横亘在各个大陆之间的海洋的各个部分而言,它的那些远离陆地的部分也同样如此。不仅是因为它们无比辽阔能够充分满足人们各种各样的需求,也由于任何一个民族都不可能将它化为禁脔而保卫起来。因为,如果某物具有这样的性质,那么其他人就不能被排除在外,因此将它们分配下去或者划归为某个人的财产不仅是不必要的,而且还可能导致无穷无尽的纷争。

5. 获得所有权的模式可以是原始性的,也可以是继受性的(derivative)。原始模式适用于最先宣布某物为财产的情况,而继受模式则适用于现存所有权在人们之间的流转。对原始取得模式而言,要么是完全的原始取得(某人通过此模式取得对某物的所有权),要么是在某个方面的原始取得,以此模式我们获得对本属于我们之物的孳息的所有权。

6. 在人们接受以所有权对物所进行的划分之后,他们确立了一个惯例:任何没有进入最初分配(earliest division)的东西都归属于占有者,也即归属于第一个实际占有该物并打算自己利用该物的人。职是之故,在今天,唯一的原始取得模式就是占有。

从未有人主张过的无主荒地就是通过这种模式被取得的。它们变成了那些以占有和耕种为目的首先进入这些荒地,并且在其想要耕种的范围内打桩立界的人的财产。当一伙人共同占有地球上的某片区域时,最为通常的情况是,每个人都被分配了特定的一块,而其他的则归整个群体所有。

占有还是获得在江河湖海里生活的野生兽类、鸟类和鱼类的手段;同样地,被海涛卷到岸上的东西也可以同样的手段被取得。当然,前提条件是,公权力机关对此并未禁止,或者未将它们分配给任何确定的其他人。为了使得它们变成我们的,我们就必须实际上得到它们并且将其置于我们的控制之下。

对于那些其先前的所有权已经灭失的东西,占有也是取得它们的途径。举例言之,比如,那些我们不想再要而扔掉的东西;或者我们先是无意中丢失,然后就不想再要而将之当做抛弃之物的

第十二章 论在获得对物的所有权时的责任

东西。这种情况的一个例子是埋藏物（treasure trove），或者找不到其所有人的金钱；对于这些财富，如果国家法没有其他相应规定，那么就属于发现者。

7. 其上有所有权的物，很少有能够永远保持同一种状态的；大部分都会通过各种形式的孳息而扩大其内容。有时候是体积增大，有时候是结出果实，有时候是通过人工劳作而得到增值。所有这些都可被包括在术语"孳息（accession）"之内，并且可被划分为两个类型。第一种是源自物的本质而无需人工，另一种则全部或部分地是通过人类行为或者人类劳动而生产出来的。无论如何，其规则都是一个：孳息与利润都归于物主，并且任何利用自己的物资而生产出新产品的人，都是该新产品的主人。

8. 然而，经常发生的情况是，其他人（通过合同或者其他方式）获得了从我们的财产中继受特定利益的权利；甚至是阻止我们无限制地使用它的权利。这些权利通常被称为役权（servitudes）。这种役权又可以分为两类：人役权（personal servitudes），所有者的财产所产生的收益直接归于受益人；以及地役权（real servitudes），权利人可以自己的方式取得另一个人财产的收益。

人役权包括有：用益权（usufruct）、使用权、居住权以及劳役权（services of slaves）。地役权又被划分为城市（urban）地役权与田野地役权（rustic praedial servitudes）。诸如支撑权（servitudes of bearing a beam）、采光权、光源权、瞭望权（outlook）以及排水权（servitudes of accepting run-off water）等，都是城市地役权（urban praedial servitudes）的范例。而在田野地役权中的有：通行权（passage）、赶牲口权（driving cattle）、筑路权（general right of way）、导水权（the right of carrying water）、取水权（the right of drawing water）、驱赶牲口饮水权（the right of driving cattle to water）、放牧权（the right of grazing），等等。设立这些权利的原因是为了调整相邻关系。

9. 在继受取得模式中，有些是某物基于法律规定而在人们之间的流转，其他的则是基于先前所有者的行为而发生的流转。流转的结果是，要么某人财产的全部都被转移，要么是转移了其中一部分。

10. 在无遗嘱继承中，先前所有人死后，他所有的财产都根据法律而被转移给他人。认为一个人死后，他终生通过劳动而取得的财物就被视为放弃，从而能够为任何人所占有了，这既不符合一般的人类感情，也不利于人类和平。理性已经揭示出了普遍适用的惯例，如果一个人在没有对其财物作出安排的情况下死去，那么这些财物就应该转移给根据一般的人类感情而被认为与他最亲近的人。所谓最亲近的人，根据亲疏远近的等次，一般而言就是其后代，其次是其他与他有血缘关系的人。即便有些人，或者由于接受了其好处，或者由于特别的个人感情，他还喜欢某些外人胜过喜欢与自己有血缘关系的亲人；然而，为了不生是非，人们仍然应该遵循人类共同的感情倾向而不能以某些个别人的感情行事，仍然应该遵循最为显而易见与最不易产生纠纷的继承模式（也即是说，他的财物仍然应该按照血缘上的亲疏远近不同由其后人或亲人继承，而不能由那些他所喜欢的外人继承，尽管他特别喜欢那些外人）。在继承死者财物时，如果死者的恩人或朋友基于死者对他们的喜爱而去挑战那些基于血亲的继承人的话，那就必定会产生纠纷。不管是谁，如果他真的宁愿其恩人或朋友而非其亲属来继承其财物的话，就应该作出明确的安排来表明其意愿。

11. 根据血缘关系的亲疏远近，一个人最亲近的继承人就是其子女。自然鼓励人们去精心地抚育和教育子女，每一个父母都被认为应该首先尽可能地满足其自身的需要，然后将其不需要的任何东西首先留给子女。"子女"这个词，主要指的是在一场合法婚

第十二章 论在获得对物的所有权时的责任

姻中所产生的后嗣。根据理性本身,根据市民生活的体面以及文明民族的律法,婚生子在继承上都优先于非婚生子(natural children)。除非一个父亲基于充分的理由拒绝承认一个儿子,或者由于一个儿子的乖戾行为而被父亲剥夺了继承权,否则这些原则就是始终有效的。"子女"这个词语还包括孙辈成员。如果孙辈的父母死亡的话,祖父母有责任去照料他们;同理,这也是孙辈与他们的叔伯们分享其祖父财产的很好理由。否则,如果孙辈被排斥在对祖父财产的继承之外,那么会更加增添这些孙辈们因父亲去世所带来的悲惨。

如果死者没有后代,那么死亡子女的财产由其父母继承就是合理的。当死者的父母或子女都已不在时,那么就由其兄弟来继承财产。如果连兄弟也没有的话,那么就由在血缘上与其最亲近的人来继承。然而,我们可以发现,为了避免法律纠纷(继承是经常产生法律纠纷的一个来源)以及为了解决与公共利益相关的问题,大部分国家都对继承的顺序作出了精确的规定。对于私人来说,最保险的做法就是去遵循这个顺序,除非有非常重大的理由迫使他们必须接受不同的安排。

12. 遗嘱是一种手段,据此,财产在整体上根据原所有人的行为而被转移。绝大多数民族都接受了这样一种惯例(作为一种道德抚慰,它是自然而然的):一个人在其活着时,可以对其财产作出安排,以在其死后将财产转移给他最喜爱的人。在最远古的时候,最为通常的做法可能是这样的:在死亡来临之时,公开宣布其继承人的名字,然后将财产直接交付到他们手中。后来,根据一些更好的理由,绝大多数民族都接受了一种不同的遗嘱形式,也即,遗嘱人可以随心所欲地在任何时候公开表示他的遗嘱,或者悄悄地将其遗嘱付诸纸面并密封起来。他也可以随心所欲地随时改变遗嘱,而其继承人,无论是被公开宣布的还是被写入书面遗嘱之中的,在遗嘱人死去之前都不会获得任何权利。尽管这种形式的遗嘱非常普遍,但为了亲属的正当利益与公共利益,它们仍然要受到规制。一般而言,国家已经为遗嘱规定了标准的形式;如果遗嘱人背离了这种安排,那么他就没有理由去抱怨其意愿没有得到尊重。

13. 根据先前所有人的行为而在活着的人之间所进行的财产转移,要么是出于免费赠与,要么是出于合同的原因。通过前一种方式转移的财产被称为礼物。而通过合同而进行转移的财产容后讨论。

14. 有时候,财产转移也会在违背原所有人意志的情况下发生。在国家中,这种情况最经常的表现形式就是惩罚;此时,原所有人财产的全部或者一部分因其所犯下的错误行为而被剥夺,然后转移为公共所有或者受害者一方所有。类似的情形发生在战争中,财物被拥有更强力量的敌对一方夺走从而变成剥夺者的财产。但是,原所有人并未丧失采取同样的强力夺回财物的权利,除非他基于其后的一个和平条约而宣布放弃其主张。

15. 时效取得(prescription, *usucapio*)是一种特殊的取得模式,据此,如果一个有着正当资格的(just title)人善意地、并且是未经打断地和平占有某物达到一个长期时段的话,那么,最后他就会被视为已经获得了对该物的绝对权利;这种时效取得的效果是,如果原所有人在其后又试图主张对该物的权利的话,那么现在的占有人就能够使其主张无效。引入这样一种权利的一个原因是,如果原所有人长期疏于主张对该物的权利的话,他就被判断为已经遗弃了该物;因为经过了这么长的时间,他肯定是有机会提出对该物的主张从而要求收回它的。另外一个理由是,如果占有问题最终能够不经争讼就得到解决的话,是有利于和平与稳定的。更重要的原因还在于,对一个人善意取得并长期占有之物的剥夺所带来

第十二章 论在获得对物的所有权时的责任

的损害,更大于对很久之前就不再拥有的丢弃之物的剥夺所造成的损害。因此,基于理性与国家利益而为时效取得的完成规定一个确定的期限,是有利于和平与稳定的。

第十三章　论从所有权本身
　　　　　所产生的责任

1. 在所有权被引入到物上之后,就会产生如下责任:

(1) 每个人都有义务允许所有其他人(除了敌人外)和平地利用自己的财产,但既不能以强迫,也不能以欺诈(以欺诈来试图损毁、盗窃或侵占其财产)来使他这样做。这就是为什么针对他人财产的盗窃、抢劫等类似犯罪被禁止的原因。

2. (2) 就我们而言,如果在没有犯罪或者违反诚信的情况下,另外一个人的财产到了我们的手中并且我们将其置于自己的控制之下,那么,我们就必须尽自己所能地将其交还给原合法所有人。然而,我们没有自己承担归还费用的义务;并且,如果我们因持有该财产而花费了支出的话,那么我们就有权利追回我们的支出,而且在获得支付之前可以一直持有该财产。一旦我们意识到财产是属于他人的,归还的义务就会产生。此时,我们应该让别人知道所涉及的财产就在我们手中,并且不能作出任何行为去阻碍原所有人追回属于他的东西(suum)。然而,我们凭借充分的资格(good title)获得了某物,我们就没有义务质疑自己的权利,也没有义务去

第十三章 论从所有权本身所产生的责任

做一个公开声明,询问是否有人想要对该物提出主张。此归还的责任优先于任何特定的合同,而且还是反诉的依据:举例言之,如果有一个窃贼将偷来的东西放在我这里,那么,当随后真正的物主出现时,这些东西应该被归还给原物主而不是窃贼。

3.（3）如果我们在一秉善意地情况下获得了另外一个人的东西并且消耗了的话,那么我们的责任就仅仅限于向原物主就我们的消耗作出补偿,因此我们就不能从他人不应该的损失中获益。

4. 下列责任是从上述责任中衍生出来的:

（1）如果被占有之物早已灭失,那么善意占有人就没有义务归还,因为他既没有占有该物,也没有从中获益。

5.（2）善意占有人不仅要归还原物,而且还要归还原物所存在的孳息。因为孳息自然而然地就归于原物主。但是,善意占有人在归还时可以扣减他在保存该物上的所有花费以及为了该物产出孳息而花费在培养上的支出。

6.（3）就其对该物及其孳息所已经消耗的部分,善意占有人有义务作出赔偿——只要他无论如何都会消耗这么多,并且他能够赔偿得起的话。因为在消耗他人的物时,他节省了自己的物并从中得到了益处。

7.（4）如果善意占有人疏于收获孳息,则他没有义务作出赔偿。原因就在于,他既不拥有该物,也不拥有任何由该物产出的东西。

8.（5）如果善意占有人作为礼物接受的东西是属于别人的东西,并且接着就转让给了第三方,那么他就不会因此负有任何义务;除非本来有一个其他的责任使得他无论如何都有义务作出等额的捐赠。因为在那种情况下,他将会因为省下了对自己财产的花费而获得益处。

9.（6）如果善意占有人以并不充分的资格（encumbered title）

获得了属于其他人的某物,并且已经将其转让出去(不管以何种方式)的话,那么他的义务就仅限于归还从中获得的利益。

10. (7)如果善意占有人以并不充分的资格获得了属于其他人的某物的话,那么他仍然有义务归还,而且,他还不能向原物主索取其在该物上的花费,而只能向他从其手中获得该物的那个人索取;除非这些支出是原物主找回其财产所必需的,或者他自愿为获得线索而付出的酬金。

11. 任何人,在发现了属于另外一个人的东西,而物主可能并不希望失去该物时,都不能试图将其隐匿起来以使得原物主无法找到。但当没有物主出现时,他就可以正当地将该物据为己有。

第十四章 论 价 值①

1. 在对物的所有权被引入之后,交换习惯就随之出现了。因为从过去到现在,不仅所有事物都具有不同的性质,他们在满足人类需要上的作用也是不同的,并且没有任何一个人能够拥有任何他所想要使用的东西。因此,经常出现的情形就是,具有不同性质和作用的东西就需要在不同的人们之间流转。为了避免任何一方在那种交换之中遭受损失,就有必要通过人们之间的协议确定某种度量(quantity),据之,各种事物都可以相互比较或衡量。对于行为也是如此,没有人希望为他人的利益服务而自己却什么也得不到。这种度量就常常被称为"价值"(*pretium*)。

2. 价值也可以被区分为普通价值(common value)和特殊价值(eminent value)。普通价值主要适用于物、行为或服务之中,它们可以进入商品领域,因为它们能够供我们使用或娱乐。而特殊价值主要适用于货币,因为它实际上已经被接受为包含了所有商品

---

① [De Pretio]:"pretium"在这里通常被译作"价值"(value),但有时也被译作"价格"(price),主要是基于语境的不同。

与服务的价值,并且为其提供一个共同的衡量标准。

3. 普通价值的基础本质上在于物或服务所直接或间接地为满足人类需求而提供的合用性(suitability),并且能够因此使得生活更圆满和愉快。因此,那些根本没有任何用处的东西通常也被认为是没有价值的。

然而,也有这么一些东西。虽然它们对于人类的生活非常有用,但也很难界定它们的价值。这或者是由于在它们之上没有或者不能设立所有权,或者因为它们不能被交换,因此被排除在了普通价值之外;或者在商业上它们只是被视为某种其他东西的附属物。再则,在商业领域之外,人法或神法仍然还规定了某些特定行为或者禁止为了获取报酬而进行这些行为;这就可以理解为将这些行为排除出了价值的范畴之外。举例言之:(1) 不能为上空大气层、太空、天体以及公海设定价格,因为它们都不是人类所有权的对象;(2) 一个自由人是不能被标价的,因为自由人并非交易的对象;(3) 普照大地的阳光、清洁的空气、赏心悦目的田园风光、风以及色彩等,单单它们自身都是没有价值的,因为在不使用土地的情况下是不能欣赏到它们的;尽管它们在提高或者减少地区、土地以及庄园等的价值上极其重要;(4) 对于神法已经为其赋予了道德效果的行为而言,为其设定价格是非法的;这是买卖圣职罪。同样,如果一个法官将正义标价出售的话,也是不道德的。

4. 一个物体的价值是提升还是跌落,原因会是多种多样的;为什么尽管在生活中一个事物与另一个事物同样有用或者更有用,但人们却宁愿选择另一物,原因也是多种多样的。首要的因素并非其必要性或者其无与伦比的有用性;相反,我们会发现,那些对人类生活而言须臾不能或缺的东西却便宜至极,是因为在无远弗届的神意下,自然已经敞开量为我们提供了足够多的这些东西。

因此,能够提升价值的首要因素乃是其稀缺性,特别是如果某

第十四章 论价值

物来自遥远的他乡时,稀缺性就会更为凸显。因此,由于人们的奢侈攀比,许多东西被赋予了不可思议的价值,而实际上这些东西我们可能根本用不着或者即便没有也能过上很好的生活。比如说,珍珠宝石等就是如此。当稀缺性与需求或者匮乏相一致时,那么日常生活中许多东西的价值就会特别高昂。除了稀缺性之外,对于人造物来说,其价值最易受到它们所表现出的精美工艺的影响,有时候还会受到制作者的名声、任务的难度、制作者与工匠的稀缺等因素的影响。

至于服务与行为的价值,则会因为它们的难度、对技艺的要求、它们的有用性及必要性等方面的因素而得到提升。能够提供这些服务或行为之人的稀缺性、他们的社会地位或忙闲状态(free status),最后,该工作的声誉——它是否光彩,也会提升其价值。相反的因素则会降低其价值。

最后,一个尽管通常并不贵重的东西,有时候也可能会对一个人非常有价值。这主要是因为此人对该物的特殊感情。举例言之,情况可能是,这个东西来自一个对我们非常重要的人并且是这个人为了表达他的感情,或者它是我们成长中所曾经使用的东西;情况也可能是,它是某个重大事件的纪念品,或者它曾经帮助我们躲过了某个巨大灾难,或者,也许由于它是我们亲手所做。此种情况被称为情感价值。

5. 在确定某些特定东西的价值时,其他一些因素通常也会被考虑进来。

在那些生活在自然自由状态中的人们之间,价值仅仅是由交易各方之间的协议所确定的。因为他们可以自由自在地转让或获取任何他们所需要的东西,而且他们没有一个可以规制他们交易的共同的主宰者(master)。

但是在国家中,事物的价值主要是通过两种方式而被确定的:

(1)通过上位者或者法律的法令;(2)通过人们通常的估价或评估,或者通过那些经常相互交易之人所认同的市场惯例。因此,可以称前者为法定价格(legal price),而后者为通常价格(common price)。

当法定价格是为了买家(情况通常如此)的利益而设定的话,那么卖家将不能做更高的要价;尽管如果他想要价更低的话,也不会被禁止。同样,如果为了雇主的利益,服务的酬金标准被公开固定了的话,那么工人就不能要价更高,尽管他也没有被禁止要价更低。

6. 但是,并非由法律所设定的通常价格,根据交易双方在交易时的协商,在双方可以接受的范围内,则会因讨价还价而存在一定程度的波动。然而,它的确需要公平与透明的市场惯例。因为在市场上,商人投入在货物运输或者处理中的劳动与支出通常是被考虑在内的;在货品买卖时是采取批发还是零售,通常也是会被考虑在内的。有时候,通常价格也会因为买家、货币或货物的增多或者减少而发生突然变化。因为,因特定原因而导致的买家人数或者货币供应过少,以及货物供应的充足,将会降低价格。相反,潜在的买家太多、货币供应量大增以及商品的供不应求,将会抬高价格。因此,如果是货物在继续寻找买家,那么价格就会降低。相反,如果一个卖家本不打算出售,但却是买家求购,价格就会上扬。最后,我们还必须将现金支付还是交易后付款考虑进来,因为时间也是价格的一部分。

7. 但是,在人类脱离其原始的简单状态并且在形式多样的牟利方式纷纷出现之后,可以很明显地看到,通常价格已经不足以解决人们之间所从事的交易和商业的发展。因为在那个时候,商业主要包括交换,而且只能是通过提供服务或者交付财产的一部分,才能获得他人的服务。但是,在我们开始为了生活的便利和愉悦

第十四章　论价值

而渴望如此多各不相同的东西时,很明显,任何人想寻找一个恰巧需要他手头的东西的人或者以大致等额的货物与他进行货物交换,都是非常不容易的。而且,在开化了的国家之中,市民往往被区分为不同的阶层,如果简单的物物及服务交换从根本上普遍盛行的话,那么情况必然就是,会有很多阶层的人们难以维系其生活。因此,绝大多数有志于寻找一种更为富足的生活方式的国家,都会通过协议赋予某个具体的东西以特殊价值(eminent value),所有其他东西的普通价值也都与它相关,并且它们也能在实质上被包括进来。结果就是,通过那种东西的媒介作用,任何一个人都可以得到他想要的任何别人出售的东西,而且更乐于去进行各种各样的交易或者签订各种各样的合同。

8. 绝大多数国家都选择了贵重和稀有的金属来达到此一目的。这些金属具有坚固耐磨的材料,因此它们在使用中就不容易磨损,并且还可以被划分成许多小份儿。它们同样便于储存和加工,而且,其稀缺性也使得它们易于与许多其他东西等值。然而,由于必要性及某些特定国家金属的缺乏,也有一些其他东西会被用于替代货币。

9. 在国家中,主权者有权利确定货币的价值,因此它往往就会被刻上官方的标记。在确定货币的价值时,我们必须留意到周边近邻国家或者贸易伙伴的通常估价。因为,否则的话,如果一个国家将其货币的价值赋予得太高,或者在铸币中对金属的混合不适当的话,不能通过简单的物物交换的形式进行的那部分贸易,就会受到妨碍。这正是为什么货币的价值不能被轻易改变的原因,只有在国家遇到危机的紧急情况下才能如此。但是,随着金银数量的增长,与土地的价值或者其价值取决于土地的东西相比,货币的价值会逐渐地自动下降。

第十五章　论以物的价值为前提的契约及它们所涉及的责任

1. 从一般意义上而言,协议(*pactum*)就是两个或两个以上的人对同一个意向(*placitum*)的同意与一致性。但是,在简单的协议与契约(*contractus*)之间也能够划出区别。这一区别的实质就是,那些被称为契约的协议处理的是具有商业意义的物和行为,并且因此它们会以物会有所有权和价值这样一种预设作为基础。在其他问题上的一致性也会被称为协议,尽管对其中某些问题而言,术语"协议"与"合同"差不多都能够适用。

2. 契约可以被区分为单方面受益的无偿契约(gratuitous contract)及负有法律责任的契约(onerous contract)两类。无偿契约仅对契约当事方的某一方赋予利益,举例而言,委托、使用借款(loan for use)、无偿保管等都是无偿契约。而负有法律责任的契约则为双方当事人都施加了同样的"负担",它们的特征就在于,某种物的给付及某种行为的履行,都是为了获得相应的回报。

3. 所有负有法律责任的契约的一个必备条件就是平等性,或者说契约双方都必须得到同等的利益。当不平等发生时,一项权

第十五章　论以物的价值为前提的契约及它们所涉及的责任

利就会产生,也即受到损失的一方有权主张对其损失进行弥补,或者干脆终止契约。特别是在国家中,这种情况尤其容易发生,因为在那里物的价值是由市场习惯或者法律来决定的。要了解或者评估这种平等性的话,一个根本性的条件就是契约当事各方对作为契约标的的物及其所有特性都有所知晓。也因此,在基于契约而发生的将一物由一人让渡给另一人的过程中,当事人必须同样指出该物的优点与缺点。舍此,就不能设定出一个公平合理的价格。然而,这个人并不需要指出从根本上来说不会对该物构成影响的那些情况,也不需要指出双方都已经心知肚明的缺陷。任何一个人,如果他是在知情的情况下获得一个有缺陷的物的,那么只有他自己应对此负责。

4. 平等在这些契约中的适用性是这样的:尽管在交易时并不存在隐瞒,但如果后来发现了不平等的话,哪怕契约当事方并无过错(比如,由于缺陷是不易察觉的或者由于在价格上出了错误),不平等也都必须得到纠正。对于收益的一方,必须从他那里拿出些什么给遭到损失的一方。然而,为了避免聚讼纷纭,这种情况下民法只能为受损方非常重大的损失提供救济,而对于其他损失,只能警告人们要小心谨慎。

5. 无偿契约有三个重要的种类:委托、使用借款及无偿保管。

当一个人应另外一个人的请求或者委任去管理后者的事务,并且没有任何补偿或报酬的情况,就是委托(*mandatum*)。这种情况的发生存在两种形式:要么是他已经就如何管理这些事务得到了指示;要么是靠他自己的判断与才能去管理这些事务。

在此契约中,一个人必须要表现出他最大的善意与竭诚,因为一个人只会将事务委托给他评价最高的朋友。同样地,受托者因托付给他的事务而支出的费用以及因委托而遭受的损失或者严格意义上可归于委托的损失,也必须得到补偿。

6. 使用借贷(*commodatum*)是这样一种安排,根据这种安排,我们允许他人使用本属于我们的某种东西。必须注意的是,借用者必须在最大程度上小心谨慎地使用和保管借用物。借用者不能为了其他的目的而去借用,更不能因出借者所不同意的目的来借用。借用者要完好无缺地归还,当然,因正常使用而产生的磨损除外。

如果出借物已经被借出达到了一定的期限,或者在借出的过程中物主发现他急需使用此物(因为发生了某种在出借该物时无法预料到的情况),那么借用者应该干脆利落地应物主的要求归还该物。

如果由于某种无法预料到的事情或者意外的发生,在借用者并无过错的情况下所借之物发生了灭失,而且即便该物仍然保留在原物主的手中,它也仍然一样会灭失的话,那么借用者就无需赔偿该物的价值。如果情况不是这样,那么很显然,借用者对按照该物的价值进行赔偿是公平的;因为,如果不是出借者出于对其他人的好心而将该物出借的话,那么该物原本是不会灭失的。出于同样的原因,原物主必须返还借用者在该物上所支出的任何有益的或者必要的费用,当然,在使用该物的过程中所正常发生的费用除外。

7. 无偿保管(*depositum*)指的是将我们的东西或者与我们有关的东西托付给另外一个人,由他保管,但却并不给他补偿。

无偿保管成立的条件是:被托付的物必须被小心谨慎地保管,并且应该根据托付者的意愿而返还给他,除非返还可能会对托付者或者其他人造成损害,并应该以此理由而延迟返还。如果保管物的使用会使其被损坏或者变质,或者为原物主的利益决定了该物不应该被他人看见的话,那么,在未经原物主同意的情况下,保管者不能够私自使用交给其所保管的物。如果有任何人随意使用

第十五章 论以物的价值为前提的契约及它们所涉及的责任

了该物,那么他应该承担因此而产生的一切风险。保管人也不应该将被保管物从托付人所留下的包装或者盒子中拿出。如果拒绝归还保管物,那将是比盗窃更为可耻和严重的事情。对出于慈善的目的而托付的保管物拒绝返还,或者在发生了火灾、建筑物倒塌或暴乱等危难之后而拒绝返还保管物,那将更为可耻。就托付人而言,他必须偿付在保管中所发生的费用。

8. 也许,最古老的负有法律责任的契约就是物物交换(permutatio)了,在货币发明之前,它是进行商业贸易的唯一方式。在物物交换中,每一方都付出某物以交换具有同等价值的另一物。即便在货币发明之后的今天,在商人之间仍然存在一种特别平常的物物交换,根据这种物物交换的方式,物与物之间并不直接进行比较,而是首先根据评估换算成款项,然后再彼此互换而不是换成货币。

互赠是与物物交换契约不同的行为方式,在互赠中,并不需要遵守等价交换。

9. 买卖(emptio, venditio)是这样一种行为,为了获取金钱,而让出对某物的所有权或者与所有权相当的权利。

最简单的买卖就是,在对价格达成协议之后,买方立即支付价款,而卖方立即出让货物。然而,也时常发生这样的情况:货物立即被提走,而价款延迟一段固定的时间才支付。有时候,在价格上达成协议时通常还会附加一个条件:应该在某个特定的日期交付物或者货品。在此情况中,在那个期限之前,物的风险应该由卖方承担,而在那个日期之后,如果是因为买方的原因导致了货物交付延迟或者阻碍了货物交付,那么损失的风险就将由买方来承担。

在买卖契约中,可能会附加有各种各样的协议。一个例子是临时性买卖,根据此契约,在一定时期内,卖方有权将待出售货物卖给任何出价更高者。也可以存在失权条款(forfeiture clause, lex *commisoria*），根据此条款，如果在约定的日期买方未能支付货款的话，则买卖取消。也可以有撤销条款或返还协议（agreement about return），它具有三种形式：要么是，如果卖方返还购买费用的话（可以有特定的时间限制，也可以没有特定的时间限制），买方有义务将标的返还给卖方；要么是，如果买方支付了将标的物返还的费用，则卖方有义务返还购货价款；要么是，如果卖方自己还希望出卖的话，则先前的购买者应该允许有先于其他购买者进行购买的机会：这种权利也被称为"优先购买权（the right of first refusal）"。就这一点来说，通常卖方也可以保有被出售财产的一小部分或者它的某些特定使用权。

还存在这样一种买卖方式叫做概括出售（buy a job lot），在这种情况下，许多具有不同价值的标的不是通过逐一估价而是通过一股脑儿地估价而被买走。也就是说，一次性被买走。在另外一种被称为"拍卖"的买卖方式中，在一些出价者中，谁出的价格最高，该物就归谁。最后，还有另外一种买卖形式，在这种形式中，买方购买的不是某个确定的标的，而是某种期待：赌博就是这样的一种方式；愿赌服输，如果买方最终一无所得，他不能怪谁；而如果卖方也觉得结果超出了自己的底线，他也应该无怨无悔。

10. 雇用或租用（hire, *location conductio*）是这样一种约定：一个人将服务或者对某物的使用转移给另一个人以获得报酬。

在这种情况下，人们一般会先谈好价钱。然而，如果某人在没有谈妥价钱之前就将服务或者对某物的使用转移给他人，那么他只能期待按照惯例或者雇用或租用者觉得公平的价格而获得报酬。

关于这种契约，有以下几点需要注意。如果被租赁的标的彻底损毁的话，那么从这一刻起，租用者就不需要再支付价款或租金。在另外一种情形下，如果被租用的标的物（具有某种特定作用

第十五章　论以物的价值为前提的契约及它们所涉及的责任

的物)遭到了损坏,那么根据损坏的情况租用者将抽减相应数量的租金以减少自己的损失;这是因为,出租者应该提供状态良好以利于使用的东西。然而,如果出现标的物的产出不确定或者有风险的情况,那么丰歉都由租用者自负,正如庄稼歉收租用者应自负损失,而庄稼丰收他则大赚一笔一样。根据严格意义上的权利,即便庄稼歉收,也不能减少一分一厘的租金,这尤其是因为,情况往往是这一年庄稼歉收,而来年便会丰收;除非,夺走租用者庄稼收成的是非常罕见的意外情况,他不能预见到会发生这种情况及其所带来的风险。当发生此类意外时,减免租金无论从哪方面说都是公平合理的。

正如出租人有义务确保其出租的财产能够正常使用并且要承担所有必要的费用一样,承租人也应当像一个善良的主人那样去使用之,并且赔偿因其过错所导致的任何损失。类似的情况是,根据合同从事一项工作的人,也必须为自己的过错所导致的任何损失承担赔偿责任。

对于一个以提供服务而从事某个临时性工作的人而言,如果发生了某种意外使得他无法去从事这项工作的话,那么他就不能要求获得报酬。但在另外一种情况下,对于长期以其服务为他人工作的人来说,如果他是因为疾病或者其他的不幸而在一段并不很长的时间里不能工作,那么他的雇主解雇他或者扣减他的工资,将是一种不人道的行为。

11. 在消费借贷契约(*mutuum*)中,只要一个人能够在一个确定的期限内还上同等数量或质量的同类物,那么就可以借给他某物;当然,这种物是可替代的物。

这种借贷的标的被称为"种类物"(*fungibles*),或者说是可以其同类物相替代的物,因为这种标的物的任何一个都可以被其他物所替代;因此,如果一个人收到了同样数量和质量的同类物,那么就可以说他收回了所借出的物。这种物往往是通过重量、数量或者尺寸来界定或确定的,从这个意义上说,这种物往往是根据数量而非具体特征而被认识的。

借贷要么是无偿的,也即一个人所收回的不比他借出的多;要么是要获取利润的借贷,也即要获取"利息"(interest, *usura*)。只要满足两个条件,这种借贷就与自然法没有任何矛盾冲突之处:第一,我所获得的东西是适当的,并且与对方从所借贷的钱或者标的物上所获得的利益相比是适宜的,或者与我因不能拥有所借出的财产而招致的损失或利润损失相比是适宜的;第二,我所获得的利息不是从穷苦之人那里得到的,因为在此情况下,这种借贷乃是具有慈善性质的。

12. 在一个合伙契约(*societas*)中,两个或更多的人以其金钱、财产或服务结合起来,以求按比例获得合伙中所取得的利润;以及,同样地,当合伙出现损失时,按比例承担损失。

在合伙中,合伙方有责任表现出诚实善意与勤勉;一方不能欺骗同伙,也不能提前退出合伙。

在合伙解散时,每个人都可以收回他所付出的投资,并且分享利润,分担损失。但是,如果一方合伙人的投资是金钱或实物,而另一方的投资是劳务,那么就有必要考虑出资方式。因为,如果后者的劳务仅限于照看前者的金钱或实物或者负责销售的话,那么他们各自分担的利润就必须与金钱或实物及劳务的价值与创利之间的关系相一致;而损失的风险则完全由出资人来承担。但是,如果劳务主要是用于提升一方所投资之财产的话,那么以劳务作为投入的人就应该按照其所作出的提升而按比例获取利润。

但是,当合伙是共有合伙(*societas omnium bonorum*)时,每个合伙人都必须诚实地上交他所贡献的利润,并且作为回报,每个人都可以根据其不同情况从公共资金中获得维持其生计的费用。而

第十五章　论以物的价值为前提的契约及它们所涉及的责任

且,在合伙解散时,每个合伙人所获得的东西,也取决于在合伙开始时他为合伙所付出了多少东西。他们并不去追究谁的投入导致创利了,或者谁的投入导致损失了(除非他们事前已经有协议规定可以这样做)。

13. 还有一些契约,它们会包含有机会(chance)的成分。在此类契约中,有一种是打赌,也即,如果一方作出某种判断而对方否认会发生这样的结果(双方此时并不知道结果),并且双方都预存了一定数额的保证金的话,那么,最后谁的判断与结果相符,则预存的保证金就归谁。所有为获得有价值的奖品而进行的游戏都属此列。其中,有些游戏具有较少的赌博的成分,因为里面会涉及智力、灵敏性、技巧或力量的对抗;有些游戏中则智力因素与运气成分分庭抗礼;而其他一些游戏则主要是运气起决定作用了。政府可以根据公共利益和私人利益来决定,可以允许此类契约在何种程度上存在。彩票抽奖活动也属此类,当一些人凑钱去购买一个标的物时,就根据抽签结果来决定该物整个地归谁;相似的情况是抽彩售物,也即,一定数量的签子或票券(它们中有些被刻上了字或者符号,有些则保持空白)被放入一个容器里,付出一定金钱的人有权抽出一张,然后根据上面所书写的内容而获得货物,当然,结果也可能是竹篮打水,什么也得不到。保险与此类契约也有类似之处。它是一种用于规避风险或者补救风险后果的契约;在这种契约里,有人得到一部分钱,并因此承担货物在从一地运到另一地中所可能发生的风险;如果货物灭失了,那么保险人就有义务按照损失价值赔偿所有者。

14. 为了使得契约得到更有力的执行或者使契约更安全,担保(suretyships)和质押(pledges)也常常得到运用。

在担保中(suretyship, *fidejussio*),能令债权人接受的第三方在一定条件下自己主动承担主债务人的义务,也即,一旦债务人不能承担起支付责任,他将代为偿还;条件是主债务人要偿还他所支付的款项。因此,作为担保人的第三方是作为主债务人支付债务的预备者而存在的。

担保人不为主债务人额外的债务负责。尽管如此,他可能承担了比债务人更严格的义务,因为更多的信赖是寄托在他而非债务人身上的。然而,理所当然地,主债务人要先于担保人而承担债务,除非后者已经自行承担起债务人的所有义务。在这种情况下,担保人通常被称为"新债务人"(new debtor, *expromissor*)。

如果有许多人同时担任一个人的担保人,那么每个人要根据其所承担的比例来履行义务,除非其中一个担保人无力支付或者还轮不到他来承担责任。在这种情况下,其他人将承担属于他的份额。

15. 确保借贷安全的另外一种方式是,本属于债务人的某物被移交或者预留给债权人,直到债务被清偿。这种方式就叫做质押(pledge)或者抵押(mortgage)。这样做的目的有二:第一,由于债务人希望收回他的财产,所以就给了他清偿债务的压力;第二,给债权人一个可靠的收取债务的来源。因此,质押物的价值通常等于或者大于实际的债务。

作为质押物的标的物可以是生产性的,也可以是非生产性的。在第一种情况下,通常会附加一个协议规定对质押物的使用(*antichresis*),这样债权人就可以收取质押物的产出以作为利息。如果质押物是非生产性的,就可以适用法律的失权条款,如果在特定的时期内债务人不能清偿债务,则质押物就归于债权人。只要质押物的价值不超过债务及债务存续期间利息的总和,这从本质上而言就没有什么不公正的;或者,当质押物的价值超过了以上两者之和时,多余的部分被返回给了原所有人的话,也就没有什么不公正的了。

第十五章 论以物的价值为前提的契约及它们所涉及的责任

当债务清偿之后,债权人就必须返还质押物。因此,在因债务到期债务人不能清偿而质押物归他之后,到债务人清偿债务他归还质押物之前,他应该像对自己的财产一样对质押物尽到照管义务;而且,在没有签订"质押物使用"契约的情况下,如果标的是能够被耗尽的消耗品,或者对质押物的使用会对债务人产生一定的后果,那么在未取得债务人许可的情况下,债权人不能使用它。

抵押与质押的不同在于,质押涉及物的转移,而抵押仅仅是对某项财产的预留,特别是,这项财产可能是不可移动的,一旦债务人不能清偿其到期债务,则债权人可以从抵押物上收回其借贷。

16. 很显然,从这些契约的性质与目的上,可以非常明确地看出契约各方当事人的责任。

第十六章 论解除协议义务的方法

1. 有几种不同的解除协议义务的方法，这将导致因协议而产生的责任归于终止。协议义务最自然的终止就是所达成协议的内容已经完成，或者已经完成支付。通常，债务人有义务清偿债务；但如果有第三方以签订合同之人的名义履行了义务，并且事实上不管谁来清偿协议债务都没有关系的话，那么债务人的义务就归于终止。但是，也有这样一种情况，如果代为清偿债务的人并没有打算将此作为赠与债务人的礼物的话，那么他可以向债务人要求返还他所支付的费用。

清偿债务必须对债权人作出，或者向一个经他授权以他名义来收讨债务的人作出。

最后，履行与清偿必须严格符合协议的规定，不能以任何其他事物来进行替代。清偿之物必须是完整无损的，不能仅仅是一部分或已被分割，而且必须按照协议约定的时间和地点来进行。然而，债权人出于人道精神，或者债务人实在无力支付的话，支付时间也常常可以宽限或者以其他物作为替代来进行支付。

2. 义务也可以通过抵销（compensation）而终止。抵销是债权

第十六章 论解除协议义务的方法

和债务的相互冲抵,或者是由于债权人自己显然欠了债务人同样种类和价值的某物而使债务人获得了解脱。由于,特别是在可替代物上,可以用"相同"来表示"多少";也因为存在可以相互冲抵的债务,因此,一旦给付接受,我马上就得原样归还。因此,为了避免不必要的交易,对协议双方而言,最方便的清偿方式就是在相互抵销债务之后,各自保留他们手中的东西而不必再相互支付。

很显然,从严格意义上而言,抵销只能发生在同种类型的可替代物标的是否可按时或稍晚清偿的问题上,而不会发生在不同种类的物或者其他种类的履行上,除非它们都可以折合成货币以衡量其价值。

3. 一项义务也可因解除(release)而终止,或者因债权人及能从义务的履行中受益的人的免除(remission)而终结。解除应该明确地通过表示同意的符号来表示,比如,通过给予一个正式的解除责任书,或者通过返还或撕毁借贷契约来表示。当然,也可以通过默示的方式来表示,比如,直接阻止清偿行为或者以其他能够引起此种阻止后果的行为来表示。

4. 那种双方都要履行的义务,一般可以在没有作出合同所规定的任何履行之前,通过双方相互撤回协议而终止;除非国家的法律禁止这样做。但是,一旦任何一方已经作出了履行,那么他就必须免除对方的履行或者通过其他方式来进行抵销,否则就无法通过双方撤回协议而终止义务。

5. 任何一方对诚信的违反,都是违反而非终止义务。当一方没有执行协议中该方的部分,那么另一方也没有义务按照他人希望的履行去执行他本应该执行的协议。因为,协议规定的后履行的条款,其履行是以先履行条款的履行为前提的,正如谚语所说:"你履行,我才履行。"(I will perform, if you perform.)

6. 如果任何一方——义务的主体或其正当的受益者——改变

了作为义务存在之基础的事态时,义务也将终止。

7. 有存续期限的义务,在期限届满之时也将自然终止,除非通过当事双方明示的或者默示的协议而得到了延长。在义务的存续期内,必须是曾经存在履行义务的机会的。

8. 最后,从根本上而言植根于自然人的义务,将随着该自然人的死亡而自然终止。主体不存在了,其他的自然也都随风飘散。然而,也常常发生死者的义务被转嫁到生者头上的情况。这种情况的发生,要么是因为生者由于家庭或者其他原因而自己主动承担起死者的义务,要么是因为生者继承了死者的遗产,他就因此必须以该财产来履行义务。

9. 根据我对我的债权人的委托,并经他同意,作为替代,欠我债的人可以替我向我的债权人清偿债务。此时,债权人的同意是一个必需条件,但不必征求作为第三方的债务人的同意。他可能甚至都不知道我已经将他欠我的债务转给了我的债权人,或者他如果知道的话也许会提出反对,但只要我的债权人同意就可以了。因为,对于我的债务人来说,向谁清偿债务都是无关紧要的;但对于债权人来说,是向我还是其他人主张其债权却事关重大。

第十七章 论 解 释

1. 确凿无疑的是,在当权者所命令的问题上,正如一个人自愿的承诺不能超出他所意图的范围之外一样,一个人所承担的义务只限于当权者的意图之内。但是,除非根据能够表明他人意图的行为或符号,人们就无法判断其意图;因此,就人类的判断而言,人的义务被认为主要取决于对表明该义务的符号的解释。因此,确定正确的解释规则,对于正确地理解法律和协议以及根据它们来恪尽责任而言,就是一个伟大的贡献;鉴于语词乃是最为普通的表示符号,对它们的解释尤为重要。

2. 关于语词通常用法的规则是:语词通常被根据其适当的与已被接受的含义来理解。这种含义更大程度上不是来自严格的论证或语法推理或词源的相似性,而是来自共同的使用习惯。"惯用法就是仲裁者,是言说的法律与规范。"①

3. 专门技能(art)的术语则要根据专家在每个作品中的定义来进行解释。但是,如果不同的专家对术语有着不同的定义的话,

---

① Horace, *Ars poetica*, 72.

我们以日常语词来表述通过特定术语而要表述的意思,也许是终止争议的一个办法。

4. 如果语词或表述是非常模糊的,或者如果一个整体的某些特定部分相互矛盾的话,只要能够通过巧妙的注释将它们相互协调一致,那么,用揣摩的办法也许能够找出其真正的含义。因为,当存在特定而明显的矛盾的话,那么后面的篇幅将会优于前面的论述。

5. 对于含义模糊或者混乱的段落,可以根据主题、效果及相关段落来揣摩其意图或者正确的含义。

根据主题进行揣摩的规则是:一般应在主题之下理解语词。因为,言说者总是被认为,在他心中其话语是有一个主题的;并且因此,语词的含义总是应该与这个主题相一致。

6. 根据效果和后果来揣摩的规则是:如果按照简单的、浅白的含义来理解词语没有效果或者效果很荒谬的话,那么,为了避免无意义或者荒谬,偏离其通常的含义就是必要的。

7. 最为有效的揣摩是根据相关的段落来进行,因为我们一般总认为一个人的言语应该是前后一贯的。相关段落可以根据位置,也可以仅仅根据来源进行判断。前者的规则是:如果在同一部作品中某些段落的含义是非常浅白与清楚的,那么更为含糊的表述,其含义应该根据含义浅白清楚的段落来进行解释。第二个相关的规则是:在解释任何段落时,必须仔细留心上下文的段落;因为通常人们会预设一个段落与它前后的段落是相适应和一致的。关于同一来源的段落的规则是:在同一个作者的作品中,含义模糊的表述应该根据他自己的更为清晰的表述来进行解释,哪怕这些作品发表在不同的时期或地点,除非确知他已经改变了自己的看法。

8. 特别是在探寻法律的真正含义时,考察其立法理由或导致

第十七章 论解释

立法者制定该法的原因与考量,将会大有裨益。尤其在该理由非常明显地是该法被制定的唯一理由时,情况更是如此。此时的规则就是:遵循与立法理由相一致的解释,拒绝与立法理由不一致的解释。相似地,当制定法律的唯一的、充分的理由不再存在时,法律也就不再存在了。但是,当立法存在不止一个理由时,如果其中的一个理由不存在了,那么,只要另外一个理由仍然能够充分地支持该法,那么整部法律就不会被废止。情况也常常是,无论对于法律的适用对象而言立法理由如何不明,立法者的意志本身就足够维持该法的存在了。

9. 还需要注意的是,许多语词并不只是具有一个含义,而是具有更为宽泛的或者狭窄的含义。并且,它的意思有可能是令人期许的,也有可能是令人讨厌的,或者两者兼而有之。当它有助于保护双方的平等地位时,当它旨在维护公共利益时,或者当它能支撑立法行为时,等等,它就是令人期许的。如果它仅仅是对一方造成了损害,或者对一方造成了比另一方更大的损害,如果它带来了某种不利后果,或者败坏了某个行为,或者改变了现状,或者促进争斗的话,那么它就是令人讨厌的。如果,它是为了诸如和平等原因而改变现状的话,那么它就是混合的。

此时的规则是:宽泛解释令人期许的表述,严格解释令人讨厌的表述。

10. 对言外之意也可以揣摩,这可能导致有时候解释会被拓宽,有时候又被限缩,尽管比起宽泛解释而言,更容易找到限缩解释的理由。

于是,对于一项法律而言,如果非常明显,当针对当前的一个情形时,对其进行宽泛解释的理由正是立法者立法的唯一理由的话,那么就应该对其进行宽泛解释,以将并未被明确规定在其中的情形包括进来。特别是,立法者已经对之作了最大限度的扩展,意图将类似的情况都包括进来时,情况更是如此。在面对由那些狡猾的人为规避法律而设计的情形时,法律也应该被扩展解释以适用。

11. 对构成概括性条款的限制,通常要么是由于意图原本就具有的缺陷,要么是由于新情形与那种意图之间的矛盾。在以下情况中,某物不能被认为已经被包含在立法者最初的意图之中:(1)在没有任何(被认为)心智健全的人会有这样的意图时,如果这样认为的话,就会导致荒谬的结果;因此,如果对概括性条款不做严格解释就可能会产生荒谬结果,就必须采取严格解释;(2)不存在能够表明其立法意图的唯一理由,因此,那些与法律的唯一的、充分的理由不一致的情形,就不能被包含在一个概括性的表述之中;(3)言说者言说的对象不存在(通常认为言说者心中是有其言说对象的),因此概括性条款必须采用一种能与其适用对象相一致的含义。

12. 在立法者的意志与后来出现的情形之间的矛盾,要么是通过自然理性,要么是通过对其意志的特定表示而被发现的。

如果某些情形被排除在概括性的法律之外就不符合衡平的要求的话,那么它就是通过自然理性而被发现的。因为衡平是对法律中所存在之缺陷的矫正(法律因其普遍性而具有这种缺陷)。由于可能出现的情形是无限多样的,不可能所有的情形都被预见到或者规定好,并且因此当概括性的语词被适用于特殊的情形时,我们就应该排除这样的一些情形:如果立法者自己考虑到了这些情形的话,他也会将这些情形排除在外。然而,如果没有充分的迹象,人们也无法去进行衡平。它们中最可靠的迹象是:如果一个人严格遵守人定法的字面规定的话,那么很显然,自然法就会被违反。第二个最为令人信服的迹象是,尽管没有禁止去遵守人定法的字面规定,但从人道精神的角度观之,遵守仍然是令人压抑和难

第十七章 论解释

以忍受的(不管是令所有人都难受还是令某些特定的人难受);或者是这样一种情形:如果要实现立法目的,将会付出沉重的代价。

13. 最后,如果别处的另一段表达和这里的法律或协议,在眼下的情形中不能同时都被遵守的话(哪怕并不存在正式的矛盾),人们也仍然要允许概括性的表述存在例外。

为了理解在两种不能同时被遵守的情形中哪部法律应被遵守,这里还有一些特定的规则需要遵守:(1)单纯的许可性规定,应该让位于命令性规定;(2)在特定时候必须被完成的事项,优先于在任何时候都可完成的事项;(3)积极许可性律令应该让位于消极禁止性律令;或者当不违反一个消极禁止性律令就无法遵守一个积极许可性律令时,应该暂且拒绝遵守该积极许可性律令;(4)对于协议与法律而言,如果其他情形相同,那么特别规定优于一般规定;(5)如果在某个确定的时间点上,对两个责任的履行会相互冲突,那么优先履行那个被认为对双方都会更好和更有益的责任,将会是理所当然的;(6)如果不能够同时完成两个协议的话,那么立过誓的协议应该优先于未立誓的协议;(7)不完全的(imperfect)义务让位于完全的义务;(8)在所有其他情形都一样时,施舍之法(law of beneficence)应让位于获利之法(law of gratitude)。

第二卷

第一章　论人的自然状态

1. 接下来,我们必须探讨人们在不同的社会生活状态中所承担的责任。通过概括意义上的"状态"(state, status)一词,我们意指这样一种情境——人们身处其中就被认为是为了去完成一系列特定行为的。每一种状态都有其独特的律法(laws, jura)。

2. 人们所处的状态要么是自然的,要么是后天人为的。如果仅仅根据理性来认识的话,自然状态往往存在于三种形式之中:与作为造物主的上帝之间的关系;每一单独个体与他自己之间的关系;或者人与他人之间的关系。

3. 以第一种情形观之,人的自然状态就是这样一种情境,在其中,上帝是这样安置他的:他作为一种动物,上帝有意将他放置在比别的动物更优越的地位上。在这种状态中,自然而然地就可以认为,人应该承认并崇拜其造物主,尊重他的努力,并且以一种与其他动物截然不同的方式来生活。因此,这种状态完全是与动物的生活与情境相反的。

4. 以第二种情形观之,根据我们现在所认识到的人类本性,我们可以这样想象自然状态:如果一个人处于离群索居、得不到任何其他人照应的孤零零的情景之中,他将会是何种状态?如果我们仔细想想人刚刚来到世间时的极度虚弱(没有别人的帮助他很快就会死掉),就会认识到,他将比任何其他动物都更悲惨;而且,如果在自己的体力和智力之外无法获得别的资源的话,他将会过一种非常原始的生活。人们还可以更加强化这种认识:我们之所以能够走出这种极度虚弱状态的事实,我们之所以能够享用数不尽的好东西的事实,为了自己或他人的利益我们去修养身心的事实,所有这一切都是他人帮助的结果。在这个意义上说,自然状态是与经人类辛勤努力所改善的生活相反的状态。

5. 以第三种情形观之,我们可以根据人们彼此之间的一种关系来认识自然状态:这种关系以共同的亲缘关系而存在,而亲缘关系又来自天然相似性,它先于任何协议或人类行为(正是由于这些协议或人类行为,人们彼此之间才产生特定的义务)。从这个意义上而言,当人们没有共同的主宰,当没有人从属于其他人以及当他们彼此之间没有任何相互有利或者伤害的经历时,就可以说人们处于自然状态之中。从这个意义上来说,自然状态是与政治状态(civil state)相反的状态。

6. 进而言之,就对自然状态的特征的认识而言,也许可以通过虚构来表达,或者也可以通过其现实来认识。如果我们设想在最初的时候存在着许多彼此之间没有依赖关系的人(就像卡德摩斯兄弟[brothers of Cadmus]神话①中所讲的那样),或者如果我们设想最初人类种群如此广泛地分布在地球上以至于每个人都分别自

---

① 菲尼克斯(Phoenix)与西里克斯(Cilix),分别是以他们命名的腓尼基人(Phoenicians)与西里西亚人(Cilicians)的祖先。

在古希腊神话中,卡德摩斯是腓尼基国王阿革诺耳的儿子,欧罗巴的哥哥。宙斯骗走欧罗巴后,国王阿革诺耳痛苦万分,他急忙派卡德摩斯和其他的三个儿子菲尼克斯、西里克斯和菲纽斯外出寻找,并告诉他们,找不到妹妹不准回来。他们都没有找到妹妹,不敢回去,后来在诸神的指示下分别找到了落脚之处。卡德摩斯建立了底比斯城,并成为腓尼基人的祖先;而西里克斯则建立了西里西亚。——中译者注

第一章　论人的自然状态

我统治,并且他们之间唯一的纽带就是在自然上的相似性的话,那将是一个虚构。但真正存在的自然状态表现出来的是,每个人都加入到许多其他人之中以组成一个特定的结合,尽管他们与所有其他人除了同样具有人类的特征外再也没有任何共同之处,并且不根据任何基础而对他们承担任何责任。这就是在当前不同的国家(states, *civitas*)之间以及不同国家(countries, *respublica*)的国民(citizens)之间所存在的状态;而且在此之前,各个家族的家长之间也是这种状态。

7. 的确非常明显的是,整个人类族群从未曾同时处于自然状态之中。人类始祖(圣经教导说,所有凡间的人们都源自于他)的孩子们都从属于同一个父系权威(*patria potestas*)。尽管如此,后来在某些特定的人们之间仍然出现了自然状态。因为,先民们为了占领广袤空旷的世界,也为了给他们自己及其牧群寻求更广阔的生存空间,开始离开他们的祖居之地而四散开来;并且,每一个男性的个体都建立了他们自己的家庭。他们的后人也同样分散开来,并且,特定的亲缘纽带及在其中所产生的感情也逐渐淡化,只剩下了从自然相似性中所产生的共同之处。人类种群开始大量繁衍,人们也认识到了分散生活的不利之处,逐渐地,那些生活地点相近的人们开始汇集在一起,或者出于自由自愿,或者出于被迫,他们起先开始形成较小的城邦(states, *civitates*),然后由从小到大组成了更大的国家。这些城邦的人们之间唯一的纽带就是共同的人类特征。

8. 对于那些生活在自然状态中的人们而言,他们的主要律法就是只臣服于上帝,并且只对他负有责任。从那个方面来说,这种状态也可以称为自然自由状态。在自然自由状态中,每个人自己都有资格和能力生活,在先前没有相应的人类行为的情况下,他们无须从属于任何权威。这就是为什么每个人都被认为与他人是平等的,不存在任何从属关系的原因。

不仅如此,由于人被赋予了理性之光,并且可以在理性的烛照下控制自己的行为,自然就意味着一个生活在自然自由状态中的人不需要任何人去控制他的行为;只要其判断和自由决定与正当的理性相一致,他有权力去做任何事情。而且,由于人与所有其他活着的事物所共同具有的性向,他必须绝对有效地并且竭尽全力地去努力维持自己的身体与生命,抵制任何试图摧毁其肉体与生命的威胁,为此目的,他可以采取任何必要的方式;而且,在自然状态中,对一个人来说,由于没有任何他已经在意志和判断上臣服于其的上位者,那么就由每个人自己决定,对于维持自身的存在而言,他所采取的方式是否合适。因为,无论他会如何悉心地去听取他人的建议,但至于是否会采用这些建议,则完全由其自行决定。然而,如果他要想得到好的结果,那么根据正当理性与自然法的指引来控制自己的行为就是非常根本的。

9. 就希望免于任何臣服的自由与自主而言,自然状态是非常具有吸引力的。但事实上,在人们投入国家生活之前,我们可以设想,无论是生活在自然状态中的个体还是处于相互独立状态的众多家族的家长们,遇到的却是许许多多的不便。因为,你自己可构想这样一个人(哪怕是个成年人),让他孤零零一个人在自然状态的世界中生活,得不到任何帮助,也享受不到人类的智慧为我们的生活所带来的便利(这些便利可以让生活更轻松和丰富);那么,你所看到的将会是一个赤裸裸的、聋哑的愚蠢动物而已:他没有任何生活来源,只能吃草根树皮来充饥,不管水源是否干净都会饮用解渴,藏身岩洞以应对恶劣天气,随时可能成为野兽的腹中之物,对所遇到的一切都战栗不安。那些生活在四散分开的家族之中的成员们,也许在某种程度上处境可能要好一些,但也绝对无法与文明社会的生活相比;这种无法相比还不仅仅是因为贫困,因为家庭(在需求不大的情况下)好像还能够缓解贫困,更重要的是它不能

第一章　论人的自然状态

保证安全。如果用三言两语来说明问题的话,就是:在自然状态中,每个人都只能凭借自己的力量来保护自己;而生活在国家之中,能够利用所有人的力量来保护自己。在自然状态中,每个人都很难确保能捍卫自己辛勤获得的成果;而在国家中,每个人都能做到。在自然状态中,充满激情的操纵,到处是战争、恐怖、贫困、污秽、孤独、残暴、愚昧、野蛮;而在国家中,则是理性的统治,到处是和平、安全、财富、荣耀、社交、品位、知识与仁慈。

10. 在自然状态中,如果一个人按照协议的要求正确履行责任,或者侵害对方,或者以其他方式产生了争议,那么没有一个权威者能够迫使违反协议者去履行他的责任或者作出补偿;而在国家中则可以如此,在这里,一个受到侵害的人可以向共同的法官求助。但是,由于自然不允许一个人使用哪怕最轻微的挑衅语言去导致争斗,所以,一个人即便认为他所做的完全是正义的,也必须首先尝试通过温和的方式去解决问题,也即是,通过各方之间的友好讨论来解决,以及根据双方相互的绝对(不附条件)的承诺来解决,或者求助于仲裁者来解决。

这样的仲裁者必须公正对待双方,在作出其裁决时,不能表现出偏见或者偏向;他们只能根据案件的事实真相来裁决。由于同样的理由,在一个案件中,如果某个人对获胜一方有着巨大的利益上或者荣誉上的期望,并且因此他无论如何都会与获胜一方有利益关系的话,那么他就不能被委任为仲裁者。因此,在仲裁者与争端各方之间就不能有任何协议或承诺,从而使得他必须声明支持一方而非另一方。

如果仲裁者不能通过双方共同的承认,或者根据可靠的文件,或者可采信的主张或证据来查明事实状态的话,那么就必须从证人的陈述中来确定事实。自然法以及在许多案例中的誓言的神圣性,都会约束着证人,使他说出实情;但最好不要接受这样的人作为证人:这些人对当事者其中一方怀有某种感情,他们会因为友谊、憎恶、报复或者其他的强烈感情冲动,甚至某种更为亲密的关系,而在作证时陷入良心斗争之中。并非每个人都有足够的坚定性,从而能够克服这些感情。有时候,讼案会因为双方共同的朋友的调解而得以避免。调解可被非常正确地认为是许多神圣责任之中的一种。但是在自然状态中,如果一方不愿意履行其应当承担的责任,那么只能由个体作出判断并执行。

11. 自然本身也已经决定了在人们之间应该有一种因共同的起源或类似性所产生的亲近感,通过这种亲近感,使得人们认为伤害他人是错误的,为了他人的利益而奋斗则是无比正确的。然而,在那些处于自然自由状态的人们之间,这种亲近感的力量通常却相当微弱。职是之故,我们必须认识到,对于那些并非我们同胞(fellow-citizen)的人,以及生活在自然状态之中的人,一定不能视其为我们的敌人,而是我们不能完全信赖的朋友。这是因为,人们相互之间不仅能够导致极其严重的伤害,而且出于各种各样的原因,他们常常还希望这样做。有些人由于其本性的邪恶,或者出于对权力与巨额财富的贪婪,就去伤害他人。而另外一些人,尽管更温和,但也拿起武器去保卫自己,以免被他人先下手为强。因为对同一个目标的竞逐,许多人发现他们之间处于相互冲突的状态之中;也有很多人则是通过智慧来相互斗争。因此,在自然状态下,几乎永远都会上演一出出闹剧:猜疑、不信任,汲汲以求地去破坏他人的力量,并且希望超过他人,或者通过他人的毁灭来壮大自己。因此,作为一个好人,应该知足常乐,不伤害他人或觊觎他人的财货。所以,一个注重自己安全的、谨慎的人会认为,朋友在任何时候都有可能变成敌人;他会努力与所有人保持和平相处,但也知道,斗争很可能会发生在旦夕之间。这就是为什么哪怕在和平时期,国家也会随时准备战争的原因。

第二章 论婚姻责任

1. 人为性社会状态中，首要的就是婚姻，它是由之前的某种人类行为所设定的。婚姻被称为社会生活的第一个例子，同时也是人类种群繁衍的种床(seed-bed)。

2. 首先要指出的第一点是，造物主以其智慧所设计的人们之间炽热的爱欲的吸引力，并不是纯粹为了让他们行乐的；因为性就其本身而言，产生的肯定是极端的污秽与人类种群的混乱。但是，它倒是可以用于增进丈夫与妻子之间的亲密关系，以鼓励他们去生儿育女，并且克服因为照料子女的出生及抚养中所发生的困难。

从这点就可以说，偏离了这个目的的对生殖器官的运用，都是为自然法所不容的。因此，应该禁止与异类性交，禁止同性之间的性交；任何淫荡污秽、所有非婚性关系也都应该被禁止，无论是双方自愿，还是违背妇女的意愿。

3. 要么可以从对人类种群作为一个整体的尊重，要么可以从对个体的尊重，来看待婚姻义务。

从第一个方面而言，人类种群的繁衍绝不能通过随便的性交或者滥交来实现。它应该始终受到婚姻法的约束，并且只能在婚姻之内进行。没有这一点，人们之间就不可能形成纯朴优雅、秩序井然的社会,文明生活的发展也是不可想象的。

从第二个方面而言,当某个适当的情况发生时,人们就应该走进婚姻。这不仅要看年龄和生育能力,也要看双方是否般配以及男方有没有抚养妻儿的能力;还要看男方是否适合担当家长角色。当然也有例外的存在,任何想要单身过童贞生活的人,以及认为不结婚比结婚能给人类种群或者其国家作出更大贡献的人——特别是在不担心没有子嗣的情况下,也都可以不结婚。

4. 对于即将走进婚姻生活的双方而言,情况往往是,也应该是,他们之间应该有一个协议。一个普通而完整的婚姻协议包括如下条款:

（1）根据两性性别的情况,这个契约一般应该由男方提出。因为男人的目的是要拥有自己的孩子——不是冒充的或者通奸所生的孩子,而女方应该承诺不让该男人之外的人碰她的身体。作为对妻子的回报,丈夫一般也会作出同样的庄严承诺。

（2）再也没有比过着居无定所、毫无财产的漂泊流浪生活与社会和文明生活更不相适应的了。最好的抚养孩子（孩子是父母双方共同的孩子）的方式,就是通过夫妻双方的齐心协力。不仅如此,亲密无间的生活对于那些和睦的夫妻而言是一种巨大的幸福,同时也使得丈夫对妻子的忠诚有了更大的确信。凡此种种原因,一个妻子便可以给其丈夫进一步的承诺:与他不间断地生活在一起,一起亲密地生活并且组成一个家庭。隐含其中的是一种相互的承诺:他们会按照他们的结合的性质要求的那样去彼此对待,恪守承诺。

（3）与两性关系的自然情况特别相适应的不仅是男性的地位要优于女性的地位,而且,丈夫还应该是他所组建的家庭的家长。循此理由,在关于婚姻和家庭的问题上,妻子应该听从丈夫

第二章 论婚姻责任

的指示。因此,决定家庭居住在何处的应该是丈夫,而妻子不能违背丈夫的意志,并且不能与他分居。然而,从婚姻的本质中也不能必然得出丈夫能够执掌妻子的生杀大权,能够虐待妻子,或者能够全权处理妻子的任何或全部财产的结论。尽管,根据某些配偶之间的协议,或者基于国家法的规定,在某些地方,丈夫能够确立这些权威。

5. 尽管一个女人在同一时间与不止一个男人生活在一起明显是违反自然法的,但在许多民族中(包括先前的犹太民族自身),也有一个男人同时可以拥有两个或更多妻子的习惯。然而,即便不考虑在《圣经》中记载的人类最初的婚姻制度,一个男子只拥有一个妻子也是更妥当和更有益的。并且,我们知道,数个世纪以来,这已经是为基督教各国家所认同的习惯了。

6. 这种结合的性质已经非常清晰地表明,婚姻应该是永续的,应该一直存续到夫妻一方的死亡,除非原先的婚姻协议已经因通奸或故意的离弃而被违反。在性格不合的情况下(这与有意的离弃后果不同),仅仅是分开生活,但不允许再婚已经成为基督徒们所接受的习惯。允许这样做的原因之一是要阻止通过鼓励故意的不道德而导致离婚的可能,同时鼓励配偶双方更加圆通灵活和彼此宽容,因为他们已经没有再婚的可能了。然而,如果婚约的条款已经被践踏,受伤害的一方可以自行解除婚约;但只要受伤害的一方希望重归于好,或者有这样做的打算,那么婚姻的约束对另一方就仍然有效。

7. 在当前的年龄与身体状况适合结婚时,只要在国家法上没有障碍,任何人都可以正当地订立婚约;除非有某种道德上的阻碍因素的存在。如果一个人已有配偶,那么,不管是男人还是女人,他们如果想要再寻一个配偶,在道德上就是有阻碍的。

8. 对于一场合法婚姻而言,另外还有一个因素被认为是道德上的阻碍:过于亲近的血缘关系或者亲缘关系。这就是为什么自然法也认为,在直系尊亲属与卑亲属之间的婚姻,不管隔了多少代,都是不道德的。与旁系亲属(transverse line)的婚姻,比如与姨母、姑母或者姐妹等,或者就亲缘关系来说,与继母、岳母或继女等,无论根据神法还是文明国家的法律都是不允许的。而且,这也已经成为基督徒的共识。不仅如此,许多民族的国家法还禁止更远亲属间的婚姻,以将其当作保护上述更亲密亲属关系之间不得结婚的藩篱,从而使得对它们的违反更为不易。

9. 针对其他合同与交易,国家法通常也规定某些明确的条件,如果不遵守这些条件,这些合同与交易在法庭上将不具有效力。因此,就婚姻的情形而言,为了公序良俗,在某些地方国家法往往也会为其规定庄重的仪式。尽管这些方面在自然法的范围之外,那些受到国家法约束的人在不具备这些条件的情况下,也仍然不能订立一个合法的婚约;或者,在国家中,此种结合至少不能与正常的婚姻具有同样的效果。

10. 丈夫的责任是去爱护、抚养、管理和保护他的妻子,而一个妻子的责任则是去爱护、尊重她的丈夫,做他的贤内助,不仅为他生儿育女,还要帮他承担某些家庭事务。对婚姻双方而言,这种结合的性质要求配偶双方成为祸福与共的伴侣,任何一方遭到了灾难,另一方都义务给予扶助。每一方都应该表现出理智,使他们的行为能够有助于维持双方的和谐;尽管妻子应该更多地承担谦让的角色。

第三章　论父母和子女的责任

1. 婚姻的结晶是孩子,并且在他们之上确立了亲权(paternal power, *patria potestas*)。亲权是最为古老也最为神圣的权威(authority, *imperium*)形式。它要求子女尊重父母的命令,并且承认他们高于自己的地位。

2. 父母对子女的权威主要有两个来源。第一个就是自然法自身,自然法在强迫人们过社会生活时,为父母设定了照料其子女的责任。为了防止懈怠,自然已经为父母植入了对他们最为深刻的感情。为了履行这种照料责任,就必须有相应的权力(power, *potestas*),只有如此才能为了孩子们的安全而指引他们的行为。因为孩子们太小,缺乏判断能力,他们自己还不能清晰地认识到如何行为才安全。

其次,这种权威也建立在孩子们默示的同意之上。人们完全可以这样假定,如果婴儿在落地之时就能够运用理性,并且能够意识到如果没有父母的照料以及与那种照料相应的管教他就不能生存的话,那么,他将会逐渐同意父母的权威,并且规定条件,也即作为回报,父母必须给他良好的照料和抚养。在实践中,一旦父母开始承认子女,抚养他们并且按照社会良好成员的要求来着手塑造他们时,父母的权威就建立了。

3. 母亲对后代子女的贡献与父亲一样大,并且,从生理上来说,后代子女是同等地属于父母双方的。因此,我们必须认真地探究,究竟是谁享有高于子女的权利。

在这里,我们还必须进行仔细的区分。如果子女是非婚生子女,那么他将首先属于母亲。理由就是,只有通过母亲的指证,才能确定谁是父亲。对于那些生活在自然自由状态之中或者超越国家法的人们来说,他们也许可以订立协议;在协议中,更多的是将权利赋予母亲。

但是在国家之中(毫无疑问,国家是由男人而不是女人所建立的),更盛行的则是父权,因为婚姻通常是由男人主导订立的,并且他还成了家长。职是之故,尽管子女必须尊重和感激他们的母亲,但在其母亲的命令与父亲的合理的命令相冲突时,他们就不必服从母亲。然而,如果父亲早亡,那么他对子女所享有的权利,至少在子女成年之前,就赋予了母亲;而且,如果她又再婚的话,那么这个权利就转移给了继父,因为他承担了生父的责任和对继子女的抚养照料。如果一个人作为自由人抚养了一个被遗弃的孩子或者孤儿,那么他(自己就有权)要求这个孩子像子女那样服从他。

4. 为了更准确地理解父母对其子女所享有的权力的范围,我们就必须在家长中区分出那些彼此独立生活、各不相干的家长和那些已经服从国家的家长;以及区分一个人作为一个父亲所享有的权威和他作为家长所拥有的权力。

自然已经为父亲设定了悉心抚育其子女的责任,以使其成长为人类社会的良好成员。职是之故,父亲就被允许为了这个目的而行使必要的权力。但是,这个权力绝不能够扩展到能够允许父母将母腹中的胎儿堕胎,或者遗弃甚至杀掉新生儿的程度。尽管

第三章 论父母和子女的责任

子女的身体是父母给的,但他们仍然与父母一样分享人所具有的条件,也可能遭受父母的伤害。这种亲权不仅不能扩展到能够因子女做错事而掌握其生杀大权的程度,并且只能被限制在合理的惩罚限度内。因为我们要管教的是年幼的孩子,这个年纪很少发生以死作为弥补的极端犯罪。尽管如此,如果一个调皮的孩子再三地拒绝服从所有诫律,并且完全是朽木不可雕了,那么他就可以被父亲赶出家门并断绝父子关系。

5. 接下来,我们将在这个被限定了的意义上根据孩子成长的不同阶段来讨论亲权。

在第一个阶段,孩子运用理性的能力还没有充分发育,所有孩子的行为都要受到父母的管教。在这个阶段,如果有任何从其他人处转移给未成年人的财产的话,那么,尽管财产的所有权归儿子,但仍然应该由父亲来替儿子接受和管理此财产。但是,在孩子长大成年之前,财产的收益应该归于父亲,这是合理的。同样地,对于儿子通过劳动所获得的成果与薪水,父亲都有权要求其上交;并且对父亲来说,也必须为儿子提供应该的抚养和培育。

6. 如果孩子已经长大成人、具有了成熟的判断能力,但仍然是父系家庭的一个组成部分的话,那么人们必须考虑将父亲的监护权与家长权区分开来。因为,在前一种情况下,他的目的在于正确地抚养和教育子女;很显然,即便已经长大的孩子,也应听从父母的指导,因为父母比他们自己更明智。

任何想要得到父亲财力的支持并在日后继承父亲财产的人,都必须调整自己以适应父亲家庭的生活方式,管教整个家庭在任何情况下都是父亲的特权。

7. 但是,在进入国家之前的家庭里,家长往往行使着君主般的权威。因此,既然子女仍然生活在父亲的大家庭里,他们就有责任将其父亲的权威当作是至高无上的。

但是后来,家庭权威(与其他相应的权利一起)得到了调整,以适应国家的情况和状态;同时,在有些地方父亲仍然保留了很大的权威,但在其他一些地方父亲只留下了较小的权威。因此,我们就可以发现,在有些国家,当子女做错了事情时,父亲仍然掌握着子女的生杀大权;但在其他地方,对子女的生杀大权被剥夺了,因为国家担心他们会误用这种权力以损害公共利益,或者对其子女滥用这种权力。如此,孩子们的弱点就不会因为父母的溺爱而被放纵,以至于最后一发不可收拾并导致巨大的社会危害;同时也解除了父亲宣布如此严酷的判决的义务。

8. 但是,当孩子永远地离开了父亲的家庭,并且建立起了自己新的家庭或者加入了其他家庭时,那么父亲的权力也就被解除了。然而,对父亲的感恩和尊重仍然必须保留;因为它源于父母之为父母的应有之义,对此,一般认为子女是永远无以为报的。这些应有之义部分地是由于子女是从其父母那里得到生命的,他们的所有其他幸运都有赖于此。为了将他们抚养成人以成为人类社会的有益成员,父母还付出了艰辛的劳动与高昂的成本,并且给予了他们宝贵的技巧和财富,以使得他们能够过上幸福和富裕的生活。

9. 尽管自然将养育子女的责任施加到了父母头上,但如果在有必要或者为了孩子更好的情况下,这并不意味着禁止委托其他人去承担这样的义务。然而,父母自己必须保留对受托人进行监督的权利。

正是这一点,才使得父亲委托一位适当的教师来教导他的儿子具有正当性。当孩子可以获得更大的益处时,他也可以将孩子送人收养。

而且,如果是在没有其他方法去抚养他的孩子时,一个父亲还可以那孩子来做债务抵押,或者将他卖身为奴而不是让其因缺衣少食而死亡。但这样做至少要有一个条件:当父亲时来运转境况

第三章　论父母和子女的责任

转好,或者有亲戚愿意将孩子买回时,上述行为都应该是可撤销的。然而,如果一个父亲不人道地对待孩子或者将孩子遗弃了的话,那么捡到孩子并抚养他的人,也同时继承了父亲的权利,因此,孩子对抚养他的人也应该有作为子女的孝敬和服从。

10. 除非有着极端重大的理由,当孩子仍然需要帮助和抚养时,父亲不能将他赶出家门。类似的,除非得到了父亲的许可,孩子也不能擅自离家出走。那么,通常会发生因为婚姻的原因孩子离开其父亲的家庭的情况,但在任何情况下,孩子跟谁结婚,他们的孙子辈将由什么人生出,对父母来说都是非常重大的事情。职是之故,非常明显的是,一个孩子孝顺父母的责任要求,孩子必须在此类婚姻等大事上得到父亲的同意,在选择配偶的时候不能违反父亲的意志。然而,如果子女已经在事实上违反其父亲的意志签订了婚约并完成了婚礼,那么在自然法上将并不是无效的。尤其是当他们的意图是不再成为家庭的负担,并且从其他各个方面来看双方并无不般配之处的时候。因此,如果在某些地方这样的婚姻被认为无效或者非法的话,那应该是国家法上的问题。

11. 父母的责任主要是恰当地抚养孩子,通过适当的与明智的培育来塑造子女的身心,从而使得他们成为人类社会和文明社会像样的和有用的成员,诚实、智慧和品性端正的成员。他们还应该让孩子从事适当的、诚实的职业,在时机和条件允许的情况下帮助他们谋取和增进财富。

12. 从另一个方面来说,孩子的责任就是尊重他们的父母。也即是,不仅在表面上对他们谦恭尊重,而且更多的是从内心认同他们,将他们当作自己生命的创造者以及许多其他好处的给予者;要服从他们,尽其所能地照料他们(特别是在他们年老体衰之后);在没有他们的建议与指导的情况下不去做任何重大事项;最后,要耐心承受父母的牢骚和缺点。

第四章　论主人与奴仆的责任[①]

1. 随着人类生殖日繁,人们开始意识到将家务杂事交给他人照料、由他人服务更有利,于是,使用奴仆(slaves, *servus*)来进行某些指定的劳动以承担家庭事务的习惯得以形成。最初,奴仆可能都是自愿出卖自己的,原因可能是为贫穷所迫,也可能是他们觉得自己太不聪明。他们终生为主人提供服务,以希望主人一直为其提供食物等生活必需品。此后,由于战事频繁,烽火蔓延,许多民族都开始接受了这样的习惯:战争中的战俘为换取活命,他们及其可能产生的后代就将从此遭受奴役。然而,从现在的情况来看,许多民族都已经没有了这种奴役的情况,其家庭事务往往都是由这样的一些人来承担:在一定时段内,这些人受雇于主人,为其提供服务并获取薪资。

2. 由于奴役的程度各自不同,因此主人的权力与奴仆的地位也就同样千差万别。

短期的临时工,通常由其主人按照约定负担工资,而他也按照

---

① "*Servus*":普芬道夫以这个词语来同时包含"仆人"和"奴隶"两个意思。

第四章 论主人与奴仆的责任

约定提供服务。在这种契约中,主人具有较高的身份,所以这种雇佣工就有义务以与主人的尊严相适应的方式表示对主人的尊重。如果他工作做得不好或者疏忽大意,就应该受到惩罚;但是,仅仅根据主人自己所拥有的权威,惩罚不能达到严重伤害身体的程度,更不用说将其处死了。

3. 出于自己的自由意志而使自己永久成为某人的奴仆的人,终生都应该由其主人来提供食物及其他生活必需品。作为回报,他必须去做主人所要求的任何服务,并且诚实地将其所获得的任何利益都交给主人。然而,在这种情况下,主人应该仁慈地考虑到奴仆的实力与技能,不能残忍地要求他从事力所不能及的劳动。他还必须应主人的要求进行改正,不仅是要求他在从事某项工作时不能再疏忽大意,还应该使其工作态度与主人家庭事务的尊严和体面的要求相一致。然而,由于此种奴仆是自己选择卖给现在的主人而不是别人的,因此主人不能在违反奴仆意志的情况下将他卖给另外一个人;因为对于一个奴仆来说,为谁服务是一个很重要的问题。如果他对家庭之外的某个人犯下了严重的罪行,那么在国家中,他就应该承受公权力(civil power)所施加的惩罚;而如果家庭并不从属于国家而是相互独立地生活在自然状态中时,他将会被放逐出家庭。但是,当犯罪本身乃是针对一个独立的家庭时,他可能会被施以极刑。

4. 最初的时候,在战争中被俘的奴隶通常会遭到相当残忍的对待,因为我们对敌人仍然余怒未息并将怒火发泄在他们身上,还因为这些奴隶本身也对我们自身和我们的财富进行了极端严重的攻击。但是,一旦在战胜方与被征服者之间就家庭事务达成了互惠协议,那么所有过去的敌意就烟消云散了。在此之后,就主人而言,不为以此方式获得的奴隶提供维持生命的生活必需品,或者毫无道理地虐待他,都是错误的,更不要说将他处死了;除非奴隶自己犯下了必须处死才能赎罪的罪行。

5. 对于那些因暴力战争沦落到如此境地的奴隶而言,与那些通过购买而获得的奴隶一样,习惯上我们可以随心所欲地将他转让给任何人,就像转让我们的财产,而且和我们出售商品的方式没有什么两样。在此情况下,奴隶的身体被认为是属于主人的。但是,由于人道主义要我们在任何情况下都不能忘记奴仆也是人,我们就无论如何也不能像对待财产那样对待他;因为对于财产,我们可以使用、可以滥用也可以摧毁,一切都随我们的喜好而定。② 而且,当一个人打算将这种奴隶转让给另外一个人时,他应该尽最大的努力(这种努力甚至比奴隶本身的价值更大)以确保,他不会将奴隶送到一个可能遭受非人道对待的地方。

6. 最后,有一点在所有地方都得到了认可:奴隶的父母所生出的后代本身也是受奴役的身份,并且作为一种财产而属于其母亲的主人。这种做法得到了这样一种观点的辩护:身体的产出属于身体的主人是合理的。这同时也是因为,如果主人对其父母行使了战争的权利的话,那么很明显,他们就不会被生出了;还因为,由于其父母自己一无所有,若非主人的支持,他们就无以抚养子女。因此,由于在奴隶的后代成长为可以提供其服务以供使用之前的很长时间里,主人都需要提供维持其生活的必需品,也由于他后来所提供的服务并不会超出这段时间为其提供的生活必需品的价值太多,因此,他不能违背主人的意志去摆脱奴役状态。然而,非常明显的是,这些因家庭出身而成为奴隶的人自己并没有任何过错,因此无论如何也不能允许对待他们比对那些永久性雇工更残忍。

---

② 比较古罗马法学家对所有权的定义:"使用和滥用的权利(*jus utendi fruendi abutendi*)"。

第五章　论建立国家的动因

1. 通过前面所讨论的责任和状态(conditions, *status*)，好像我们生活的舒适与便利很少有什么不能保证的。尽管如此，我们现在仍然需要探讨人们为什么不满意最初所建立的那些较小的联合(associations, *societas*)，而是进一步建立那名为国家(states, *civitas*)的更大型联合；因为，我们必须从这个基础出发，才能为那些伴随着政治国家(civil state, *status civilis*)而产生的责任寻找正当性。

2. 如果说人是被自然本身拖入政治社会的(civil society, *societas civilis*)，因此他不能也不会离开社会而生活，这样说并不充分。因为，人显然是一种将爱自己与爱自己的利益放在最高程度上的动物。因此，毫无疑问，他必定是看到能够得到某种好处，才自愿希望进入政治社会的。而且，人们是一种如果不与自己的伙伴结成联合就会极为悲惨的动物。然而，他的自然欲望与需求，通过最初的社会及基于人道或协定而来的责任就可以得到充分的满足。因此，我们不能从人的社会性中推论说，他的本性恰好是倾向于政治社会的。

3. 如果我们考虑如下几方面内容，这一点将会更加清楚：

(1)国家的建立所导致的人类境况;(2)可以真正地说一个人是政治动物(也即一个好公民)所必须符合的条件,以及最后,(3)可观察到的与政治社会的特点格格不入的人类本性。

4.(1)在成为公民的过程中,人们丧失了其自然自由的状态并且服从于一个权威。这个权威的权力包括了生杀予夺的权利。在该权威有命令的情况下,一个人即使不想去做什么事,他也必须去做;即便他非常想去做某事,也不能再去做。而且,在他进行绝大部分自己的行为时,他必须将社会的利益考虑进来;而这些社会利益通常是与他的个人利益相冲突的,尽管他天生地喜欢随心所欲,事事按照自己的利益去进行,而不愿去服从任何人。

5.(2)一个真正的政治动物,也即一个良好的公民,我们用它意指一个执行有权者的命令毫不迟疑的人;一个尽其所能为了公共利益而奋斗,并逐渐地将自己的私利放在第二位的人——也即一个认为除非同时对国家有利,否则没有什么是对他有利的东西的人;以及最后,一个能够善待其同胞的人。但是,天性如此、本能地与此目的相协调的人却并不是很多。绝大多数人之所以这样做,仅仅是出于对惩罚的恐惧。许多人终其一生都是不好的公民和政治动物。

6.(3)没有任何动物比人更凶狠、更残暴以及更倾向于去犯下破坏社会和平的罪行。因为,除了有与动物同样的对事物和性的欲求之外,人们还为许多自己并不知晓的缺点所驱使,比如,得寸进尺、野心勃勃(最可怕的邪恶)、小肚鸡肠、睚眦必报以及燃烧着的报复欲(它还常常随着时间的推进而日益强烈);变化无常的习性与偏好,以及固执己见的偏执。而且,人们还能在残害同类中获得强烈的快感,以至于人类所遭受的绝大部分邪恶都是由人类自己所导致的。

7.因此,为什么家长们会抛弃自然自由,以及求助于国家的建

第五章 论建立国家的动因

立,真正的与主要的原因就在于想去寻求对自己的保护,以反对那人威胁人的邪恶。正如在上帝之后,人们能够比任何其他动物更能为其邻人造福一样,他也同样能够造成最大的损害。那些说出这句格言的人,真正的判断出了人的邪恶,以及对邪恶的弥补:"如果没有法庭,人们将相互噬咬。"

但是,当通过国家人们形成了秩序,并且能够更安全地避免彼此的伤害之后,自然而然的结果就是,人们之间就能给彼此带来更多的好处,并且从中得到更大的享受。举例言之,有这么一种好处:他们很早就受到更好的行为习惯的熏陶,不断发现和发展许多有助于人类生活的改善与丰富的技巧。

8. 如果我们经过反思认识到,除了国家之外,没有其他手段能够更充分地限制人的邪恶,那么我们就能更好地理解建立国家的原因。

诚然,自然法教导人们应该避免彼此施加伤害。但是,仅仅自然法并不能确保人们在自然自由状态中的生活能够足够安全。也许,的确存在一些性格温和的人,他们并不想去伤害别人,甚至是在不会受到惩罚的时候也是如此;而其他人则是因为对不好的结果的担心才压抑自己的欲望的。然而,仍然存在这样一些人,对他们而言,为了获利,根本就视法律若无物;而且,他们对自己的力量自信满满,或者认为自己足够奸猾,能够压制和躲避他们的受害者的报复。任何一个爱惜自身安全的人都会寻求去防备这类人,而最好的防备手段就是国家。某些人之间也许已经彼此作出了要相互帮助的承诺,但这并不足够;除非有某种东西,能够将他们的判断统一起来,并且能够坚定地约束他们的意志去兑现自己的承诺。否则,他们若期待必定能够从彼此处获得帮助,只能是徒劳。

9. 最后,尽管自然法已经给出了充分的警告:侵犯他人的利益必将遭受惩罚;但是人们发现,不管是对上帝的恐惧,还是对良心的坚持，都不足以具有压抑人们内心的邪恶的力量。因为，世界上有许多这样的人，由于生长的环境或者生活方式所存在的问题，他们根本不关心理性的力量。他们仅仅是今朝有酒今朝醉，鼠目寸光，仅仅注重眼前可见的利益。

　　神的惩罚往往来得太迟，这就给了人类中的邪恶分子为其所遭受的不利后果寻找其他原因的机会；特别是，他们认为作恶就可以使自己得到丰富的东西，并且能够享受到无边的快意。而且，还有一个事实是，在事情已经发生无法挽回时，犯罪之前的良心不安，好像并没有犯罪之后的悔恨那么强烈。的确，对压制邪恶欲望的最有效的弥补措施，最适合人性的弥补措施，能够在国家中找到。

第六章 论国家的内在结构

1. 我们接下来将会讨论国家得以建立起来的方式,以及将国家联合起来的内在纽带。最初,非常清楚的是,人们发现他人的帮助是比堡垒、武器或者愚蠢的动物更有用和更有效的防御手段,能够更好地抵御人类的堕落给他人带来威胁的邪恶。而且,由于一个人的能力是有限的,那么他就有必要与他人联合在一起以实现这个目的。

2. 同样清楚的是,仅仅两个或者三个人的联合并不能提供那种抵御他人的安全保障。因为,对于这些较少人的结合而言,足够多的人的共谋完全可以战胜他们并确保胜利;而且这些足够多的人对胜利和躲避惩罚的预期,也给了共谋者们足够的信心去大胆一试。因此,为此目的,就有必要组成一个由非常众多之人所结成的联合,这样的话,少数一些人叛逃并加入到敌人的阵营并不能导致胜利的天平向后者倾斜。

3. 在这些为此目的而走到一起的人们之间,也必须就采取何种手段以实现目的来达成一个共识。如果他们内部都不能达成一致,而是在意见上众说纷纭以至于各怀异志,那么无论他们有多么人多势众，最终都将一事无成。而相反，在另外一种情况下，在冲动的激情下，人们也许达成了临时的协议，但仍然会很快分崩离析，因为人们的想法和性情是变动不居的。尽管他们也许会基于协议承诺会为了共同的防御而各尽其力，但即使是这种方法，也不能在联合存续期间一直提供安全保障。相反，应该这样：一旦人们为了共同的利益而统一去致力于和平和相互帮助，便禁止此后再反悔；无论他们的私利看起来是如何与公共利益相冲突。

4. 在人性中存在两个主要的缺陷，正是这两个缺陷阻止了许多相互独立（independent，sui juris）互不统属的人为了共同的目标而达成持续地合作。第一个缺陷是，人们在决定何种方式最有利于实现那个目标时，在倾向和判断上的多元性。在这样的一种结合中，这种缺陷可以经常被发现：在选择何种方式最有利于实现目的时举棋不定，而一旦选择了一个便顽固坚持，倔强不已。第二个缺陷是懒惰。一旦没有要求他们不再拖拖拉拉、不再对履行责任漫不经心的压力时，他们就不愿意去作出那有益的选择。第一个缺陷可以用全体意志的永久性结合来克服；而第二个则只能通过建立某种权力（power，potestas）来克服，这种权力应该是他们用眼能直接看到的，并且能够对那些违反公共利益的人施加惩罚。

5. 许多意志能够得以联合在一起的唯一一种方式就是，每个人都将其意志顺从于一个人的意志或者一个团体的意志。以此方式，从联合开始之时起，在关于集体安全的问题上，那个人或者团体的任何意志都被视为是所有人的及每一个人的意志。

6. 同样地，这样一种人人都恐惧的权力得以在许多人之间形成的条件是：每个人都按照这样一个人的要求来使用其力量——而所有人都将其使用力量的权利交给了这个人。

只有当他们已经获得了这样一个意志与力量的结合时，许多人才结合成了一个共同体；这个共同体比其他任何实体都要强大，

第六章　论国家的内在结构

名为国家。

7. 当形成一个常规意义上的国家时,需要两个协议与一项法令。

首先,当那些被认为处于自然自由状态之中的人们聚集起来打算组成一个国家时,他们作为个体彼此同意加入到一个单一的与永久的联合之中,并且同意通过按照共同的议事会与领导来负责他们的安全;一言以蔽之,他们想变成同胞。每个人都必须同意这个协议,任何不同意的人都仍然处于未来的国家之外。

8. 在这个协议之后,还必须有一项法令,由它来决定未来的政府形式。直到政府形式被决定之前,任何能够保证公共安全的措施都将无法采取。

9. 在决定政府形式的法令颁布之后,当一个或者一些人被任命,还处于襁褓中的国家的政府将委托给他或他们时,就需要第二个协议了。根据这个协议,他或者他们就有义务要求自己去提供公共安全与保障,而其他的人则有义务去服从他或他们。也是根据这个协议,所有人都将其意志服从于他或者他们的意志,并将其在公共防卫上对力量的运用或使用移交给他或他们。只有当这个协议正常生效之时,一个健全的与正常的国家才算是真正形成。

10. 一个如此构成的国家也被认为是一个人(person, persona),并且通过一个独特的名字,它被与所有特定的人们分离和区分开来。而且,它有自己特殊的权利和财产,任何一个人、任何一群人,甚至所有人一起,都不能从那个掌握着统治权威的人,或者那个受托掌握国家政权的人手中夺取它们。因此,国家就被界定为一个混合的道德人(composite moral person),他的意志乃是从许多人所签署的协议中混合与结合而来的,并被视为所有人的意志,并因此可以为公共的和平与安全而调动每个个人的力量与能力。

11. 作为公共行动原则的国家意志,要么是通过一个人,要么是通过一个团体来得以表达的;具体情况视最高权力的授权状况而定。当国家政权掌握在一个人手中时,在国家目的的范围内,他在任何事情上所作出的任何决定(假定他是心智健全的),都被视为国家的意志。

12. 但是,当国家的政府被委托给了一个由许多人(每个人都保留着他自己的意志)构成的团体时,那么组成该团体的成员中多数人的同意就被视为国家的意志;除非有一个事前的具体安排来决定,该团体中多大比例人的同意才能代表整个团体的意志。当两种相互冲突的意见平分秋色时,什么行为都不能被作出;比对方获得更多票数的一方将会胜出,只要根据法律,在其他情形中这么多人的同意已经能够代表整个团体的意志。

13. 在一个被如此建立的国家中,政府的担纲者被称为君主、议院(senate)或者自由国民,端看他是一个人,还是由一些人所构成的团体,或者由所有人构成的团体。其他人被称为臣民或公民,后者是在其广义上被使用的。然而,从其狭义上来理解,"公民"一词常常仅用于指涉这样的一群特定的人——国家的结合与同意最初就是由他们——或者他们的继任者,比如,各个家庭的家长——作出的。

进而言之,公民身份要么是自然取得的,要么是通过归化而取得的。前者指的是这样一些人,他们或者是那部分一开始就在这个国家里出生的人,或者是他们的后代;这些人通常被称为土生土长的公民。后者指的是那些从外国进入这个国家(在这个国家形成之后)并定居的人。

那些仅仅在这个国家中生活一段时间的人,尽管在那段时间内他们也服从这个国家的政府,但仍然不被认为是公民,而只能被称为外国人或者旅居者。

14. 这种对国家起源的说明并不意味着政治权威(civil author-

第六章 论国家的内在结构

ity, *imperium civile*）不属于上帝。因为,上帝希望所有人都遵守自然法,但是,由于人类的生殖繁衍,这样一种可怕的生活可能会随之发生:甚至都没有自然法的一席之地了。正是国家的制度最为支持对自然法的遵守。并且因此(鉴于那些决定目标的人被认为也有决定为实现目标而采取何种方式的权利),通过理性的中介,上帝也被认为已经预先给人类下达了命令:如果人类生齿日繁,国家就应该被建立。这个命令是通过统治权威而被唤醒的。在《圣经》中,上帝也表达了他对他们的秩序的认可,并且通过特殊的法律来确保了那个秩序的神圣性,并且也以此证明了他对国家秩序的特殊关切。

第七章　论主权的职能①

1. 主权（sovereign power, *summi imperii*）的职能及其在国家中行使的方式，可以非常明确地从自然和国家的目的中推断出来。

2. 在一个国家中，所有人都使其意志服从于那些掌握国家安全大权的人们的意志，因此，他们愿意去做统治者所希望的任何事。为使其成为可能，那些大权在握者就必须在这些事项上向公民表明自己的意思。他们不仅可以就具体事项向具体的个人发布指令来做到这一点，也可以通过一般性的规则来做到这一点。这样，什么是可以做的，什么是不可以做的，就会一直是确定的。在确定什么是一个人所有的，什么是别人所有的；什么是合乎法律的，什么是不合乎法律的；什么是好的，什么是坏的；什么是一个人所保留的个人自由，或者一个人如何将其个人所享有的欢愉与国家的和平宁静相协调；以及个人以其权利可以向他人提出何种要求、如何提出时，这也是一种常用的方式。对这些事项的清晰界

---

① ［*de partibus summi imperii*］，"*Imperium*"根据语境被译为"权力（power）"或"权威（authority）"。

第七章 论主权的职能

定,将是对国家的尊严与和平宁静的极为关键的贡献。

3. 国家最为重要的目的就是,通过相互的合作与协助,人们能够变得安全,从而避免他们彼此之间常常会相互施加的伤害与损害。为了从这样一些人那里得到这种安全——我们就是与他们一起结合成一个社会的——我们彼此之间签订契约约定彼此互不伤害并不足够,甚至光是向公民宣布主权者的意志也是不够的。必须依靠对惩罚的恐惧,而且还要有能够立即施行惩罚的能力。为了达此目的,惩罚的裁决必须被精细地作出,从而能够明确违法将比守法付出更大的成本;惩罚的严厉性必须能够胜过从罪行中获得或者期望能够从中获得的好处。因为,人们总是会两害相权取其轻。尽管,的确会有一些人,他们不会因为对惩罚的恐惧而停止犯罪行为,但这只能被视为例外——而人类的境况并不允许我们排除所有例外。

4. 就法律在某些特定事项上的适用的正确性,总是会产生许多争议;而且,每当某种特定的行为被宣称为非法时,都会产生许多需要认真权衡的观点。因此,为了在公民之中维持和平,处理公民之间的争议并作出裁决,对被指责为非法的个体公民的特定行为进行调查,并且依照法律宣布和执行惩罚,就是主权的职能。

5. 对于那些已经组合成一个国家的人们而言,为了对抗国家之外的人,以策安全,国家的一个职能就是召集、整合及武装起来,或者为了共同防御之需而雇用尽可能多的人(考虑到敌人在数量及力量上的不确定性),并且以合适的方法重新缔造和平。在战时或和平时期都有可能会利用联盟,不仅可以在不同的国家之间更好地分配资源,也可以通过力量的联合来击退强大的敌人或逼其签订城下之盟。因此,加入这两种联盟中的任何一种并要求其属民服从联盟,以及将所有从联盟中获得的好处都归于国家,就仍然在主权的权威范围之内。

6. 无论在战时还是在和平时期,一个大型国家的事务都不能仅仅由一个人在没有行政官员(minister)和司法官员(magistrates)的情况下进行处理。因此,主权者就有必要任命一些人代表他去调查公民之中所发生的争议,搜集邻国意图的情报,指挥战士,征集与分配国家资源,以及一言以蔽之,在每一个方面去维护国家利益(interest, utilitas)。主权者可以也应该驱使这些官员去恪尽职守,并且要求他们随时向他汇报情况。

7. 无论在战时还是在和平时期,国家事务的运行都不能没有经费。因此,主权者就有非常正当的权利迫使公民来支付这些费用。这可以通过多种方式来实现。举例言之,为了达致此目的,公民可以放弃其部分的财货或者其居住地上的部分产出;或者某些个别公民可以贡献其个人的财产,以及在必要时候贡献劳务;或者在进口和出口货物时征收关税(前者主要是为公民施加负担,后者则是对外国人施加负担);或者从消费品的价格中扣除适当的部分。

8. 最后,每个人都是根据自己的观点来调整自己的行为的,但绝大部分的人通常都是根据自己所熟悉的方面来判断事物,并且通常习惯按照公论来进行判断。很少有人能够仅仅根据自己的智慧来辨别真和善。因此,对于一个国家来说,广泛地宣扬与国家的目的和习惯相一致的信条,从而使得公民自孩提时代就沉浸在这些信条之中,便是非常适当的。职是之故,主权的职能之一,就是任命教授这些信条的公共教师。

9. 主权的这些职能是如此天然地交织在一起,以至于它们中的每一项以及任何一项都应该被排他性地置于一个人的掌握之中。因为,如果其中任何一项职能失灵,那么政府就将是有缺陷的,并且不适于去达成国家的目的。然而,如果它们被分割开来,

第七章　论主权的职能

以至于这些职能中的某些被排他性地由一个人所掌握,而其他职能则排他性地由另外一个人所掌握,那么就将导致产生一个不正常的政府形式,并且这个政府很容易走向崩溃。

第八章 论政体的形式

1. 政体（government, *respublica*）在形式上的不同,源于主权是归属于一个人,还是归属于一个由一些人或所有人所共同组成的会议（assembly）。

2. 国家（state, *civitas*）的形式可能是正常的,也可能是不正常的。当主权只集中在一个主体手中,因此只能源于一个意志,并且它遍及整个国家的所有部分及所有事务,从未被分割与损害时,就是正常的国家形式。如果情况不是这样,那就不是正常的国家形式。

3. 一个正常的国家有三种形式:(1) 当主权掌握在一个人的手中时,叫做君主制;(2) 当主权掌握在一个会议手中,而会议仅仅是由一些被选举出来的人组成时,就叫做贵族制;(3) 当主权掌握在一个会议手中,且会议由所有家族的家长所组成时,就叫做民主制。在第一种情况中,掌权者被称为君主;在第二种情况中,掌权者被称为贵族;在第三种情况中,则是人民。

4. 在每一种政体形式中,权力（power, *potestas*）其实都是一样的。但君主制比其他形式有着一个显著的优势,主要体现在审慎

第八章 论政体的形式

与决策中；也即是说，对权威（authority, imperium）的行使可以随时随地进行，而不需要规定的时间和地点；因此，一个君主在任何时候都处于可以随时运用权威的状态。但是，在贵族制和民主制中，没有任何一种是可以由一个自然人来作出决策的，因此，在确定的时间和地点开会以就公共事务进行研究并作出决策就是必需的。这是元老院和人民的意志能够被众所知晓的唯一方式，因为它源于多数人表示赞同的声音。

5. 但是，主权就如同其他权利一样，它也可能在一个地方运行良好，而在另一个地方运行得十分糟糕和鲁莽。因此，有些国家可以说是健康的，而其他的则是弊端丛生或者说是腐朽的。但我们并不需要去发明特殊的政府形式或者种类以控制这些弊端。有些折磨国家的弊端根源于人类本身，而有些则是源于制度设置本身。因此，有些被称为个人性的（personal faults）缺陷；有些则被称为制度性缺陷。

6. 在君主制中，个人性的缺陷产生于如下情况：如果王位的占据者毫无统治艺术，并且对国家少有、甚至毫无责任感，任其被奸臣的野心和贪欲毁掉；如果他以残忍和怒火来恐吓臣民；如果哪怕在毫无必要的情况下，他也以将国家置于险境为乐；如果他对征收来用于国家运行的经费穷奢极欲或者赏赐无度；如果他对百姓敲骨吸髓，聚敛钱财；如果他傲慢无礼；如果他处事不公；如果他的任何所作所为为其博得了昏君暴君的称号。

7. 贵族制中的个人性缺陷在如下一些情况中，也会产生：如果不诚实与不胜任的人通过贿赂或卑鄙的手段排斥贤能而挤入了元老院之中；如果贵族内部结党营私，内耗不断；如果他们视普通百姓为奴仆，并且侵吞公款以肥私。

8. 就民主制而言，在这样一些情况中，也会发生个人性缺陷：如果不胜任者和麻烦制造者习惯于以粗暴的方式来维护其观点；

如果对国家并无妨害的卓越之士遭到压制；如果法律的制定与撤销毫无章法、轻慢草率并且毫无理由地朝令夕改；如果由蠢材和庸才来主持大计。

9. 个人性的缺陷在任何国家都有可能发生，一旦那些掌握政府行政权的人疏于履行他们的职能或者履行职能不力，一旦公民——他们的天职就是服从——拒绝法律的束缚，那么这种个人性的缺陷就会出现。

10. 制度性缺陷发生在当国家的法律和惯例不适应人民或者领土的特点时，或者当它们诱使公民在内部拉帮结派或发动群众斗群众时，或者它们使得公民不能发挥对维护国家存在而言非常必要的作用时：比如，由于法律的影响人民一定会变得得过且过，毫无斗志，或者不能享受和平宁静；或者法律被设计得如此糟糕，以至于公共事务都不能被如期和毫无困难地完成。

11. 对于这些弊端丛生的政体，人民也赋予了它们一些特有的名称，如此，一个有缺陷的君主政体被称为暴政，一个有缺陷的少数人组成的政体被称为寡头政体，一个民粹形式的国家被称为暴民政体。然而，也常常会有这样的情况，在使用这些术语时，与其说人们是在描述政体形式的弊病，不如说是在表达他们对当前政体形式或者其统治者的赞许或不满。因为，时常会发生一个国王或者君主制度的反对者甚至将一个正当且良好的君主称作暴君或者独裁者的情况，特别是当这位国君执法严格、铁面无私时。而且，也会有这样的情况，一个因被排斥出元老院而心怀怨恨的人，由于自认为根本不亚于任何一个元老院议员，往往也会轻蔑和嫉妒地称这些议员们为寡头统治集团(oligarchy, *oligous*)——这意味着这样的一群少数者，尽管他们无论从哪个方面来看都不比别人强，但却以一种傲慢的姿态对那些和他们同样或者比他们更强的人行使权力。

第八章 论政体的形式

最后，当一群厌恶大众平等、自认高人一等的人，看到在民主政体中每个人都就公共问题行使投票权时，也往往会称其为暴民政治；因为，在任何一个国家里，人数最多的都是粗鄙的平民。通过暴民政治这个词，他们意指这样一种政治制度，在这种制度里，一群毫无价值的乌合之众当权，而没有留给精英们（他们自认为精英）任何特权。

12. 一种非正常的政体（*respublica irregularis*）是这样的：在其中，我们发现，那种对于一个国家的存在而言至关重要的团结并没有被完全建立，并且这并非由于在该国中行政管理的弊病或过错，而是因为，其政体的不规则性乃是为其公法或者惯例所确立为正当合法的。有无数种偏离正确标准的形式，并且因此，在非常规的政体形式中，我们也很难发现确定的或明确的形式。然而，我们可以从一到两个例子中清晰地理解非常规政体形式的性质。举例言之，当在一些国家中，元老院和人民一起享有处理公共事务的最终权利、并且双方互不向对方负责时；或者在一个王国里，一些出众的人物已经极富权势，以至于他们不再是国王的臣民而毋宁是其不平等的同盟者时，非正常性就会发生。

13. 当两个或者更多的国家被通过某种特定的方式连接在一起，以至于它们的力量被结合得犹如一个国家时，我们就称之为"国家体系（a system of states）"。国家体系主要有两种产生方式：（1）共同拥有一个国王；以及（2）结盟。

14. （1）不管是通过协议还是通过联姻、继承或征服，当几个独立的国家由同一个人做国王时，一个国家体系就出现了；这就是因一个共同的国王而出现国家体系的方式，假如它们不是被合并为一个王国，而是分别由同一个王根据各自的基本法来进行统治的话。

15. （2）当几个邻近国家以一种永久性的结盟而被如此联合

在一起，以至于它们宣布放弃行使其一部分主权时，第二种形式的国家体系就出现了。但是，放弃的主要是与对外防御有关的那部分主权，除非征得全体国民同意，否则国家的自由与独立仍然要保持完整。

第九章　论政治权威(civil authority)的特征①

1. 在整体上统治国家(state, *civitas*)的每一种权威(authority, *imperium*),不管政体形式如何,都具有至高无上性(supremacy, *summum*)。也即是说,这种权威的行使不依靠更高的上位者(superior),它依据自己的意志和判断而作出行为;没有任何人可以基于更高的权威而将其行为归于无效。

2. 因此,正是从这个意义上说,此种权威是不可问责的(unaccountable, *anhupeunthunos*),易言之,它没有义务对任何这样一个人——只要它不能给此人一个满意的交代,将会因此而受到作为上位者的他的惩罚或处罚。

3. 与此相应的是,统治权威(sovereign authority, *summum imperium*)本身就具有优于人或者国家法的地位,并且因此并不直接受到它们的约束。因为,这些法律的产生与存续都要依赖于统治权威。职是之故,它自己不可能受到它们的约束;否则,就是同一个

---

① [*imperium civile*](统治权)。

权力竟然高于自身。然而,当最高统治者通过法律就某些事务向公民下达命令时,法律的范围也将扩展到统治者自己,那么对他来说,遵从自己的自由意志是恰当的;而且这也将会增强法律的权威。

4. 最后,统治权威也有其自己独特的不可侵犯性。因此,如果公民拒不服从其正当的命令的话,在道德上是有过错的。但是,除此之外,即便其统治严酷,公民也必须严格地遵守,就如好孩子必须忍受他们坏脾气的父母一样。而且,即便最高统治者的命令对人们极端邪恶的伤害已经迫在眉睫,人们也只可以通过逃跑来保护自身,或者宁愿继续忍受侵犯或伤害,也不能对国家的统治者拔剑相向,无论他有多么的残暴。

5. 特别是在君主制政体与贵族制政体中,统治权威往往都是以绝对的形式(absolutum imperium)出现的;而在其他情况下,则是以有限的形式出现的。

绝对权力被认为是属于君主的,他完全可以随心所欲地根据自己的判断而非确定的规则、常规的制定法来行使此种权力,但也要根据事态的实际情况;而且一个人也必须根据实际情况的需要,来运用自己的判断保护国家的安全。

6. 但是,由于单个人的判断往往容易出错,并且他的意志也往往趋于为恶,因此,已经有一些民族审慎地考虑以某些确定的限制来约束权力的运用。他们是通过事先确定的法律在国王对其部分权力的行使上施以某种约束来限制王权,从而实现这一点的;而且,为了应对某些可能会发生的极端危急情况(这是不能被预先确定的);他们规定,必须事先知会民众或者其在议会中的代理人并取得其同意时,国王才能处理这些事项;如此,国王背离其王国安全的可能性就小了。

7. 最后,在掌控王权的问题上,不同的王国之间可能也会发生

第九章 论政治权威(civil authority)的特征

不同;我们可以发现,这种事情在各个王国之间并非千篇一律。因为,据说有些国王就好像管理祖荫遗产一样掌控其国家;因此,他们就可以随心所欲地去分割、让渡或者转让它。特别是在那些国王以武力得国、臣民也是自己招拢来的情况下,尤其容易出现这种情况。但是,对于那些人们自愿地奉其为王的人,尽管他们有着至高无上的权利去行使权力,但他们却绝不会随心所欲地分割、让渡或转让其王国。在将王国交给其继任者时,他们有义务遵循根本法或者已被广为接受的民族习惯,并且由于这个原因,有人认为在某些特定方面,他们像是对王国行使用益权。

第十章　论获取权威，尤其是
君主权威的方式

1. 对于任何具有正当性的政府的建立而言，臣民的同意都是必需的；但也并非在任何时候、任何地方都是如此。有时候，人们可能是在军队武力的威逼下才被迫同意征服者的规则的，而有时候，人们则自愿地默认其君主的统治。

2. 通过军队的武力而对权威的获取，常常被称为征服（conquest, *occupatio*）；当一个人凭借正当的借口发动战争并通过武力和运气而成功地将一个民族置于这样一种境地（他们从此被迫服从他的权威）时，就是征服。他之所以有资格拥有此种权力，其正当性部分地就在于这样一个事实：作为胜利者，如果他想要行使残酷的战争权利的话，他也许可以轻而易举地将被征服者全部杀戮；并且因此，通过使他们遭受较为不那么严酷的遭遇，他也因自己的仁慈而获得了尊重。但也有这样一种事实的原因在内，既然他的敌人之前已经对他不义、拒绝给予合理的补偿并且一直打算继续与他争战，那么这个敌人就是在战神的赌盘上去赌其全部的命运，也因此就默认他愿意接受战争所加诸于自己身上的任何后果。

第十章　论获取权威，尤其是君主权威的方式

3. 当一个民族（无论正在形成的民族还是已经形成的民族）举行选举，并自愿地将一个他们认为有掌权能力的人委任为国王时，这个王国就是经由该民族自愿的同意而成立的。该民族的决定（decision，decretum）已经向他表明，他接受了，人民承诺服从，于是，权力就被授予他了。

4. 在一个已经建立的国家中，选举往往发生在前任国王崩逝之后，选举之前是王位的空位期。在此阶段，国家暂时处于低谷，处于一种不完善的形式之中，因为此时的公民仅仅是因为第一契约（the first contract）才被约束到一起的。由于对共同的祖国及其名号的爱，也由于绝大多数公民的身家都已经被安置在那里的事实，所以高度的稳定才能得以维持。正是这些动机，促使良好的公民自愿地去尽力维持彼此之间的和平，并且尽其努力去尽快恢复良好的政府。在王位空缺期间，如果事前有一个类似于临时性政府核心的安排，那么，过渡期可能会出现的麻烦在很大程度上就能得以避免。

5. 在有些地方，每当君主崩逝，都会举行新的选举。但在其他一些地方，在没有选举介入的情况下，通过继承就完成了王位的转移。继承权则事先根据国王或者人民的意志而定。

6. 那些视王国为其家财的国王们可以随心所欲地对王权继承作出安排。这些安排可能会像私人遗嘱一样受到尊重，特别是在国王是自己建立和取得了其王国的情况下。在此情形之中，如果他乐意，他可以将王国在其子女之间进行分割。他甚至还可以进一步地将养子或者私生子建为储君，或者将某个与他根本没有任何关系的人设定为他的继承人。

7. 但是，如果这样的国王没有对继承作出任何特定安排的话，通常就会如此推定：他肯定不希望自己终结王权，那么在任何情况下，根据人类的普遍感情，他应该是希望自己的子女继承王位的；

进而,他以自己为榜样所赞同的君主制政体在他死后应该得以存续,王权也不能被分割,因为王权的分割伴随着的是王国和王室的分崩离析;因此,在同等情况下,男性优先于女性,长子优先于其他儿子;最后,如果他没有子女的话,那么王权就转移给予他血缘关系最近的亲属。

8. 但是,对于那些一开始就是根据人民意志而建立起来的王国,其继承顺位则由同样的人民的意志决定。在一个人民已经将选择继承人的权利连同权威一起赋予国王的王国,被国王任命的人就是继承者。否则,就被认为是人民将选择国王继承人的权利保留给自己了。只要在王国利益允许的范围内,如果人们乐于将王权(及其继承权)授予一位被选出的国王的话,那么,这就要么是已经确立了类似于普通世袭继承的继承顺位,要么是已经以某种特定的方式对其进行了限制。

9. 当一个民族仅仅授权一个国王根据继承权而据有王位但却没有设置特殊条件时,就是表明了这样一种意愿:尽管会有某些调整,王权仍应该像遗产一样以同样的顺位进行转移。但是,为了国家的安全,王位继承仍然应该在某些方面不同于私人遗产的继承:(1)王国不能被分割;(2)继承应该限于第一位国王的后裔;(3)非法出生或者收养的孩子不得继承,只有那些根据国家的法律出生的孩子才有继承权;(4)在同一地位上的男性与女性中,男性优先于女性,哪怕女性更为年长;(5)继承者须认识到,他的王位乃是来自人民的赋予,而不是来自其先祖。

10. 因为当距离王室建立的年代久远之后,哪一个王室成员与死者最为亲近就会成为无法解决的争议,所以直系继承(lineal succession)为许多民族所采用。直系继承的体现是,从王国的创立者开始,为王室的每一个成员建立一个垂直的后代家系,以及按照这些家系的优先顺位确定谁来继承王位。直系继承还要求,只要第

第十章 论获取权威,尤其是君主权威的方式

一顺位的家系之中有人胜出,就不能跨越家系,哪怕其他家系之中有人与前国王之间在血缘关系上更为亲近。

11. 最为常见的直系继承就是同宗继承(cognate)与父系继承(agnate)。在同宗继承中,女性并没有被排除在外,但在同一个家系的顺位被排在男性之后;并且因此,只有在实在没有更优先的或者同等地位的男性之后才会轮到她。另一方面,父系继承永久性地排除了女性继承的可能,甚至也排除了她们的男性孩子继承的可能性。

12. 每当在一个世袭王国中发生关于继承的争议时,最好的办法就是求助于王室的仲裁者。如果继承乃是由人民的意志所确定的,那么人民的宣告会将不确定性消除。

第十一章　论主权者的责任

1. 对支配着主权者职责（office）的诫律的清晰说明，来自国家的性质、目的，以及对统治权的作用的考虑。

2. 首要的要求就是，那些掌权者必须耐心学习与其职责相关的所有知识；对于没有很好学习过的事情，没人敢保证自己能够做好。因此，君主必须放弃那些与其职责无关的嗜好。只要有损于这个目的，享乐、宴游以及无所事事的消遣都必须减少。他必须亲贤能，远不肖，让那些精于实务的人亲近自己，远离阿谀之辈以及那些除了会说些无用的废话之外其他什么都不会的不务正业之人。

如果要学会正确地利用一般原则中的慎勉规则（prudent rule），那么，君主对于他自己的地位的情况以及他所统治之人民的特点，就必须有着深刻的认识。他还必须培养出这样的一些美德，它们在大规模的行政管理中作用非凡，并且使得他的举止能够与其无上的伟大和尊严相适合。

3. 对于最高统治者来说，最为基本的规则是：人民的安全是最高的律法。因为，统治者已经被授予了去达致目标的权威——国

第十一章 论主权者的责任

家之所以要成立,就是为了这个目标。君主们必须相信,凡是对国家不利的,对他们自身也是不利的。

4. 国家的内部和平要求公民们的意愿必须受到控制和调整,以适应于国家安全的要求。因此,对于君主而言,他的责任就是不仅要制定出与那个目的相适应的法律,而且还要赋予公共风纪(public discipline)以权威;如此,公民们对法律之规诫的服从与其说是出于对惩罚的恐惧,还不如说是由于习惯成自然。确保纯洁与虔诚的基督教信条在国家中广受信奉,以及确保公共学校会教授与国家目标相一致的信条,也将会有助于实现此一目的。

5. 还有一个办法能够有助于实现内部的和平,那就是在制定法律时,将那些在公民中最经常发生的事端规定得清楚明白。然而,国家法律的规制只能限于必要,也即对国家和公民的利益而言是必要的。因为人们在思虑应该如何作为时,基于自然理性所做的考虑,要多于根据对法律的认知所做的考虑。因此,如果法令滋彰,以至于他们很难牢记;如果法律所禁止的事务却并不为理性本身所禁止,那么不可避免的是,即便在毫无错误意图的情况下,人们也会与法律的要求相冲突。如此,那些掌权的在位者就等于是给人们增添了不必要的麻烦,而这与国家的目标是相冲突的。

6. 如果统治者允许人们践踏法律而不需承担任何风险,那么制定法律也将会是毫无意义的。因此,他们就有责任确保法律已经被实际执行,保证每个人都能够及时地、没有法律上的借口和障碍地实现自己的权利。在每一个案件中,他们都应该施加与违法及违法者的意图与恶意相适应的惩罚。在没有正当理由的情况下,他们不应该签发赦免令;在其他方面同等的情况下,对于同样的违法行为不给予同样的处理,对公民们来说将是不公平的和令人愤怒的。

7. 正由于除非基于公共利益否则不得施加惩罚,所以,公共利益应该决定惩罚的范围。在采取惩罚措施时,公民所遭受的痛苦不应该大于国家因此所获得的收益。而且,如果惩罚要达到预定的目的,很明显它们就应该被这样设计:它们所施加的痛苦要大于任何从非法行为中所获得的收益或快乐。

8. 人们之所以团结在一个国家之中,就是为了防止他人的恶行而获得安全。因此,统治者的一个责任就是严格防止人们之间的相互伤害,因为一直生活在一起常常会提供相互伤害的机会。等级和地位的差别不应该导致更富有权势者去肆意地践踏贫寒阶层。当然,如果公民对于他们认为的针对自己的恶行私下进行暴力复仇,也是与国家的目的相违背的。

9. 一个君主是难以直接处理所有的事务或者自己径自治理一个大国的。因此,他就必须征召一些大臣与他共同分担责任。不仅如此,由于大臣们的权力都是源于君主,因此不管是他们干的好事还是坏事,责任最后都应该由君王来承担。另外,能否处理好事务,则取决于大臣们的水平。由于这两个原因,君王就有义务雇用诚实精干的人并将他们充实到国家的相关岗位上,还要不时地调查他们的行为,根据他们履职情况的优劣进行奖惩。如此,其他的人就能够相信,公共事务至少得到了和大臣们的私人事务一样忠实、勤勉地处理。同样,在有希望躲避惩罚时,邪恶的人们也易于犯罪;而且,法官越是腐败,这些人躲避惩罚的希望也就越强烈。职是之故,君王就有责任严惩这些腐败的法官,因为他们鼓励了犯罪,而犯罪对公民的安全有着毁灭性影响。最后,尽管事务的处理要落到大臣们的肩上,君王仍然不应该拒绝去倾听公民的抱怨与控诉。

10. 公民们必须承担税负及其他负担的唯一原因,就在于无论战时还是和平时期,它们对于国家的开支而言都是必需的。因此,在这个问题上,君王的责任就是抽取的税负不能够超过国家所必

第十一章 论主权者的责任

需的开支和主要利益,并且尽可能保持低税负,也从而使得公民的负担越轻微越好。因此,统治者必须确保税负是公正合理并且是适宜的,并且,不允许公民中有一部分人被免于税负,而只是榨取和盘剥另一部分。所收取的税负必须用于国家的必要开支,不能消耗在奢侈浪费、穷大方、不必要的摆阔或无意义的花费上。最后,还必须注重开支和收益相平衡;如果收入不足的话,必须采取措施削减不必要的开支。

11. 君王没有义务维持其臣民的生计,尽管在某些特殊的情况下,仁慈要求他们必须特别留意去照顾那些因为某些意想不到的厄运而生计困难的人。不仅如此,君主还一定不能够仅仅从公民财产中收取对于国家维持而言的必要开支。因为,国家的力量也存在于公民的美德与财富之中,因此,君王必须采取一切他所可以采取的措施去确保公民个人的兴旺发展。在这个方面,一个举措就是培养公民的这样一种态度:他们应该从一方水土之中去获取丰收;他们应该将自己的辛勤智慧用在国家的自然资源上,而不是向他人购买自己的劳动也完全能够生产的东西;而为了达到这个目的,君主必须鼓励提高技能。极端重要的还有提升贸易与鼓励沿海地区的航运。必须摒弃懒惰,通过限制消费法,要求公民养成节约的习惯;限制消费法旨在禁止过度浪费,特别是那些会导致财富流失到海外的过度浪费。在这个方面,君主的身体力行比任何法律都更为有效。

12. 国家的内在健康与稳定端赖于公民的团结,而且,公民越是团结,政府的力量就越能有效地贯彻于整个国家之中。因此,君主的任务就是保证不要发生内讧与派系,阻止公民通过私下的协议而形成联合;以及确保无论是在国家之内还是国家之外,不管以何种表现形态,不管是宗教的还是非宗教的,都不能发生所有或者部分公民对任何其他人的依赖超过对君主依赖的情况发生,而且要使公民相信,他们从君主那里获得的保护胜过从任何其他人那里所获得的。

13. 最后,国家之间的关系是一种非常不稳定的和平关系。因此,君主的一个责任就是采取各种措施在公民中培养尚武精神与使用武器的技能,提早做好击退任何暴力侵略的准备:防御工事、武器、士兵以及——行动的主要依靠——军费。但是,哪怕在有着良好战争借口的情况下,一个君主也不应该主动挑衅;除非有万无一失的良机发生,并且国家的条件允许。为了同一个目的,一个君主应该获取关于其邻国的意图与打算的精确的情报,并且审慎地去缔结友好与结盟条约。

第十二章　国家法(civil laws)专论

1. 我们仍然要努力去辨识统治权的具体功能及其显著特征。在这个方面，最重要的就是国家法，它们是主权者统治权威(sovereign civil authority, *summi imperantis civilis*)的法令，用以命令公民在其市民生活中应该做什么或不应该做什么。

2. 在用来修饰法令时，"国家的(civil)"一词有两个特别的含义：在与权威(authority)相关时是一种含义，在与来源(origin)相关时又是一种含义。在前一种意义上，所有被称为国家法的法律之所以如此，是因为无论其来源如何，在国家法庭(civil courts)里它们都是进行司法的基础。在后一种含义中，那些法律之所以被称为国家法，乃是由于它们产生于统治者的意志，处理的也都是一些未为自然法与神法所明确规定的问题，但这些问题却深深地影响到了每一个公民的切身利益。

3. 尽管除非与公共利益有关，否则任何事情都不应该受到国家法权威的规制，但是，如果要过上体面、和平的市民生活的话，最为重要的就是公民应该恰当地遵守自然法，并且也因此，统治者的一个责任就是赋予国家法以力量和实效。因为，在更大部分的人类之中有着如此巨大的邪恶，而不管是自然法上的明显的利益还是对神的能力的恐惧，都不足以阻止这种邪恶。因此，统治者就应该通过为自然法赋予国家法的力量，来确保维持市民生活中道德的完善性。

4. 国家法的力量存系于，在何者可为何者不可为的规定之上所附加的惩罚性制裁，或者在法庭上对惩罚的确定，确定一个不该做的做了或者该做的未做之人应该受何种惩罚。对自然法的违反（在自然法上没有附加制裁）超出了人类司法的范围，尽管神的法庭仍然在随时准备着惩罚。

5. 由于市民生活是非常脆弱的，以至于不能允许每个人都通过暴力性的私力救济来获取他认为应该属于他的东西，因此，在规定自然法上的行为义务时，国家法就对自然法起到了辅助作用。在一个地方执法官的帮助下，这些行为可以使得一个人在国家法庭上得到应该属于他的东西。不能够得到国家法力量的支持的东西，也不能强行从一个拒绝付出的人那里强取；是否能够得到这个东西，完全取决于违法者的良心发现。

通常而言，国家法主要是为各方当事人之间所明确签订的合约所引起的义务而规定某些行为的。它们常常拒绝为这样的一些义务而规定行为：这些义务乃是基于自然法的某种并不确定的责任而产生的。这样做的意图是，好人应该有运用其美德的空间，从而可以因在没有强制的情况下就行为良好而得到公众的好评。情况是，常常有许多根本不值得去判断是非的琐事在不断地麻烦着法官。

6. 自然法的许多诫律或规定都是不明确的，因此对它们的适用也就留给了每个人自己的自由裁量。为了体面与和平的社会生活，国家法往往会规定进行这些行为的时间、方式、地点以及人员，确定其他相关的情况，以及在某些时候为了吸引人们守法而规定

第十二章　国家法(civil laws)专论

奖赏。国家法还具有的一个功能是澄清任何在自然法上模糊的东西;公民有义务去接受这种澄清,尽管他们私下也许会有非常不一样的看法。

7. 再一次地,在一个绝大多数行为都被自然法留给了个人去判断和自由裁量的国家里,为了公共生活的和平与体面等利益,这些行为仍然有必要受到一种统一的方式的管理。因此,国家法通常是为这类行为或者交易规定一种固定的形式,比如遗嘱、契约以及其他许多方面等。由于同样的原因,在自然法上可以被允许的对权利的行使,国家法仍然要对其加以限制。

8. 只要不是公开地表示憎恨神法的公民,就都应该都遵守国家法,但是这种遵守并非仅仅是由于对惩罚的恐惧,而是由于为自然法本身所确立的一种内在义务;因为自然法的诫律已经包含了服从正当的统治者的要求。

9. 最后,公民必须像遵守统治者的一般法律那样遵守他们的具体命令。但是这里也产生了一个问题:统治者命令公民去做的,真能变成公民自己的行为吗?抑或,统治者仅仅是指派他去执行某种行为,而这种行为仍然被认为是统治者自己的行为?因为,在后一种情况中,在统治者的强迫之下而行为的公民,能够(就他自己而言是没有错的)去做这样一些行为——对要求作出这些行为的指派,可能会涉及统治者的过错。但是,在任何时候,公民都不能以自己的名义去做被判定为与自然法或神法相违背的任何事情。因此,哪怕一个公民在统治者的命令下拿起武器投入到了一场并不正义的战争之中,他也没有做错什么。但是,如果根据统治者的命令,他判决无辜者入罪,针对某个人作伪证或者提起恶意的指控,那么他毫无疑问就是做错了。因为,一个公民是以公家的名义拿起武器的,但当他充当法官、证人和控告者时,他是以个人的名义进行的。

第十三章 论生与死的权利

1. 主权者的统治权威对于公民的生活拥有双重的权利:在镇压犯罪上的直接权利,以及在捍卫国家上的间接权利。

2. 我们常常需要用武力去反击外敌的武力,或者我们需要使用暴力来主张自己的权利。无论两种情况中的哪一种,统治当局(sovereign authority)都会驱使公民去履行这种义务,而且在任何一种情况下,这都不是处心积虑地去让他们送死,而仅仅是将他们暴露在死亡的威胁之下。统治当局有责任对他们进行训练并使他们做好准备,从而使他们在面临这些危险时能够调用自己的能力与技巧以躲避危险。任何公民都不能因为害怕危险而逃避兵役。一旦被征召入伍,他无论如何都不能因为恐惧而临阵脱逃,而是只能够战斗到最后一刻,除非他认为指挥官的命令是要求他保存自己而非坚守阵地;或者对国家而言,比起所涉及的公民的生命,这个阵地并没有那么重要。

3. 在直接行使其权利时,掌权的统治者也许会因为公民严重犯罪而剥夺其生命以作为惩罚(尽管惩罚也会剥夺某人的其他个人财产)。在这个问题上,对惩罚的性质做一番概论性的说明将会

第十三章　论生与死的权利

是必要的。

4. 惩罚乃是某人所遭受到的不利,它是作为对该人自己所做过的坏事的报复而予以施行的。易言之,由政府作为强制手段施加到某人身上的痛苦,乃是因为他过去所犯下的罪错。

(1) 因为,尽管惩罚常常表现为某种行为的形式,然而这些行为被设计来是为了使行为者感到负累或痛苦的,以此作为对他施加的某种痛苦。

(2) 惩罚也可以违反某些人的意志而被施加在他们身上。否则,它就达不到阻止人们因鲁莽蛮干而犯错的目的。人们所乐意接受的任何事情都很难起到这个作用。

(3) 在战争中所遭受的不利或者在战斗中因自卫而遭受的不利不是惩罚,因为它们不是由政府所施加的。

(4) 在某人做错事时所遭受的痛苦也不是惩罚,因为它不是因为过去的罪错而被施加的。

5. 自然自由的一个特征就是,处于此种状态之中的人除了上帝之外没有别的上级,并且因此只可能受到神的惩罚。相反,在人们之中引入了政府之后,社会的安全要求统治者也必须有能力镇压臣民的罪错与邪恶,如此,绝大多数人都能够彼此相安无事地生活。

6. 尽管没有什么能够明显与作恶者所遭受的不利相对等的东西,但是,当人们施加惩罚时,仍然不仅要考虑被惩罚者做了什么坏事,还要考虑从惩罚中能够产生什么好处。举例言之,惩罚不能是为了使受害者看见加害者的痛苦而幸灾乐祸,不是为了让受害者解气。因为这种幸灾乐祸是不人道的,并且与人的社会性不能相容。

7. 人类施加惩罚的真正目的就是为了阻止攻击和伤害。如果罪犯痛改前非,或者其他人以他为鉴此后不再重蹈覆辙,就算是达到了惩罚的目的;或者,罪犯被限制起来从此不能再为非作歹,也算是达到了惩罚的目的。这种目的可以这样表述:惩罚的目的要么是为了罪犯好;要么是为了别人的利益——如果没有犯罪,这些人的情况本来会更好,而他们也因为犯罪受到了伤害;要么是无差别地为了所有人的利益。

8. 因此,惩罚的第一个目的就是为了违法犯罪者好,通过惩罚的痛苦本身,他的品行得到了改善,并且惩罚也消除了他想要再行罪错之事的欲望。最为经常的是,即便是在国家之中,这种惩罚也是留给家族的首领们去对他们的家族成员实施的。鉴于这个目的,惩罚不能达到死刑的程度,因为死人是不能被改造的。

9. 第二,惩罚的目的也是为了被害者的利益,也即他不会再遭受同样的损害——这种损害可能来自同一个加害者,也可能来自其他人。第一个目标的实现可以通过三种方式:或者从根本上消灭违法犯罪者;或者剥夺他在余生中可能对他人造成损害的能力;或者作为惩罚的后果,他学会了如何不再重犯。后一个目标可以通过公开执行惩罚来实现,这样可以对他人形成威慑。

10. 最后,惩罚还旨在有利于所有人的利益:因为它注重的是阻止某个伤害了别人的人以后不再伤害他人;或者以他为鉴,使得别人不敢再犯这样的罪错。这个目标可以通过与前一个目标同样的方式达到。

11. 如果我们对惩罚的目的以及人类种群的境况进行反思的话,就会非常清楚地看到,并不是所有的罪错都适合通过人类的司法而得到惩罚。如下一些方面就不能受到人类的惩罚:

(1)纯粹的内在行为,也即是,并没有诉诸于行为的罪孽、贪婪、欲望等微妙的思想,哪怕在后来的坦白中这些方面为他人所周知了,也不应该受到人类的惩罚。

12. (2)如果让某些轻微的行为失检也受到人类的惩罚的话,

第十三章 论生与死的权利

也将太过于严苛了。在我们生活的自然环境中,无论他如何的谨小慎微,都不可能避免这些轻微的行为失检。

13.（3）进而言之,为了政治社会（civil society）的和平或者其他理由,人类法律对许多行为也是睁一只眼闭一只眼。比如,如果在进行某种行为的时候,不可能预见到惩罚的可能,那么这种行为就是非常好的;或者,一个非常微不足道的偶然事件,根本就不值得去惊官动府;或者,某个案件过于模糊,难以形成一个清晰的判决;或者,除非将社会搞个天翻地覆就不可能消除掉的某种根深蒂固的恶习。

14.（4）最后,这样的一些过错,我们也必须使其免于人类的惩罚——这些过错的特点是,它们都源于人类都具有的堕落。如果你选择对它们进行严惩的话,将会发现,它们的发生是如此平常,以至于人们很难进行控制;因此,除非它们导致了非常严重的犯罪,否则就无法对之进行惩罚,这些过错或缺陷是:比如,野心、贪婪、没有人情味、不知感恩图报、虚伪、自负、愤怒、憎恶,等等,诸如此类。

15. 然而,即便在某些罪错值得进行惩罚的情况下,也并不是非得去施加惩罚。事实上,经常发生的情况是,违法犯罪者的罪错可以很正常地被宽恕。就如下方面而言,在宽恕时并不需要特别的理由:如果在某个特定的案件中惩罚的目的好像是不适当的;或者,如果原谅比惩罚能够导致更好的后果的话;或者,通过其他的方式,惩罚的目的可以更容易地被实现。类似的情况是,如果违法者能够举出特殊的例子,证明他本人或者其亲属为国家作出的贡献值得特殊的回报的话;或者,如果他因为自己所具有的某种突出的特点（比如某种罕见的技能）而受到欢迎的话;或者,如果他有希望以自己杰出的成就来抵消其过错;特别是,如果虽然不是完全无辜,但他的确有不知道其行为是违法犯罪的情况;或者,由于某种特别的原因,法律对所讨论的问题不能适用。情况也常常是,必须宽恕,因为如果不宽恕的话,有太多的违反者需要被惩罚,以至于整个国家的人都要被惩罚遍了。

16. 罪错的严重性是通过如下方面进行判定的:根据所犯罪错的目标的尊严和价值;类似地,根据罪错的后果,它对国家所造成的危害是大还是小;以及根据动机的邪恶程度来判断。这种动机的邪恶程度可以根据各种不同的迹象来进行判断:举例言之,违反者是否可以轻易地抵抗那使得他为非的诱因;或者,除了通常的威慑力量之外,是否还有某种特定的理由可以阻止他犯下罪错;或者,当情况恶化令人烦闷的时候;或者他的脾性是否能够调动他抵抗犯错的诱惑。其他经常出现的考量是,一个人是首犯,还是在他人的榜样下被引诱犯罪的;或者他是否是累犯并且屡教不改。

17. 就每个个案而言,如何才能施加种类和幅度最为合适的惩罚,乃是由最高统治机构所决定的;而此时,它唯一的目标就是:惩罚必须是为了国家利益。因此,可能会发生并且的确发生过的情况就是,两种并不平等的犯罪却被施加了同样的惩罚。因为在被告的问题上,法官所应该遵循的平等就被理解为,如果不同被告犯下了同样种类的罪行,那么,只要对一个人而言被判入罪的行为,在另外一个那里就不能在没有良好理由的情况下而给予宽恕。而且,尽管在可能的情况下,人们应该善待他的邻人,然而,情况常常却是国家安全与公民的安全要求惩罚应该更严厉些:举例言之,在针对犯罪增长下猛药是必要的情况下,或者在某种犯罪对国家特别危险的情况下。在衡量惩罚时,在脑海中必须时刻谨记的是,对于这种惩罚所针对的罪行而言,惩罚必须能够足以抑制人们的激情,从而使得他们不会被其驱使着犯罪。一个人不应该受到比法律规定更为严厉的惩罚,除非某种非常凶残的情结加重了罪行。

18. 然而,同一种惩罚在不同的人们之间不会产生同样的影响,因此在抑制人们为非作歹的欲望时,其效果也是不同的。因此,在对惩罚进行一般性的评判以及在将它们应用到具体人身上时,你必须考虑到实际犯罪的具体的个人,也必须虑及他的某些特征——这种特征可能会增强或者消减他对惩罚的反应,比如,年龄、性别、地位、财富、力量,等等。

19. 正如(在人类司法中)没有人可以因另外一个人的罪行而被惩罚一样,因此,如果一个罪行是某个公司所犯下的,那么任何曾反对该行为的人将不会因之而犯罪。因此,如果一个人表示了反对,那么只需要没收他以公司的名义或者为了公司的利益而获得的收益即可;尽管在对一个公司进行惩罚时,无辜者也往往会因之而遭受损失。当那些正是因其同意与合作,罪行才会被犯下的人都不再存在时,公共机构(public bodies)就不会继续犯下罪错了。

20. 然而,时常发生的情况是,一个人的罪错常常会导致另一个人的损失,或者在某些可期待利益上的损失。举例言之,如果父母因为犯下某种罪行而其财产被查抄,那么,无辜的孩子也会因此而陷入贫困。而且,如果一个被告在保释中逃走(skips bail),那么保人就必须支付罚款。他之所以被罚款不是因为犯下了什么罪错,而是由于在这种情形中,恰恰需要他承担义务的事态发生了。

第十四章 论 声 誉

1. 一般而言,声誉就是人们在共同生活(common life, vita communis)中的价值,通过它,人们被与别人相较量或比较,并且要么被认为是胜过他们,要么被认为是不如他们。

2. 声誉可以是原初的或自然的(simple),也可以是非常高级(intensive)的。二者都需要参考以下两方面因素:一方面是人们在自然自由状态中的生活,另一方面是人们在社会生活中的状态。

3. 在那些生活在自然自由状态的人们之间所存在的自然声誉(simple reputation),主要体现在这样的一种情况中:每个人都在使他自己成为并且也被认为是一个好打交道的好人,而且,这个人是会遵守自然法的规定、适合与他人和睦相处的。

4. 这种声誉被认为是完整无缺的,只要在涉及他人利益的情况下,一个人不会有意地、主动地和恶意地以恶劣和无耻的行为去违反自然法。因此,除非有相反的证据出现,否则每个人都被认为是好人。

5. 一旦违反自然法而恶意地犯下无耻的罪行,这种声誉就消失了,其后果就是,人们在与这样一个人打交道时需要更留心。然而,这种污点也是可以被抵消的,只要对所造成的损失主动进行弥补,并且有证据证明已经真心悔过。

6. 同样地,如果一个人的生活态度和方式的直接目的就是不分青红皂白地伤害他人并且从公然的恶行中牟利,那么他的声誉就被彻底毁掉了。这种性质的人(只要他们没有表示出真心悔过的迹象),就会被所有人(这些人可能会以任何方式受到其恶行的影响)认为是人民公敌。然而,只要立志洗面革新,痛改前非,放弃他们恶劣的生活方式,重新走上正途,在对损失作出弥补或者得到原谅之后,这些人还是可以修补他们的声誉的。

7. 在那些生活在国家中的人们之间的自然声誉,并不是由国家的法律或习惯所宣称的,而是根据一个人的特定地位而被确定的。

8. 对自然声誉的缺失可能仅仅是某种地位的结果,或者也可能是某种罪行的后果。

作为某种地位的后果而产生的自然声誉的缺失,存在于以下两种情形:这里所讨论的地位本身从性质上并不存在什么可耻的地方;或者另外一种情况,也即当它与某种缺陷被联系在一起,或者至少与对某种缺陷的感知联系在一起时。前一种情况往往发生在这些国家中,在那里奴隶本身就没有什么地位。后一种情况适用于皮条客、男妓或者妓女等诸如此类的人:只要他们还被公众所容忍,他们就的确会受到公共保护(public protection),但是,他们仍然应该被排除在诚实人们的交往之外。类似的情况还包括这样的一些职业,虽然它们本身没有什么恶劣的地方,但这些职业却是利欲熏心或者低三下四的。

9. 自然声誉的全部丧失也可能是犯罪的后果,当一个人被国家的法律划归到不光彩的行列时,他的自然声誉就丧失了;他可能已经被执行死刑,记忆也已烟消云散;或者他被放逐到了国外;或者他仍然被允许留在国内,但却声名狼藉,令人生厌。

10. 非常明显的是,一个人的自然声誉与天然的诚实不能够被统治者武断的决定所剥夺,因为无论如何,都不能认为可以为了国家利益而应该将这种权力施加在他们身上。类似地,只要一个人仅仅以大臣的身份来执行国家法律,就不会真的出现声名狼藉的情形。

11. 高级声誉乃是这样的一种情况,尽管某些人在自然声誉上与别人是同样的,但因为高级声誉,这些人被认为胜过他人;因为高级声誉,一个人会比另一个人身上有着更多的某种值得人们尊崇的品质。而且事实上,在我们认为另外一个人更加优秀的判断中,这里所称的尊崇的确是一个重要因素。

12. 这种高级声誉被认为涉及以下两种人:那些生活在自然自由状态之中的人,和那些生活在同样状态之中的公民。我们必须从两个方面检视这种声誉的基础:一种情况是,它使得期待获得他人的尊崇是合适的;以及,另一种情况是,它产生了一种严格意义上的权利,从而使得可以要求从他人那里获得尊崇,而且这是一个人应得的。

13. 高级声誉的基础一般被认为是具有显著程度的完善性与优越性的任何东西,或者被认为是能够证明这一点的任何东西,只要它们的后果与自然法或者国家法的要求是一致的:比如说,能够迅速掌握各种技能与学科的智慧或能力;在处理事情上的机敏果断;一种不为外物、诱惑与恐惧所动摇的坚毅;雄辩滔滔;天生丽质;机巧灵敏;幸运;以及,尤其是卓越的成就。

14. 然而,所有这些品性,只能产生一种不完全的从他人那里获得尊崇或尊重的权利或资格。因此,哪怕是在别人值得尊重的情况下,拒绝对他们的尊崇也不是什么错误;但这是不近人情的标志,因而被认为不够体面,或者可被称为"没有修养"。但是,一种

第十四章 论声誉

能够从他人那里获得尊崇或者尊崇的表示的完全的权利,要么是源于对他人所享有的权威,要么是源于一个人与他人所达成的协议;抑或源于某个法律,此法律乃是为他们共同的主人所制定或批准的。

15. 在君主之间,以及在相互独立的民族之间,能够被用于说明他们的优秀或杰出的因素有:王国或王朝的年代;所属版图的幅员与财富,以及实力;权威的性质(一个人就是凭借这种权威而在王国掌权的)以及赫赫威名。但是,除非根据协议或者他们自己的承认,这些因素本身并不足以产生一种完全的权利,从而可以使得某些国王或民族比别的国王或民族更优秀并获得他们的推崇。

16. 在公民之中,划分尊卑是统治者的特权,但是,在这个问题上,他应该考虑到每个人的优点以及他为国家服务的能力。不管一个公民被统治者划分到何种程度的尊卑上,统治者都必须对之予以保护以避免该公民的伙伴的侵害;而且他自己也应该同样地承认这种划分。

第十五章 论统治者对国家之内的财产所具有的权力

1. 如果公民是从统治者那里获得财产的,则他们保有此财产的权利就取决于统治者的自由裁量。相反,公民以自身的勤劳或任何其他方式获得了完全所有权的财产,要受限于三种主要权利,这三种权利——基于国家的性质和是实现国家目的所必不可少的——都属于统治者。

2. 第一种权利是,统治者可以制定法律强制性地要求公民调整其对财产的使用以适应国家利益的要求;或者确定财产的范围与性质、财产转让的方式,以及其他类似问题。

3. 第二种权利是,统治者可以从公民的财产中抽取一定比例作为贡赋或税收。因为,既然公民的生命与财产都要受到国家的保护,那么他们贡献出一点财产以满足为实现此目的所需的必要开支,也是适当的。一方面想要享受国家所提供的保护与便利,另一方面又不想为国家的存在提供服务或贡献财产,这是非常不道德的。而且,审慎的统治者还会明智地将普通民众的抱怨考虑进来,尽可能地在征税中减少对民众的冒犯,坚守公平,并且在设定

第十五章 论统治者对国家之内的财产所具有的权力

税负时适中灵活,而不是聚敛无度和一刀切。

4. 第三种权利乃是征用权(eminent domain),它意味着在民族危急之时,只要是危机特别需要,统治者可以征收任何人的财产并将之运用到公共事业中去,哪怕被征用的财产的额度已经远远超过了正常情况下所确定的这个人有义务为国家开支所缴纳的数额。然而,基于这个理由,应该尽可能地从公库中返还超过的部分,或者通过从对别的公民所征收的税赋中对此人进行返还。

5. 除了这三种权利之外,在许多国家中还存在一种独特的公共财产,它一般被称为国家或者王国的世袭财产。而且,在许多地方,这种世袭财产也被划分为君主的世袭财产与国家的世袭财产,或者被划分为国王的内库与国库。前者主要是供国王及其王室的用度,而后者主要是为了王国的公共目的。国王对前者享有用益权,而且可以随意地支配从中所产生的收益。然而对于后者,他只是处在一个管理者的位置上,只应该将此财产用在预定的目的上。而且,在没有得到人民的许可的情况下,这两种财产他都不能转让。

6. 更不要说这样一种情况了,一个还不能将其王国当成世袭财产而拥有的国王,更不能在未经人民许可的情况下将整个王国或者其中的任何部分转让出去;而且,在将王国的部分转让出去情形中,除了人民的许可外,没有王国被转让出去的那部分的许可也是不行的。相反,在未经过国家同意的情况下,国家版图的任何一个部分都不能脱离出去;除非是外敌强迫,到了无论如何也无法幸存的地步。

第十六章　论战争与和平

1. 绝大多数人会欣然同意自然法的这一要求,即人们彼此之间应该和平生活;这就要求他们自愿地去履行自己所承担的责任。事实上,和平乃是一种只有人类才具有的状态,他们也是在这个意义上才不同于野兽的。不仅如此,对于人类而言,有时候战争也是可以允许的,并且在某些时候还可能是必需的;也就是说,在面对他人的不怀好意时,除非使用暴力,否则我们就不能维持自己的财产,获得自己的权利。然而,在这种境况下,当因对我们的过错的指控,而可能是更多的坏事而不是好事降临到我们身上或者我们的财产上时,良好的判断力和人道精神也会劝告我们不要诉诸武力来对抗。

2. 在维持和保护我们的生命财产以对抗不正当的侵袭时,或者在从他人那里要求收回本应属于我们的财产被拒绝时,或者在对所遭受的侵害要求补偿以及获取对未来的保障时,我们就有了很好的战争理由。因为第一个理由而进行的战争被称为是防御性的,而因为其他原因所进行的战争则被称为是攻击性的。

3. 一个人不能够一感觉到自己受到了侵害就立即诉诸武力,特别是在关于权利和事实还存在某些疑问时。一个人应该尽其所

第十六章　论战争与和平

能地通过各种方式来寻求友好解决问题的可能,比如,可以争取在各方之间进行对话,可以将争议诉诸一个仲裁者,或者靠抓阄和运气来解决争议(lot)。提出要求者更有义务去尝试这种途径,因为不管怎么样,已经有一种支持他的所有权的倾向。

4. 不正当的战争理由要么是根本不讲什么道理,要么是凭借某种似是而非的借口,无论这种借口多么微弱。赤裸裸不讲道理的战争理由主要有两种类型:贪婪与野心,也即对财富的贪求以及对权力的渴望。借口也可以是多种多样的:它们包括,对邻人的财富与权力的恐惧;非正当的财富扩张;对更好的领土的渴望;拒绝承认某种非常明显已经为他人所拥有的东西,认为现在的所有者太愚蠢;希望消除别人合法获得的权利,仅仅因为侵犯者发现这给自己带来了不便;以及其他诸如此类的原因。

5. 在战争中,最常见的形式就是暴力与恐怖。只要一个人不违反他所承诺的诚实,他就可以使用欺骗的手段来反对敌人。因此,可以通过虚假的声明或者虚构的故事来欺骗敌人,但不能通过承诺和协议来进行欺骗。

6. 针对敌人及其财产所使用的暴力,我们必须进行区分,一种是敌人罪有应得的,另外一种则是我们在不违人道的原则下可以施加的。当一个人宣布成为我的敌人时,通过那一事实,他就表明了自己想要对我施加最严厉痛苦的意图;而且,也是通过那同一事实,他就授予了我无限制的反抗他的权利。然而,只要战争的境况允许,人道精神也要求我们,虽然可以对敌人施加痛苦,但不能超过防御的限度,或者证实我们的权利及其未来的安全保障之所需。

7. 通常,战争可以被划分为两种形式:宣战的和不宣而战的。对于宣战的战争而言,有两个必要条件:首先,它是为双方当局或者统治者所发动的,以及其次,在战争之前应该先有一个声明。不宣而战的战争要么是在没有发布正式声明的情况下所发动的战争,要么是针对公民私人所发动的战争。内战也属于这个类型。

8. 在一个国家中,发动战争的权利归于主权者。在未经主权者授予其发动战争的权利的情况下,一个官员是没有能力行使这一权利的,哪怕是在这样一种情况下:他推论,如果请示主权者的话,主权者也会决定立即进行战争。然而,负责一个辖区或者防区并且拥有军事力量的官员,被认为根据其职责的本质,就有义务采取任何可能的方式将侵入到其治下区域之中的敌人驱逐出去。但是除非有着非常重大的原因,他们不应该将战争推进到敌人的领土内。

9. 对一个生活在自然自由状态之中的人而言,只有在他自己犯下了罪错的情况下,才能被卷入战争;而在政治社会中,国家的统治者或者国家作为一个整体也常常遭到攻击,哪怕他或者它并不是有过错者。但是,为了这种情况下的攻击能够成为正当的,通过某种方式将过错转嫁到统治者头上也就是非常重要的了。而且在事实上,对于那些长期定居的公民或者那些新近获得他们的庇护之人所犯下的罪错,如果统治者允许犯下这些罪错或者提供了庇护的话,他们也是应该承担一部分责任的。如果这种纵容要受到谴责的话,就必须对这些罪错有所了解并且有能力阻止其发生。除非有明显的证据证明统治者无能为力,否则统治者对其公民的公开与习惯性的行为应该是有所了解的,并且也总是会预设他们有能力阻止这些行为的发生。然而,向一个接受和庇护了违法之人的统治者开战的权利——此人向他寻求庇护完全就是为了逃避惩罚——更多的是产生于在邻国与同盟之间所存在的特定协议,而不是产生于任何的一般义务之中。然而,如果该避难者在避难国的时候也同时在计划着针对其所离开的国家的敌对行动的话,情况则又有所不同。

10. 各国一般也同样接受的做法是,对于完全是国家所欠下的

第十六章　论战争与和平

债务,或者国家不公正地没收的某些东西,可以用公民私人的财物进行偿还。因此,外国的债权人可以没收在其领土内所发现的债务国公民私人的任何财物。然而,在这些情形中,那些其财物以此方式被剥夺的公民可以向实际的债务人追偿。这样的强行追索的行为一般被认为是报复,并且常常是战争的前奏。

11. 一个人可能像为自己的利益一样代表他人发动战争。当打算发动战争的一方有着正当的理由,或者打算去帮助他的一方有着合理的理由为了他的利益而敌视第三方时,这种做法就是正当的。

在那些我们不仅可能而且应该拿起武器为其而战的人中,首先是我们的属民(不管是作为整体还是作为个体),只要国家不会明显因之而导致遭受巨大损失的后果。其次是盟友,我们与其有条约,条约中包含了这一条。然而,如果盟友和我们自己的属民在同一时间需要帮助的话,则应该优先帮助自己的属民;而且一般推定他们有着正当的战争理由,并且他们表现出了某种审慎去从事战争。再次是朋友,哪怕没有这种具体的为其而战的承诺。以及最后,在没有其他理由存在的情况下,在被压迫的一方向我们寻求帮助的时候,仅仅是亲属关系本身已经足以使我们去帮助他们进行防御了,当然,前提是我们能够方便地去这样做。

12. 允许介入战争的程度是这样的,无论一个人在杀戮或者毁损与掠夺财物时在多大程度上超越了人道精神的限度,各国的舆论都既不会认为这个人臭名昭著,也不会认为正直之人应该冷落他。然而,更为文明的国家会谴责这样几种对敌人施加痛苦的方式:比如说,投毒,或者驱使其他统治者属下的公民或士兵去刺杀这些统治者。

13. 对于可移动的财产而言,通常认为自它脱离了敌人的控制之时起,就算被俘获了;而对于不可移动的财产而言,只有当我们有能力将敌人驱离时才算是真正地占有了。然而,绝对地消除前所有人要求返还的权利的条件就是,通过战后的协议,他声明放弃了对财产的主张。否则,我们通过暴力夺取的东西还会被暴力夺回。

由于士兵乃是为国家的权威而战,因此他们从敌人那里夺取的东西应该归国家所有,而不是归个人所有。然而,通行的惯例是,可移动的财产,特别是那些价值并不太大的财产,一般就默认为归夺取它的士兵所有了;这或者说是作为一种回报,或者在有时候被认为是报酬的替代品,或者是作为一种激励,促使人们能够在无需强制的情况下在前线抛头颅、洒热血。

如果俘获的财产又被敌人夺回了,则不可移动的财产就物归原主。按理说动产也应该如此,但是在许多民族,它们都被作为战利品而留给士兵了。

14. 对被征服民族的统治就和对个人的统治一样,都是通过战争赢得的。被征服者必须向征服者宣誓效忠,而征服者也必须放弃他们对被征服者的敌视状态与敌意,如此,才能够使得征服者的统治合法化,才能约束臣民的良心。

15. 战争行为可以因休战协议而暂停,休战协议是一种能够在一段时间内制止战争的协议,但它并没有结束战争,也没解决那引起了战争的争端。但停战协议到期时,不需要宣战就可以重新回复到战争状态,除非在停战期间人们创造了和平。

16. 停战协议可以被划分为两种,一种是军队仍然在前线并且双方都仍然在随时准备作战(这种停战协议的期限是相当短暂的);另一种停战协议是,要求双方都解除战争状态。后者所维持的时间一般比较长,并且实际上也常常如此;它们往往具有完全和平的表象,而且有时候由于对某个确定期限的和平的规定,也被称

第十六章　论战争与和平

为和平。因为，与其不同的是，所有的和平都被假定为是永久的，并且永久性地使那些导致战争爆发的争端平息下来。这些安排通常被称为无声的停战协议，不能设置任何义务；在这些情形中，双方都是自主平息下来的，而且只要乐意，它们都可以随时恢复战争状态。

17. 只有当双方的主权者签订了和平条约之后，一场战争才算是真正明确地结束了。协议的双方都必须对该条约的条款与条件进行界定，在约定的期限内，双方也都有着同样的义务将条约付诸施行，并且同样一秉善意地遵守这些条款。为了确保这一点，通常需要起誓或者交换人质；通常是其他各方，尤其是那些参与了和平缔造的各方，担负了保证条约会获得履行的责任；而且，他们是通过承诺对那些因为他方违反和平条约而受到侵害的一方提供援助来进行这种担保的。

第十七章 论 条 约①

1. 作为在独立的主权统治者之间所签订的协议,条约无论在战时还是在和平时期都是有其作用的。根据其内容,它们也许可以被划分为两类,一类是那些就双方如何相互履行自然法早已规定的责任的条件进行明确的条约;另一类是那些超越了自然法上的责任的条约,或者至少是那些对在自然法中并不明确的条件进行具体界定的条约。

2. 第一种类型的条约所形成的仅仅是那些关于如何践行基本的人道精神的协议,或者禁止相互侵犯的协议。就此而言,那些仅仅对友好关系进行正式的表述但却没有提出任何具体要求的条约,或者那些对在自然法所规定之幅度内的外交和通商权进行确认的条约,就可归属于这个类别。

3. 第二种类型的条约可以是平等条约,也可以是不平等条约。平等条约对于双方都是同样的。它包括在双边作出的承诺的内容上的平等,或者是基本的平等,或者是在考虑到了双方力量差别基

---

① 或者"论结盟"(*De Foederibus*)。

第十七章　论条约

础上的平等;以及在作出承诺的方式上的平等,因此,没有任何一方会比另一方地位低,或者从属于另外一方。

4. 当各方所作出的履行承诺不平等时,或者当一方比另一方的地位低时,条约就是不平等条约。不平等的承诺也许是更强势的一方在条约中所作出的,也许是较弱势的一方在条约中所作出的。如果更为强大的一方承诺帮助其他方并且没有要求回报的规定,或者它作出了一个比另一方更大范围上的承诺时,就属于第一种情况;而如果较为弱势的一方被迫付出的比它所得到的要更多,则属于第二种情况的不平等条约。

5. 较为弱势一方所承担的条约义务中,某些会涉及主权的损失;比如,双方达成协议,在未经更为强势一方允许的情况下,盟约的弱势一方不得行使其某些部分的统治权。然而,也有些属于弱势的一方虽然承担了某种临时性的负担,但却并不涉及主权上的损失;这种负担一般是一次性的,比如,根据和平条约需要赔付对方的军费;给对方战争开支的赔偿;支付一笔固定数额的金钱;撤销屏障;派出人质;交出舰船、武器,等等。事实上,还可能涉及某些实际上不会造成主权损失的永久性负担,比如,只能与对方拥有同样的朋友或敌人这样的单边义务;禁止在某些特定的地方建设防御工事或者禁止航行到特定地域,等等;类似的,如果同盟的一方必须对另一方的国王表示顺从,或者向他表示某种特定的尊重之意,并且默认他经过适当考虑之后的决定的话,那么这也是一直不损及主权的负担。

6. 存在各种各样的理由去签订条约,不管是平等条约还是不平等条约。在这些理由中,那些希望在一些国家之间结成永久联合的理由,导致了一些产生最密切关系的条约的出现。但是,最为经常的条约类型,就是那些目标在于规定在防御性或者进攻性战争中提供帮助的条约或者对商业活动进行规制的条约。

7. 条约常常也可以被分为真实条约(real treaty)或者属人条约(personal treaty)。属人条约乃是一个国王以其个人的名义所签订的条约,国王死亡,则条约终止。而真实条约与其说是由一个民族的国王或统治者签订的,不如说是由国家、王国签订的,并且即使这些条约的签订者死去,它们也会一直有效。

8. 与条约相近的是原则性(*sponsiones*)协议。这种情况指的是由主权者的大臣就某些关于主权的问题所签订的协议,但却并没有得到主权者的授权。除非主权者随后批准了这些条约,否则它们就不会发生效力。因此之故,如果大臣签订了一个具有绝对约束力的条约但随后却并没有获得批准,那么,对那些相信了他的话并且被这个毫无价值的协议所欺骗的当事方作出补偿就是他的责任。

第十八章　论公民的责任

1. 一个公民的责任不是一般性的,就是特定性的。一般性责任产生于对政治权威所承担的一般义务。特定责任产生于某些特定的任务或者功能,而这些都是主权者所施加在个体身上的。

2. 公民的一般性责任要么是对国家的统治者所承担的,要么是对国家作为一个整体所承担的,也可能是对自己的邻人所承担的。

3. 公民对国家的统治者应该尊重、忠诚与服从。这就意味着他对事情的实际状况是满意的,而没有想着去革命,并且,他不能与任何其他统治者建立太过亲密的联系,也不能向他们表示敬仰或尊重。无论在思想上还是在语言上,他都必须尊敬与赞同他的统治者及其所作出的行为。

4. 一个良好公民对作为一个整体的国家所承担的责任就是:它的安全与安定乃是他最为美好的渴望;为了捍卫国家,他的生命、财产与财富都可以付出;他应该付出自己所有的智慧与辛劳去增加它的光荣,促进它的繁荣。

5. 一个公民对其邻人所承担的责任就是和他一起和平友爱地

生活,彬彬有礼并且乐于助人;而不是倔强古板难于相处地给人制造麻烦,不是去觊觎或盗窃他人的财产。

6. 特定的责任要么是一般性地对整个国家所承担的,也可能是只对国家的某个部分所承担的。在所有情况下都应该坚守的规诫是:任何人都不应该接受或从事任何他不相信自己能够胜任的公共责任。

7. 那些通过提出建议而辅佐国家统治者的人,必须关注整个国家的全局;任何看起来可能对国家有利的建议,他们都应该机敏老到而又忠诚勤勉地提出,他们应该无偏无党、一视同仁;他们所有的建议都必须是为了国家的福利,而不是自己的财富或者权势。他们不应该以谄媚来鼓励君主身上的具有不良倾向的部分;他们必须避免非法结党营私;他们不应该隐藏任何应该予以公布的东西,也不应该将任何应该保密的东西到处宣扬;他们应该能够防止外国人的渗透并避免腐败;而且他们应该将公共事务置于自己的私人事务与休闲娱乐之上。

8. 被公开任命的牧师在履行其责任时应该表现出严肃端庄与谨小慎微;他们必须宣扬崇拜上帝的正确的教义;他们应该将自己变成其所教导之人民的光辉楷模;而且,他们不应该贬低自己所承担的职责的价值或者以他们自己在道德上的瑕疵来削弱其教义的影响。

9. 那些担负着在各门知识上教导公民之重任的人,不应该教授任何错误或有害的东西。在教授学生时,他们应该以这样的方式来使得学生相信他所讲的是正确的:学生们不是因为老被灌输而相信,而是因为他们已经深刻理解了其背后的根据才相信其真理性的。他们应该避免任何会给政治社会带来麻烦的教义;他们应该坚信,所有那些对人类与社会生活无益的人类知识都是没有价值的。

第十八章　论公民的责任

10. 那些承担司法职能的人必须随时能够对老百姓尽其职责,他们必须保护普通百姓免于权势者的侵害;他们必须对贫穷低贱者与财大气粗、有权有势者一视同仁,无有偏私;他们一定不能拖延诉讼,除非限于必要;他们必须禁绝贿赂;听讼时,他们必须耐心细致,兼听则明,避免任何可能影响他们作出完善判断的偏见;而且,在行使正确的职责时,他们必须胸怀坦荡、无所畏惧。

11. 那些被授予了军队指挥权的人应该注意按时训练士兵,并且引导其习惯军队生活;他们必须遵守军纪与保持良好秩序,而不能轻率地将其士兵暴露在敌人的屠刀之下;他们必须尽其可能地足额发放军饷和提供军需,而不能有丝毫的贪污侵占。他们还必须保证其军队会一直支持国家,而不会与他们一起密谋反对它。

12. 就士兵而言,他们应该满足于他们的军饷,应该对老百姓秋毫无犯,不得有任何侵扰;应该以大无畏的精神全心全意地去执行保家卫国的任务;既不能莽撞地自陷险境,也不能胆小怯懦畏敌不战。他们应该对敌人而非自己的同志表现出大无畏的勇气,宁死也不做逃兵。

13. 那些被派到国外为国家做事的人应该小心谨慎、如履薄冰;他们必须能够从毫无价值的东西中熟练地分辨出有价值的信息,从千头万绪的流言蜚语中分辨出事实真相。他们必须小心谨慎、全面周到地保守秘密,能够为了国家利益而机智灵活地抵御任何可能的腐蚀。

14. 那些掌控国家税赋之收支的人,不得收取任何不必要的苛捐杂税,也不能为了自己的利益再征收任何额外的费用;他们不能心怀恶意,也不能随意添乱。他们不能贪污公帑,而且应该按时以国库来支付那些有权利提出要求的人。

15. 只要产生公民特定责任的地位不变,这位公民就一直承担着特定责任;如果他离开了,责任也同时终止。而对于一般性责任来说，只要一个人还是公民，他就应该始终承担。

在征得国家公开的或者默示的同意之后，只要一个人离开本国到任何地方定居，他的公民资格就相应终止；或者说，如果他因为犯罪而被放逐或者剥夺了公民权的话，以及如果他被敌对势力战胜了，并且被迫服从胜利者的统治的话，那么他的公民资格也相应终止。

索 引

absolutism xv—xvi,147,绝对主义

action xxiv,17—26,行为,definition 17,界定,voluntary and involuntary 22,故意的与非故意的,imputation 23,归咎,opportunity 24—25,机会,responsibility for 24—26,责任,and rule 27,规则,good and bad 30,好的与坏的

agreements see duties of agreements,协议,参见协议所导致的责任

agreements, dissolution of 105—107,协议,解除,payment 105,支付,compensation 105,补偿或抵销,remission 106,免除,withdrawal 106,撤回,breach of faith 106,对诚信的违反,death 106,死亡,delegation 106—107,授权

alliances see treaties,同盟,参见条约

animals,动物,ownership of 23,所有权,use of 84,对所有权的使用,man superior to 115,上位者

aristocracy 142,贵族制

Aristotle, Aristotelian xvii,xxv,xxx,亚里士多德,亚里士多德主义

atheism, Pufendorf accused of xix,普芬道夫被指责为无神论,incompatible with society 43—45,与社会不相协调

Bacon, Francis xvii,弗朗西斯·培根

balance of powers xvi,xviii,权力平衡

Barbeyrac, Jean xvi,xviii,xxv,简·巴比拉克

Beckmann, Nicolaus xxii,xxiii,尼古

拉斯·贝克曼

benefits xxi,4,好处或利益, and obligation 28,与义务 and natural law 35,64—68,以及自然法

benevolence xxv—xxvii,仁慈, definition 65—67,对仁慈界定

biblical references, Epistles of Paul to the Romans 9,11,37,圣经引文,《保罗致罗马人书》, Exodus 10,《出埃及记》, Matthew 11,马太, Jeremiah 13,耶利米, Luke 25 路加

Botero, Giovanni xix,乔凡尼·波特罗

Buckle, Stephen xlii,斯蒂芬·巴克尔

Cambridge Platonists xvii,剑桥柏拉图主义者

Carmichael, Gershom xvi, xlii,格肖姆·卡迈克尔

Charles XI xiv, xv,查理十一世

Charron, Pierre xix,皮埃尔·沙朗

Children 25—26,124—128,子女, see also duties of parents and children,亦可参见,父母与子女的责任

Cicero xxvii,64,西塞罗

citizens xxix—xxxvi,公民, definition 133,138;对公民的界定, see also duties of citizens,亦可参见公民的责任

civil authority, acquisition of 148—150,政治权威或公权力,的获取, conquest 148,征服, election 148,选举, consent 149,同意, succession 149—150,继承, patromonial 149,父系继承, inheritance 150,遗产, lineal succession 150,直系继承

civil authority, characteristics of 146—147,政治权威的特征, unaccountable 146,不可负责的, Sanctity of 146—147,不可侵犯, absolute 147,绝对的, limited 147,有限的, see sovereign power,亦可参见统治权威

civil laws 155—157,国家法

civil society vs. natural state 118,政治社会与自然状态;see also state,亦可参见国家

common property 62,85,共同财产

compulsion 25,强迫

conscience right 18,正确的良知, probable 18,潜在的良知, doubtful 18,疑虑

contracts 97—104,契约, gratuitous 97,无偿契约, onerous 97—98, mandate 98,委托, loan for use 98,使用借款, deposit 99,保管, barter 99,物物交换, sale 99,出售, job lot 100,概括出售, hire 100,雇佣,

wage-labour 101,雇工,loan for consumption(fungibles)101,消费借贷,Partnership 102,合伙契约,contracts of Chance 102—103,含有机会成分的契约,suretyship 103,担保,Security for loan 103,借贷安全,mortgage 104,抵押

co-operation see mutual assistance and sociality,合作,参见相互帮助与社会性

Cudworth, Ralph xvii, xviii,拉尔夫·卡德沃斯

Cumberland, Richard xvi,理查德·坎伯兰

democracy 142,民主制

Denzer, Horst xx, xli, xliii,霍斯特·丹泽

Derathé, R. xlii,罗伯特·德拉赛

Descartes, René xvii,勒内·笛卡尔

disobedience see obedience and obligation,不服从,参见服从与义务

dispensation 30,特许

devine law xxii—xxiv,6—13,31,神法

Döring Detlef xxxviii,戴特勒·夫多林

Drietzel, Horst xlii,霍斯特·德里泽尔

duties, classifications of xxvi—xxvii, xxx—xxxi,责任的分类,three types 37,三种类型的责任,hypothetical and absolute 68,有条件的责任与绝对的责任,institutional 76, 115—117,制度性的

duties not to harm others 56—60,不损害他人的责任,absolute and hypothetical 56,绝对的与有条件的责任,loss and reparation 57—58,损失与补偿,restitution 58—59,赔偿,animals 59,动物,vengeance 60,报复

duties of agreements 68—76,协议的责任, and sociality 68,和社会性, promises 69,承诺,consent 70,同意,with infants and insane 71,与婴儿和精神错乱的人之间的协议, mistakes 71—72,过错,fraud 72,欺诈,fear 73,恐惧,mutual consent 72,相互同意,Subject-matter 74—75,标的物,third party 75—76,第三方,conditions 76 条件

duties of citizens xxxi—xxxvii, 175—177,公民的责任,types 175,类型, obedience 156,175,服从,put safety of state first 175,首先是保证国家安全,to fellow-citizens 175,对邻人的责任,of ministers 176,牧师的责任,of educators 176,教师的责任,of administers of justice 176,法官的责任,of military leaders 176,军队指挥官的责任, of soldiers 176,士兵的责任, of ambassadors 177,使节的责任, of tax-collectors and spenders 177,负责国家税费之收支的人

duties of humanity 64—67,人类的责任, to be useful to others 64,成为对他人有用的人, benevolence-gratitude 65—67,117,仁慈—感恩

duties of interpretation 108—111,解释的责任, intention 108,意图, common use 108,通常用法, terms of art 108,专门技能的术语, conjecture 108,揣摩, literal sense 108,字面含义, absurdity 109,荒谬, context 109,语境, reasons 109,理由, polysemy 109—110,意见的分歧, original, intention 110,最初的意图, equity 110,衡平, cases of conflict 111,冲突的情形 see duties of language use,参见语言使用中的责任

duties of language use 77—79,语言使用中的责任

duties of marriage 120—123,婚姻的责任, first social state 120,首先为了社会状态, for propagation 120,为了繁衍, superiority of men 121,人的优越性, marriage contract 121—122,婚姻契约, polygamy 122,多偶制, divorce 122,离婚,

not to relatives 122,近亲不能结婚, reciprocal duties 123,互惠的责任

duties of masters and slaves, 129—131,主人与奴仆之间的责任, origin 129,起源, wage-labour 129,用劳动换取工资的工人, voluntary 129—130,自愿的, involuntary 130—131,非自愿的

duties of oaths 80—83 起誓的责任

duties of ownership 90—92,所有权的责任, sovereign's authority over 166—167,统治权威

duties of ownership acquisition 84—89,获得所有权中的责任, animals 84,动物, first use 84,首先使用, division of things 84—85,对物的划分, definition of 85,界定, common 85,共同的, modes of 85,模式, occupation 85,占有, accession 86,进入, intestate succession 86,无遗嘱继承, servitudes 87,役权, testament 87,遗嘱, gift 89,礼物, penalty 89,惩罚, prescription (usucaption) 89,时效取得

duties of parents and children 124—128,父母与子女之间的责任, oldest form of authority 124,权威最古老的形式

duties of sovereign xxxvi,151—154,主权者的责任, education 151,教育,

safety of people 151, 民族安全, promulgate discipline and religion 152, 宣传纪律与信仰, laws 152, 法律, punishment 152, 惩罚, equality 152, 平等, ministers 153, 牧师, taxes 153, 税收, welfare 153—154, 利益, economic development 153—154, 经济发展, unity 154, 团结, military preparation 154, 军备, and property 166—167, 与财产

duties to God xxviii—xxix, 39—45, 上帝的责任, worship 42—43, 崇拜, punishment and sociality 43—44, 惩罚与社会性, necessary to sociality 43—45, 117, 对社会性的必要性

duties to oneself xxvi—xxvii, 46—55, 对自我的责任, make oneself useful member of society 46—47, 使自己成为社会的一个有用的成员, self-preservation and sociality 48, 自我保存与社会性, self-defence 48—55, 自卫

duties to treat others as equals xxvi, 61—63, 平等对他人的责任

duty (*officium*) xxiv, 责任, definition 17, 界定, foundation of social life 35, 社会生活的基础, see duties, natural law, 参见责任, 自然法

Edict of Nantes xv, 南特赦令

equity 30, 110, 衡平

error 18, 错误

exchange value 93—96, 交换价值, common and eminent 93, 普通价值和特殊价值, fluctuation of 94, 价值的提升与跌落, of services 94, 服务的价值, in natural state 95, 在自然状态中, legal price 95, 法定价格, market price 95, 市场价格, commerce 96, 商业, currency 96, 货币, of land 96, 土地的价值

fathers 124—128, 父亲, 家长
federalism xxxiv—xxxvi, 联邦制
Frederick William I & III xv, 威廉·腓特烈

Galilei, Galileo xvii, 伽利略
Gassendi, Pierre xvii, 皮埃尔·伽森荻
German Empire xv, xviii, 德意志帝国
Gierke, Otto von xlii, 奥托·基尔克
Glorious Revolution xv, 光荣革命
God xxv, xxix, 上帝, and natural law 36—37, 与自然法, exists 39, 存在, not nature 40, 不是自然, not sensible 40, 不是可感知的, not immanent 40, 并非固有的, world not eternal 40, 世界不是永恒的, governs mankind 40, 支配着人类, per-

fect 40—42,完美的,worship of 42—43,崇拜,belief in 43—45,80—81,115,信仰,insufficient to suppress evil desires 134,不足以抑制邪恶的欲望,*see* duties to God,参见对上帝的责任

Gomara, Francisco Lopez de 12,格莫拉的弗朗西斯科·洛佩斯

government, forms of 142—145,政体的形式,types 142,类型,healthy and unhealthy 143—44,健康的和不健康的政体,irregular 144,非常规的整体,systems of 144,国家体系,alliances of 145,国家联盟

Goyard-Fabre, Simone xlii,西蒙妮·戈雅—法布尔

gratitude xxi, xxvi—xxvii, 3—5, 65—67,感恩

Grotius, Hugo xvi, xviii—xx, xxviii, xxxiv,胡果·格劳秀斯

Haakonssen, Knud xlii,努·哈肯森

Habermas, Jurgen xvi,尤尔根·哈贝马斯

habit 21,习惯

Hobbes, Thomas xvi—xx, xxv, xxvii xxviii, xxxvi,托马斯·霍布斯

Hont, Istvan xxxi, xlii,洪特·伊斯特凡

Horace 8, 21, 64, 108,贺瑞斯

human law xxii—xxiv, 6—13, 31—32,人法

humanity see duties of humanity,人道,亦可参见人道的责任

Hume, David xvi,大卫·休谟

Hutcheson, Francis xvi,弗朗西斯·哈钦森

ignorance definition 18—19,无知的界定,efficacious 19,有效的无知,concomitant 19,附随的无知,voluntary 19,故意的无知,involuntary 24,非故意的无知

injustice 31,不正义

international law xviii—xx, xliii,国际法;see also interstate relations and war and peace, rules of,亦可参见国家之间的战争与和平关系

interpretation see duties of interpretation,解释,亦可参见解释的责任

interstate relations xv, xxvii, xxxvii, 116, 19, 140, 144—145, 154, 168—174,国家之间的关系

intoxication 22,迷醉

justice 30—31,正义

Justinian (*Institutes*) 30,查士丁尼(《法学阶梯》)

Juvenal 44,尤维纳利斯

Kant, Immanuel xvi, xxiv, 伊曼纽尔·康德

Krieger, Leonard xli, 伦纳德·克里格尔

language see duties of language use, 语言, 亦可参见语言运用中的责任

Laurent, Pierre xvii, xxi, xlii, 皮埃尔·劳伦特

law in general 27—32, 一般性的法律, definition 27, 界定, conditions of legitimacy 28—29, 正当性的条件, punishment 29, 惩罚, dispensation 30, 特许, promulgation 29—30, 颁布, defines good and bad 30, 界定好坏, types of 31—32, 的类型

Leibniz, Gottfried Wilhelm xvi—xviii, xxiii—xxvi, 格特弗里德·威廉·莱布尼兹

Locke, John xvi, xvii, xxiv, 约翰·洛克

Loemker, Leroy xlii, 里洛伊·娄梅克

love of society xix, xxviii, xxx, 132—133, 对社会的爱

lying 79, 说谎

marriage see duties of marriage, 婚姻, 参见婚姻中的责任

masters 129—131; see alao duties of masters and slaves, 主人, 亦可参见主人与奴仆的责任

McNeill, William xxxvii, 威廉·麦克尼尔

Medick, Hans xlii, 汉斯·麦迪克

Melanchthon, Philipp xvii, 菲利普·梅兰希顿

Mellor, Anne xxxii, xliii, 安·梅勒

Mersenne, Merin xvii, 梅林·梅森

mixed government xxxiv—xxxv; see also regular and irregular states, 混合政体, 亦可参见常规的与非常规的国家

modern school of natural law xvi, 自然法的近代学派

money 94—96, 金钱

Montaigne, Michel de xix, 米歇尔·德·蒙田

Montesquieu, Charles-Louis xxxvii, 查尔斯—路易斯·孟德斯鸠

Moore, James xxv, xlii, 詹姆斯·摩尔

moral realism xxi, xix, 道德现实主义

moral truth 79, 道德真实

mutual assistance xxvii—xxviii, 34—35, 68—69, 118—119, 133—134, 139, 相互的帮助

Nash, Roderick xliii, 罗德里克·纳什

natural equality see duties to treat others as equals, 自然平等, 参见平等对待他人的责任

natural law xvii—xix, xxi—xxvi, 自然法, demarcated 6—12, 33—37, 划界, introduced 31—32, 引入, derived from human condition 33—35, 从人类境况中得出, and sociality 35, 和社会性, fundamental 35, 根本性的, and utility 36, 和功利, God the author 36, 创世者上帝, not innate 37, 并非固有的, types of 37, 的类型, and religion 36—37, 和信仰

natural laws see duties, 自然法, 参见责任

natural liberty 117—118, 自然自由

natural religion see duties to God, 自然信仰, 参见对上帝责任

natural state (condition) of mankind xx, xxiii, xxv, xxix, 33—35, 115—119, 人类的自然状态, three ways of viewing 115—116, 看待的三种方式, factional and real 116, 虚构的与真实的, states still in 116, 依然在国家中, duty to God 117, 对上帝责任, natural liberty, 117—118, 自然自由, contrasted with civil society 118, 133, 与政治社会对照, ad hoc government 118—119, 临时性政府, unsocial and war-like 118—119, 133, 非社会的或者准战争状态

negative service duties see duties not to harm others, 消极协作的责任, 参见不损害他人的责任

Nine Years' War xv, 九年战争

Nutkiewicz, Samuel xlii, 萨缪尔·诺基维茨

oaths see duties of oaths, 起誓, 参见起誓的责任

obedience xxx, 服从, grounds of 28, 的根据, to the state 133, 136—137, 156, 175, 对国家的服从

obligation xxv, 义务, Leibniz's criticism and Barbeyrac's defence xxv, 莱布尼兹的批评与巴比拉克的辩护, to state xxxi—xxxv, 对国家, and duty 17, 和责任, limits of 24—26, 的限定, definition 27—28, 界定, consent 28, 同意, conditions of 28—29, 的条件, to state 133, 对国家

Ockham, William of xvii, 奥卡姆的威廉

Palladini, Fiammetta xxv, xxvii, xli, 费门塔·帕拉蒂尼

parent see duties of parents and children, 父母, 参见父母与子女的责任

passions 21—22, 33—35, 117—118, 133, 激情

peace see war and peace, 和平, 参见战争与和平

Peace of Augsburg xv, 奥格斯堡和约

Phaedrus 8,《斐多篇》

Phoenix and Cilix 116, 菲尼克斯和西里克斯

Plautus 25, 普劳图斯

Plutarch 13, 普卢塔克

Pocock John G. xlii, 约翰·波考克

political animal 132—133, 政治动物

popular sovereignty xxxiv—xxxv, 人民主权

positive law 32, 实在法

price see exchange value, 价格, 参见交换价值

promises 69—70, 承诺；see also duties of agreements, 亦可参见协议中的责任

promulgation of law 29, 法律的颁布

property see common property, duties of ownership and ownership acquisition, 财产, 参见共同财产, 所有权与所有权获得中的责任

Protestant religion xv, xxiii, 新教信仰

public good above individual good xxx, 133, 151, 175, 国家利益超越于个人利益之上

punishment xxv, 惩罚, forms of 158—162, 的形式, element of law 29, 法律的要素, God's 36, 43—45, 上帝的, state 134, 国家, uncertain in natural state 118—119, 自然状态中的不确定, sovereign's duty 139—140, 主权者的责任

Rabe, Horst xliii, 霍斯特·拉贝

Raeff, Marc xliii, 马克·拉斐尔

Rawls, John xvi, 约翰·罗尔斯

reason of state xiv—xv, 国家理性

regular and irregular states xxxv—xxxvii, 141—145, 常规与非常规的国家

relativism xix, 相对主义

religious diversity xviii, 信仰的多样性

Rendall, Jane xliii, 简·任德尔

reputation xxvi, 163—165；see also self-esteem, 声誉, 亦可参见自尊

resistance xxxiv—xxxv；see also obedience and obligation, 抵抗；亦可参见服从与义务

responsibility 23—26, 责任

right perfect and imperfect 69, 可执行的与不可执行的权利

right of life and death 158—162, 生与死的权利

Roman law xxvi, 罗马法

Rousseau, Jean-Jacques xvi, xlii, 让—雅克·卢梭

rule xxv,27—32;see also law in general,规则,亦可参见一般法

safety 35,安全,purpose of state 133,139,国家的目的

Schneewind, J. B. xvii, xxv, xlii, J. B. 施尼温德

Schwartz, Josua xxii, xxiii, 约书亚·施瓦茨

Seidler, Michael xix, xxvii, xli, 迈克尔·赛德勒

Selden, John xvi,约翰·塞尔登

self-defence 48—55,自卫

self-esteem xxvi,61—63,自尊

self-love xviii—xix, xxiii, xxviii, xxx,20,33,46,自爱

self-preservation xix,xxvii,48,133;see also self-defence,自我保存,亦可参见自卫

Seneca xxi,xxviii,9,43,塞涅卡

servants 129—131; see also duties of masters and slaves,奴仆;亦可参见主人与奴仆的责任

Shakespeare, William xxvii,威廉·莎士比亚

Shelley, Mary xxxii,xliii,玛丽·谢莉

Sidney, Algernon xxxv,阿尔节农·西德尼

Silverthorne, Michael xxv, xlii, 迈克尔·西尔弗索恩

Simon, Walter xliii,沃尔特·西蒙

Skinner, Quentin xxxiv,昆汀·斯金纳

slavery 129—131; see also duties of masters and slaves,奴隶;亦可参见主人与奴隶的责任

Smith, Adam xvi,xlii,亚当·斯密

sociality xxi,xxiii,xxv—xxvii,社会性,(socialization) xxxi,社会化, basis of natural law 35—37,自然法的基础, usefulness to society 35,46,对社会的有用性, and self-preservation 48, 56, 68,和自我保存, in states 134,在国家中

society see sociality,社会,参见社会性

sovereign power, functions of xxxi—xxxiii,139—141,主权权力, promulgation 139,颁布, punishment 139—140,惩罚, justice 140,正义, defence 140,自卫, officials 140,官员, taxes 140—141,税收, censorship 141,审查, should be held by one man 141,应该由一个人来承担, see also civil authority,亦可参见政治权威

sovereignty xxxi—xxxii, xxxv—xxxvi,137—141,146—147,主权;see also civil authority and sovereign power,亦可参见政治权威以及统治权

state, cause of xxix—xxx, 132—134,

not love of society 132, protect man from man 133,135,139, brings sociality 133—134, suppresses evil desires 134

state, constitution of (*vs.* Hobbes) xxxi—xxxiv,135—138,国家的构建（与霍布斯相比）, union of wills and powers 136,139,权力与意志的结合, two agreements and one decree 136—137,两个协议与一个法令, is a moral person 137,一个道德人, and citizen 138,与公民, from God 138,从上帝, state of nature *see* natural state,自然状态,参见自然状态

Steenbock, Lord Gustavus Otto, xxi, 3—5,古斯塔夫·奥托·斯廷博克

Stoics xix,xxi,xxv,斯多葛主义者

subjects *see* citizens and duties of citizens,臣民,参见 公民及公民的责任

succession 149—150,继承

suicide 47,自杀

superiors essential to duty 28,对责任而言,上位者是必需的

system of states 144—145, *see also* interstate relations,国家体系;亦可参见国家之间的关系

Tacitus 11,塔西陀

Taylor, Charles xlii,查尔斯·泰勒

Teichgraeber, Richard xlii,理查德·F. 泰克格雷伯

Thirty Years' War xv, xxiii—xix,三十年战争

Treaty of Westphalia xv,xviii,xx,威斯特伐利亚合约

treaties 173—174,条约

Tuck, Richard xix,xlii,理查德·塔克

Understanding 17—18,理智

utility (and sociality) xxiv—xxix; *see also* self-love, self-preservation, benefits,功利(与社会性);亦可参见自爱、自存、利益

value *see* exchange value,价值,参见交换价值

Vergil 18,64,维吉尔

Vico, Giambattista xvi,巴蒂斯塔·维科

war xxx, xxxv—xxxvi, 33—35,战争, in natural state 118—119,在自然状态, and state formation 133,和国家形成, preparation for 154,准备, rules of 168—172,的规则

war and peace, rules of xxxvii 168—172,战争与和平的规则, just war 168,正义的战争, avoidance 168,

规避, unjust 168—169, 不正义的, fraud and deceit 169, 欺诈与欺骗, use of force 169, 使用暴力, declared and undeclared 169, 宣战与不宣而战, property and 170—171, 财产与, on behalf of others 170, 代表他人, conquest 171, 征服, truces 171—172, 休战, ending 172, 结束

weakness of individuals xxv, 33—34, 115—116, 117—118, 个体的脆弱性

Will xxiv—xxv, 意志, definition 19, 界定, spontaneity 19—20, 自发性, exercise 20, 运用, influences on 20—21, 影响到, habit 21, 习惯, passions 21, 激情, and rule 27, 与规则, and obligation 27—28, 与义务, and state formation 135—136, 与国家的形成

William of Orange xv, 奥伦治的威廉

Williams, Bernard xxiv, 伯纳德·威廉

wives see duties of marriage, 妻子, 参见婚姻的责任

Wolff, Christian xvi, 克里斯蒂安·沃尔夫

women xxxii, 女人, do not make states 125, 国家不是女人所建立的; see also duties of marriage and duties of parents and children, 亦可参见婚姻的责任以及父母与子女的责任

Zurbuchen xix, xlii, 泽巴琛

译 后 记

接过本书的翻译任务以来,转眼已近两年,今天终于可以忐忑地交由读者评鉴了。

需要说明的是,作为古典政治哲学和法哲学的一本重要著作,本书的诸多术语都比较难于把握,在翻译中很是有值得琢磨之处。比如,"sovereign power"一词,就根据具体情况的不同而分别被译为"主权"、"统治权"或"最高权力";"civil law"一词一般被认为主要是与道德法(moral law)相对应的实在法概念,或者在今天部门法的意义上指民法,但根据具体语境,这里多被译成"国家法",意指与自然状态中的自然法相对的由进入政治社会中的国家所颁布的法律;"civil authority"一词在本译本中被译为"政治权威",但它实际上有时候也可以被译为公权力、统治机构甚至政府。而"civil"一词在本书中所强调的也是与人类的自然状态相对的、进入了政治社会的某种状态,重点在于突出政治(国家)的产生。

特别需要交代的是,"duty"一词在本书中被译为责任;因为根据译者的理解,责任主要是一种政治性的或道义性的要求,它很难通过司法或者制度程序来进行问责,某种意义上说可以与政治学中的"responsibility"一词相对应；而义务则主要是经由社会制度或实践（尤其是法律制度）的安排而来的，它一般更为明确和具体，特别是在某种意义上是可以落实到司法诉讼中的具体的、可问责的要求，有时候可以与"accountability"一词相对应。当然，这只是一个相对的和粗浅的区分，实际上原书英译本中有时候区分也不是十分清晰。而且，"duty"和"obligation"两词虽然在法学上一般难以区分，但在比如康德或罗尔斯的哲学中还是有所区别的。台湾中正大学哲学系的许汉先生对此曾有过说明，他指出，在罗尔斯那里，"duty"好像主要源于自然的要求，而"obligation"则在更大程度上是经由制度设置（或社会实践）而来的要求；在康德那里，"duty"主要指客观的道德要求，而"obligation"则是"duty"在人之心灵上所形成的强制性要求。至于译者所选择的这个译法是否准确，尚祈方家不吝指正。

  本书的翻译首先应该感谢中国社会科学院法学研究所胡水君副研究员，译者是从他手中接过这个翻译任务的。同时也要感谢清华大学法学院的鞠成伟博士，译者在翻译中参考了他的译本。事实上，好的著作完全可以有不止一个译本，这正体现了经典的魅力，也便于读者的相互对照。当然，最后也最重要的是感谢责任编辑白丽丽女士，她的宽容与豁达使我更为自己的惰怠而羞愧。当然，译文的所有责任都应有译者自己承担；读者诸君如有任何批评，都请联系 lordlawyer@gmail.com。没有严肃的批评，就没有学术的进步。

译者　谨识

2010年1月11日于北大

政治与法律哲学经典译丛

主权论

〔法〕让·博丹 著
〔英〕朱利安·H.富兰克林 英译
李卫海 钱俊文 中译
邱晓磊 校
ISBN 978-7-301-14174-8/D·2115
定价:28.00元
2009年出版

国家、信托与法人

〔英〕F.W.梅特兰 著
〔英〕大卫·朗西曼 马格纳斯·瑞安 编
樊安 译
ISBN 978-7-301-14441-1/D·2188
定价:28.00元
2008年出版

论英格兰的法律与政制

〔英〕约翰·福蒂斯丘爵士 著
〔英〕谢利·洛克伍德 编
袁瑜琤 译
ISBN 978-7-301-14432-9/D·2187
定价:27.00元
2008年出版

道德和政治论文集

〔古罗马〕塞涅卡　著
〔美〕约翰·M.库珀　〔英〕J.F.普罗科佩　编译
袁瑜琤　译
ISBN 978-7-301-16848-6/D·2541
定价:49.00元
2010年出版

论人与公民在自然法上的责任

〔德〕萨缪尔·普芬道夫　著
〔英〕詹姆斯·图利　编
〔英〕迈克尔·西尔弗所恩　英译
支振锋　译
ISBN 978-7-301-17291-9/D·2614
定价:31.00元
2010年出版

僭主政体短论

〔英〕奥卡姆的威廉　著
王伟　译

政治学著作

〔德〕韦伯　著
李强等　译

马基雅维利政治学著作选集

〔意〕马基雅维利　著
郭俊义　译